EBS 손평하나 인강은 이렇게 다릅니다

왜 손평하나를 선택해야 하는가?

신뢰의 EBS가 인정한 손해평가사 방송 교재

공신력 있는 EBS 인증의 합격 필수 교재

스튜디오가 아닌 학원 현장 강의 인강

현장 분위기와 열기를 그대로 담은 생생한 강의

2차에 더 강한 교수진의 명강의

EBS 방송출연의 1차, 2차 교수진

지금 바로 손평하나 가입하고 손해평가사가 되세요!

www.sphana.co.kr

학원 현장강의 그대로 인강,
합격 현장으로 모십니다

스튜디오가 아닌, 합격생들이 앉아 있는 바로 그 자리에서
촬영한 강의 몰입·이해·동기부여까지 한 번에!

1H 평촌하나법학원

학원문의 **031)382-5100**

지하철 4호선 범계역 3번출구, 도보 5분거리

연간학습 커리큘럼

일정		2025년				2026년							
		9월	10월	11월	12월	1월	2월	3월	4월	5월	6월	7월	8월
2차	정규과정	기초입문		25~26년 업무방법서 기본이론					26~27년 업무방법서 심화이론		문제풀이		실전 모의고사 특강
	특강과정						기출문제 풀이 특강	업무 방법서 개정특강		+10점 포커스 특강	파이널 특강		
1차	정규과정 및 특강	기초입문		이론강의			문제풀이		마무리 특강	실전 모의고사			

| 2026년 |

EBS 방송교재

손평하나
손해평가사
1차 이론서

1차

「상법」보험편
재해보험법령
재배학 및 원예작물학

손평H하나

천재지변은 지진, 홍수, 태풍(강풍) 따위와 같이 자연 현상에 의해서 빚어지는 재앙을 말하고, 이러한 천재지변과 화재가 발생했을 때 농업은 직접적인 영향을 받을 수밖에 없는 대표적인 산업이다. 따라서 갑작스런 기후 변화를 비롯한 여러 자연재해는 예방을 하는 데에도 어느 정도 한계가 있을 수밖에 없고 또한 농가가 겪는 경영 불안까지 오롯이 농민 개개인의 책임으로만 돌리기에는 너무 부담이 크다는 문제를 안고 있다.

농업재해보험이 등장한 배경은 바로 이러한 자연재해 앞에 놓인 농가경영의 안정을 도모하기 위함이다. 자연 재해로 인한 피해를 입었을 때 재해보험법령 규정을 통해 피해 정도를 판단하고 적정한 계산방식에 따라 보험금을 산출·지급하여 피해를 입은 농가의 재건을 도울 수 있도록 꾸준히 신규 품목을 도입하여 현재는 칠십 여개의 대상이 운영되고 있고, 최근 들어서는 적극적인 정책홍보와 가입 장려도 이루어지면서 점차 실질적인 농가경영을 도울 수 있는 정책성 보험으로 성장하고 있다.

농업재해보험제도가 실질적으로 자리를 잡아가는 가운데, 최근 들어 강조되고 있는 자격시험이 바로 손해평가사 시험이다. 현재는 한국손해평가사협회 및 농어업재해보험협회 그리고 손해사정법인 등에서 NH 손해보험의 요청에 따라 전문가를 투입하여 농작물 피해에 대한 '손해평가' 업무를 수행하고 있지만, 좀 더 구체적이고 명확한 피해율과 적정 보험금을 산정하는 전문가의 필요성이 대두되고 있으며, 평가대상이 확대되어 감에 따라서 보다 체계적이고 조직적인 손해평가사들의 육성과 관리가 중요하게 되었다.

　　결국 해당분야가 기반을 갖추고 성장하려면 제도적으로 안정이 되고 어느 정도 충분한 전문인력이 확보되어야 하므로 이러한 업무를 수행할 전문가를 선발하는 손해평가사 시험이 관심의 대상이 될 수밖에 없으며 이에 손해평가사 시험에 응시하려는 수험생에게 정확하고 충실한 자료제공을 위해 본 수험서를 내놓게 되었다.

　　아무쪼록 본 교재가 손해평가사를 준비하는 모든 수험생에게 도움이 되길 바라며, 올해 진행될 제12회 시험을 통해서 농업분야 평가영역의 전문가인 손해평가사로 새롭게 태어나기를 바란다.

편저자 씀

1. 손해평가사 기본정보

1 손해평가사 의미

- 농업재해보험의 손해평가를 전문적으로 수행하는 자로서 농어업재해보험법에 따라 신설되는 국가자격인 국가전문자격을 취득한 자
- 자연재해·병충해·화재 등 농업재해로 인한 보험금 지급사유 발생 시 신속하고 공정하게 그 피해사실을 확인하고 손해액을 평가하는 일을 수행

2 손해평가

농작물재해보험의 보험금 지급을 위해 농작물 등 보험목적물에 발생한 피해사실을 확인하고 보험가액·손해액 등을 평가하는 일련의 과정

3 수행직무

- 피해사실의 확인
- 보험가액 및 손해액의 평가
- 그 밖의 손해평가에 필요한 사항
- 실시기관 : 한국산업인력공단(http://www.q-net.or.kr/site/loss)
- 소관부처 : 농림축산식품부(재해보험정책과)
- 운용기관 : 농업정책보험금융원(보험2부)

2. 시험정보

1 응시자격

- 제한 없음

※ 단, 부정한 방법으로 시험에 응시하거나 시험에서 부정한 행위를 해 시험의 정지/무효 처분이 있은 날 부터 2년이 지나지 아니하거나, 손해평가사의 자격이 취소된 날부터 2년이 지나지 아니한 자는 응시할 수 없음
[농어업재해보험법 제11조의4제4항]

구분	시험과목	문항수	시험시간	시험방법
제1차 시험	1. 「상법」 보험편 2. 농어업재해보험법령(「농어업재해보험법」, 「농어업재해보험법 시행령」 및 농림축산식품부 장관이 고시하는 손해평가 요령을 말한다.) 3. 농학개론 중 재배학 및 원예작물학	과목별 25문항 (총 75문항)	90분	객관식 4지 택일형
제2차 시험	1. 농작물재해보험 및 가축재해보험의 이론과 실무 2. 농작물재해보험 및 가축재해보험 손해평가의 이론과 실무	과목별 10문항	120분	단답형, 서술형

3. 합격기준

구분	합격결정기준
제1차 시험	매 과목 100점을 만점으로 하여 매 과목 40점 이상과 전 과목 평균 60점 이상을 득점한 사람을 합격자로 결정
제2차 시험	매 과목 100점을 만점으로 하여 매 과목 40점 이상과 전 과목 평균 60점 이상을 득점한 사람을 합격자로 결정

4. 원서접수 방법

- 큐넷 손해평가사 홈페이지(https://www.Q-Net.or.kr/site/loss)에서 인터넷 접수(모바일 웹브라우저 가능, 모바일 앱은 불가)
  ※ 인터넷 활용 불가능자의 내방접수(공단지부·지사)를 위해 원서접수 도우미 지원
  ※ 단체접수는 불가함
- 원서접수 시 최근 6개월 이내에 촬영한 본인의 상반신 사진파일 (JPG, JPEG 파일, 사이즈 : 90픽셀(가로) × 120픽셀(세로) 이상, 300DPI 권장, 200KB 이하) 등록 (단, 기존 Q-Net 회원일 경우 마이페이지에서 사진 수정·등록)
  ※ 원서접수 시 등록한 사진으로 자격증이 발급되며 변경불가
- 원서접수 마감시각까지 수수료를 결제하여야 접수 완료
- 응시수수료[농림축산식품부고시 제2016-78호(2016.8.25 시행)
  - 제1차 시험 : 20,000원
  - 제2차 시험 : 33,000원

5. 자격증 발급

- 발급기관 : 농업정책보험금융원
  - 주 소 : (07241) 서울특별시 영등포구 여의공원로 101, CCMM빌딩 2층
  - 연락처 : ☎ 02-3771-6853
- 원서접수 시 등록한 사진을 공단에서 농업정책보험금융원으로 발송하여 자격증이 발급되며 사진 수정 및 변경은 불가

6. 통계자료(최근 5년간 손해평가사 수험현황)

(단위 : 명, %)

구분		2021	2022	2023	2024	2025
1차	대상	15,385명	15,796명	16,871명	17,871명	17,390명
	응시	13,230명	13,361명	14,076명	14,037명	14,101명
	응시율	85.9%	84.5%	83.4%	78.5%	81.1%
	합격	9,508명	9,067명	10,799명	9,343명	10,563명
	합격률	71.8%	67.8%	76.7%	66.55%	74.9%
2차	대상	10,136명	10,686명	11,732명	11,291명	11,211명
	응시	8,699명	9,016명	9,977명	9,584명	9,477명
	응시율	85.8%	84.3%	85.0%	84.9%	84.5%
	합격	2,233명	1,017명	1,390명	566명	467명
	합격률	25.6%	11.2%	13.9%	5.9%	4.9%

차례 CONTENTS

제1과목 「상법」 보험편

PART 1 통칙 — **14**

CHAPTER 01 총론 — 14

CHAPTER 02 보험계약의 개요 — 24

CHAPTER 03 보험계약의 요소 — 27

CHAPTER 04 보험계약의 체결 — 35

CHAPTER 05 보험료 — 48

CHAPTER 06 보험금의 지급 — 54

CHAPTER 07 보험계약의 해지 — 58

CHAPTER 08 재보험(再保險)과 소멸시효 등 — 66

PART 2 손해보험계약 — **70**

CHAPTER 01 통칙 — 70

CHAPTER 02 보험계약의 목적 및 보험가액 — 72

CHAPTER 03 손해액의 산정 및 손해방지의무 — 79

CHAPTER 04 초과보험, 중복보험, 일부보험 등 — 83

CHAPTER 05 보험목적의 양도와 보험자 대위 — 89

CHAPTER 06 화재보험 및 집합보험 — 95

제2과목 농어업재해보험법령

PART 1 농어업재해보험법령 ———————————————————————— **102**

CHAPTER 01 총칙　102

CHAPTER 02 재해보험사업　108

CHAPTER 03 재보험사업 및 농어업재해재보험기금　132

CHAPTER 04 재해보험사업의 관리　136

CHAPTER 05 벌칙 및 과태료　140

PART 2 농업재해보험 손해평가요령 ———————————————————— **143**

CHAPTER 01 손해평가의 기초　143

CHAPTER 02 손해평가 업무 실무　147

차례 CONTENTS

제3과목 재배학 및 원예작물학

PART 1 개요 — **164**

CHAPTER 01 재배와 작물 164

CHAPTER 02 작물의 분류 167

CHAPTER 03 원예작물의 분류 (+생태학적 분류) 173

PART 2 재배환경 — **178**

CHAPTER 01 토양 178

CHAPTER 02 온도 204

CHAPTER 03 광 217

CHAPTER 04 공기 224

CHAPTER 05 수분 228

CHAPTER 06 상적발육 243

PART 3 원예·작물의 재배 — **265**

CHAPTER 01 작부체계 265

CHAPTER 02 종묘 274

CHAPTER 03 육묘 등 290

CHAPTER 04 관리   309

CHAPTER 05 재해   321

CHAPTER 06 특수재배   331

CHAPTER 07 수확·관리   336

부록

- 「상법」 보험편   346
- 농어업재해보험법   363

2026
손평하나
손해평가사 1차 이론서

제1과목

「상법」보험편

PART 1 통칙

PART 2 손해보험계약

제1절 보험의 의의와 원칙

1 보험의 정의와 특성

(1) 보험의 정의

보험(保險 insurance)은 다수가 모여 보험료를 각출하여 공동재산을 조성하고, 우연적으로 사고가 발생한 경우 손실을 입은 자에게 일정한 방법으로 보험금을 지급하는 제도(수단)라고 정의할 수 있다. 즉, 보험은 다수의 동질적인 위험을 한 곳에 모으는 위험 결합 행위(pooling)를 통해 가계나 기업이 우연적인 사고 발생으로 입게 되는 실제 손실(actual loss)을 다수의 동질적 위험의 결합으로 얻게 되는 평균손실(average loss)로 대체하는 것이다.

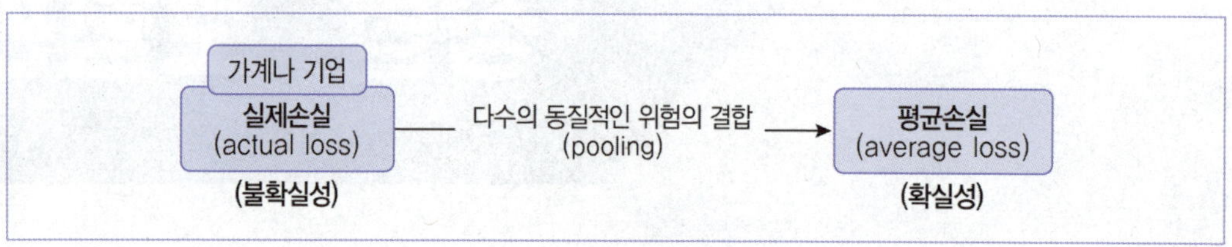

[실제손실과 평균손실]

(2) 보험의 특성

① 단체성

보험은 동일위험의 결합인 단체를 통해 보험을 설계하고 그에 따라 가입, 보험료 산정·지급, 보험금 지급 등이 이루어진다. 이렇게 단체를 통해 보험이 운영되는 것을 보험의 단체성이라 한다. 가입자들은 이 단체를 통해 위험을 결합하고, 소액의 보험료를 지급함으로써 개인이 가지고 있던 위험을 분산시키며, 보험사고 발생 시 고액의 보험금을 받으므로써 보험자에게 위험을 전가시킨다. 이러한 단체성을 잘 유지하는 것이 곧 보험제도를 잘 유지하는 것이다.

② 위험분담

위험의 집단화는 다른 측면에서 보면 위험을 서로 나누어 부담하는 위험 분담(risk sharing)이 된다. 위험 분산은 개별적으로 부담하기 힘든 손실을 나누어 분담함으로써 손실로부터의 회복을 보다 용이하게 한다. 이러한 상호부조 관계가 당사자 간의 자율적인 시장거래를 통해 달성된다는 점이 보험의 주요한 특징이다.

③ 위험전가

보험은 계약에 의한 위험의 전가(risk transfer)이다. 계약을 통해 재정적으로 능력이 취약한 개인이나 조직이 재정적인 능력이 큰 보험자에게 개인의 위험을 전가하는 것이다. 특히 빈도는 적지만 규모가 커서 스스로 부담하기 어려운 위험을 보험자에게 전가함으로써 개인이나 기업이 위험에 대해 보다 효과적으로 대응할 수 있게 해주는 장치이다.

④ 실제 손실에 대한 보상

보험자가 보상하는 손실 보상(indemnification)은 실제로 발생한 손실을 원상회복하거나 교체할 수 있는 금액으로 한정되며 보험 보상을 통해 이익을 보는 경우는 없다. 실제 손실에 대한 보상(實損補償)은 중요한 보험의 원칙 중 하나로 발생손실만큼만 보상을 받게 되면 보험사기 행위와 같은 도덕적 해이를 줄일 수 있다.

⑤ 대수의 법칙

대수의 법칙(the law of large numbers)은 표본이 클수록 결과가 점점 예측된 확률에 가까워진다는 통계학적 정리이다. 즉, 표본의 수가 늘어날수록 실험 횟수를 보다 많이 거칠수록 결과값은 예측된 값으로 수렴하는 현상을 대수의 법칙 또는 평균의 법칙(the law of averages)이라고 한다. 계약자가 많아질수록 보험자는 보다 정확하게 손실을 예측할 수 있다.

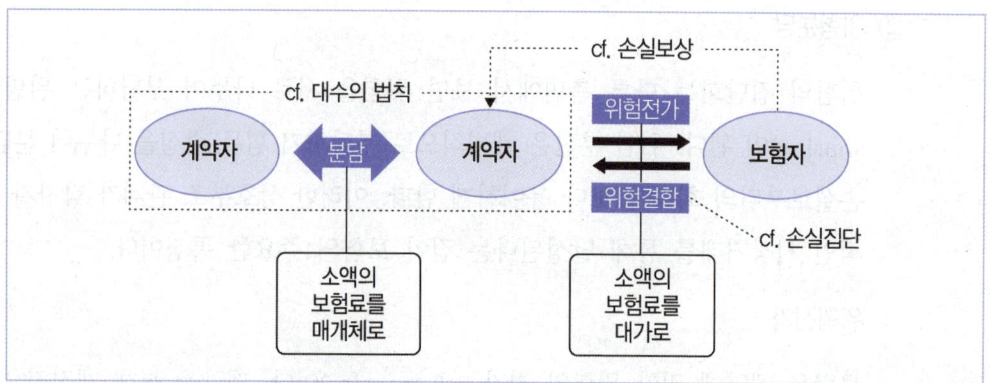

[위험의 분담, 전가, 결합 및 보험의 관계]

2 보험의 성립 조건

(1) 동질적 위험의 다수 존재

① 동질적 위험

동질적 위험이란 발생의 빈도와 피해 규모가 같거나 유사한 위험을 의미한다. 특성이 같거나 유사한 위험끼리 결합되어야 동일한 보험료(체계)가 적용되어도 형평성을 유지할 수 있기 때문이다.

② 다수

동질적 위험이 다수 존재해야 한다는 것은 손실 예측이 정확해지기 위해서는 대수의 법칙이 적용될 수 있을 정도로 사례가 많아야 하는데, 이를 위해서는 계약자가 많을수록 좋다.

③ 독립적

이러한 동질적 위험이 각각 독립적이어야 한다. 독립적이라는 것은 하나의 손실 발생이 다른 손실 발생과 무관하다는 것을 의미한다.

(2) 손실의 우연적 발생

① 보험이 가능하려면 손실이 인위적이거나 의도적이지 않고, 누구도 예기치 못하도록 순수하게 우연적으로 발생한 것이어야 한다.

② 계약자의 고의나 사기 의도가 개입될 여지가 없는 통제 불가능한 위험만이 보험화가 가능하다.

(3) 한정적 손실

① 보험이 가능하기 위해서는 피해 원인과 발생 시간, 장소 및 피해 정도 등을 명확하게 판별하고 측정할 수 있는 위험이어야 한다.

② 피해 원인과 피해 장소 및 범위, 그리고 피해 규모 등을 정확하게 판단하기 어려우면 정확한 손실 예측이 어렵고 이에 따라 보험료 계산이 불가능하기 때문에 보험으로 인수하기 어렵다.

(4) 비재난적 손실

① 손실 규모가 지나치게 크지 않아야 한다. 손실이 재난적일 만큼 막대하다면 보험자가 감당하기 어려워 파산하게 되고 결국 대다수 계약자가 보장을 받을 수 없는 상황으로 전개될 수 있다.

② 보험자가 안정적으로 보험을 운영하기 위해서는 감당할 만한 수준의 위험을 인수해야 한다.

(5) 확률적으로 계산 가능한 손실

① 보험으로 가능하기 위해서는 손실 발생 가능성, 즉 손실발생확률을 추정할 수 있는 위험이어야 한다.

② 장차 발생할 손실의 빈도나 규모를 예측할 수 없으면 보험료 계산이 어렵다. 정확하지 않은 예측을 토대로 보험 설계 시 보험을 지속적으로 운영하기 어려우며, 결국 보험을 중단하게 되는 상황도 벌어진다.

(6) 경제적으로 부담 가능한 보험료

① 확률적으로 보험료 계산이 가능하더라도 산출되는 보험료 수준이 너무 높아 보험 가입 대상자들에게 부담으로 작용하면 보험을 가입할 수 없어 보험으로 유지되기 어렵다.

② 보험이 가능한 위험이 되기 위해서는 그 위험이 발생하는 빈도와 손실 규모로 인한 손실이 종적(시간적) 및 횡적(계약자 간)으로 분산 가능한 수준이어야 한다.

제2절 보험의 기능

1 보험의 순기능

(1) 손실 회복

보험의 일차적 기능은 손실이 발생하였을 경우 계약자에게 보험금을 지급함으로써 단기간에 경제적 손실을 원상회복하거나 최소화한다.

(2) 불안 감소

개인이나 기업은 언제 어떻게 발생할지 불확실한 위험에 보험으로 대비함으로써 불안감을 해소시켜 안심하고 경제활동을 할 수 있다.

(3) 신용력 증대

보험은 예기치 않은 대규모 위험이 닥치더라도 일정 수준까지는 복구할 수 있는 보호 장치이기 때문에 계약자의 신용력을 높여준다.

(4) 투자 재원 마련

다수의 소액 계약자로부터 납부된 보험료로 거액의 자금이 형성되면 자금을 필요로 하는 기업 등에게 제공하여 경제성장에도 기여할 수 있고 보험자 입장에서는 이에 따른 수익을 통해 보험사업을 보다 안정적으로 운용할 수 있게 된다.

(5) 자원의 효율적 이용 기여

보험을 통해 예상되는 손실 위험을 해소할 수 있다면 투자자 입장에서는 유한한 자원을 보다 효율적으로 활용하게 된다.

(6) 안전(위험 대비) 의식 고양

① 보험에 가입한다는 것은 이미 위험에 대비할 필요성을 인지하고 있다고 볼 수 있다.

② 일정한 요건을 갖추어야 보험 가입이 가능하게 하거나 보험료 부담을 줄이기 위해 각종 위험 발생에 스스로 대비하는 노력을 하도록 한다.

2　보험의 역기능

(1) 사업비용의 발생

보험사업을 유지하기 위해서는 불가피하게 비용이 초래된다. 사회 전체로 보면 기회비용이라고 할 수 있다.

(2) 보험사기의 증가

보험금을 받기 위한 보험사기는 이에 따른 추가적 비용을 다수의 선의의 계약자의 부담으로 전가하며 보험사업의 정상적 운영을 어렵게 하여 극단적인 경우에는 보험 자체가 사라지는 결과를 초래할 수도 있다.

(3) 손실 과장으로 인한 사회적 비용 초래

① 보험에 가입한 손실이 발생할 경우 손실의 크기를 부풀려 보험금 청구 규모를 늘리려는 경향은 보험금이 과잉 지급되는 결과를 초래하기도 한다.

② 보험금 과잉 청구는 보험의 정상적인 운영에 지장을 초래하며, 사회적으로도 불필요한 비용을 발생시킨다.

3　역선택 및 도덕적 해이

보험자가 계약자에 대한 정보를 완전히 파악하지 못하고 계약자는 자신의 정보를 보험자에게 제대로 알려주지 않는 정보 비대칭(asymmetric information)이 발생하면 역선택(adverse selection)과 도덕적 해이(moral hazard)가 발생한다.

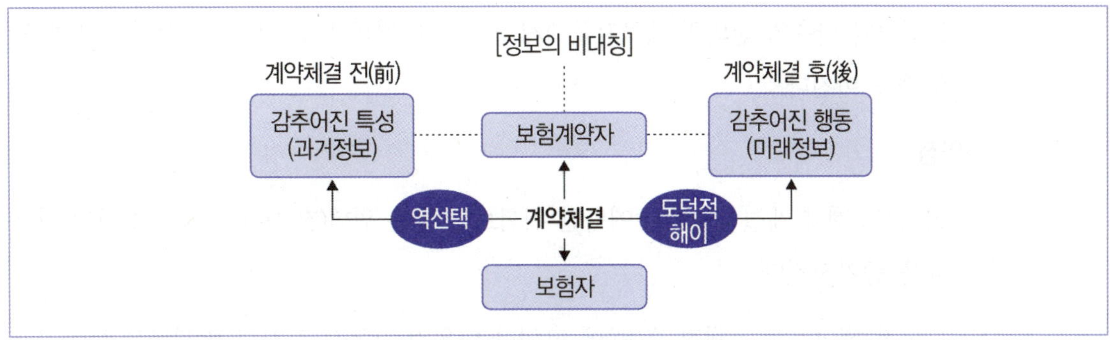

[역선택과 도덕적 해이]

(1) 역선택

보험자는 보험에 가입하려는 계약자의 위험을 정확하게 파악하고 측정할 수 있어야 손실을 정확히 예측할 수 있어 적정한 보험료를 책정·부과할 수 있다.

계약자 또는 피보험자가 보험자보다 더 많은 정보를 가지고 있는 상태에서 보험자가 계약자의 위험 특성을 제대로 파악하지 못하면 계약자 측에서 손실 발생 가능성이 커 자신에게 이득이 되는 보험을 선택하여 계약을 하게 되면 이를 '역선택'이라고 한다.

(2) 도덕적 해이

도덕적 해이는 어느 한 쪽이 보험계약을 충실히 이행하지 않아 발생되는 문제로서 계약자 또는 피보험자가 고의나 과실로 보험사고의 발생 가능성을 높이거나 손해액을 확대하려는 성향을 의미한다.

보험에 가입한 후 평소의 관리를 소홀히 한다거나 손실이 발생할 경우 경감하려는 노력을 하지 않으며 심한 경우에는 이를 방치하거나 손실의 규모를 키우는 경우 등이 이에 해당한다.

(3) 역선택과 도덕적 해이의 비교

① 유사점

　㉠ 역선택과 도덕적 해이는 실손을 보상하는 계약의 경우에는 거의 발생하지 않는다.

　㉡ 보험가액에 비해 보험금액의 비율이 클수록 발생 가능성이 높다.

　㉢ 역선택이나 도덕적 해이를 야기한 당사자에게는 이익이 귀착되는 반면, 그 피해는 보험자와 다수의 선의의 계약자들에게 돌아가며 결국 보험사업의 정상적 운영에 악영향을 미친다.

② 차이점

　㉠ 역선택 : 계약 체결 전(前)에 예측한 위험보다 높은 위험(집단)이 가입하여 사고 발생률을 증가시킨다.

　㉡ 도덕적 해이 : 계약 체결 후(後)에 고의나 인위적 행동으로 사고 발생률을 높아지게 한다.

제3절 보험의 분류

1 상법상 분류

(1) 손해보험

보험자가 보험계약에서 정한 보험사고가 발생하여 피보험자의 재산상의 손해가 발생하면 그 손해액을 산정하여 보험금을 지급하는 보험이다.

(2) 인보험

보험자가 보험계약에서 정한 사람의 생명과 신체에 관한 보험사고가 발생하는 경우 보험 금액 또는 기타 급여를 지급하는 보험이다.

(3) 구분

손해보험	인보험
• 화재보험 • 운송보험 • 해상보험 • 책임보험 • 자동차보험 • 보증보험	• 생명보험 • 상해보험 • 질병보험

2 운영목적에 따른 분류

(1) 사(私)보험(영리보험)

사보험은 개인의 필요와 선택에 따라 가입하며 보험회사가 영리목적으로 운영하는 제도 이다.

(2) 공(公)보험

공보험은 국가와 국민의 기본적인 생활을 보장하고 사회 전체의 안정성을 높이기 위해 운 영하는 제도이다.

3 **보험금 지급방법에 따른 구분**

(1) 부정액보험

보험자가 지급하는 보험금은 보험가입금액의 한도 내에서 실제 발생한 손해액을 산정하여 정하는 보험이다. 손해보험에서 대부분 적용되는 형태이다.

(2) 정액보험

보험자가 지급하는 보험금은 피보험자의 손해액의 크기와 상관없이 보험계약을 통해 정해진 일정금액을 지급하는 보험이다.

> ※ **상해·질병보험 성격**
>
> 상해·질병보험은 정액보험과 부정액보험(예: 실손의료비)의 성격을 동시에 가지고 있다. 따라서 생명보험회사뿐만 아니라 손해보험회사에서도 판매하고 있다.

4 **원보험과 재보험**

(1) 의의

보험은 위험을 분담하는 관계에 따라 원보험과 재보험으로 구분된다. 재보험이란 보험회사를 위한 보험이며 보험회사는 계약자들로부터 인수한 위험을 독자적으로 감당하기 어려울 때 자신이 인수한 보험계약상 책임의 전부 또는 일부를 다른 보험자에게 넘겨 다시 보험에 가입하는 것을 말한다. 그리고 이러한 재보험의 원인이 된 최초의 보험을 원보험 또는 원수보험이라 한다.

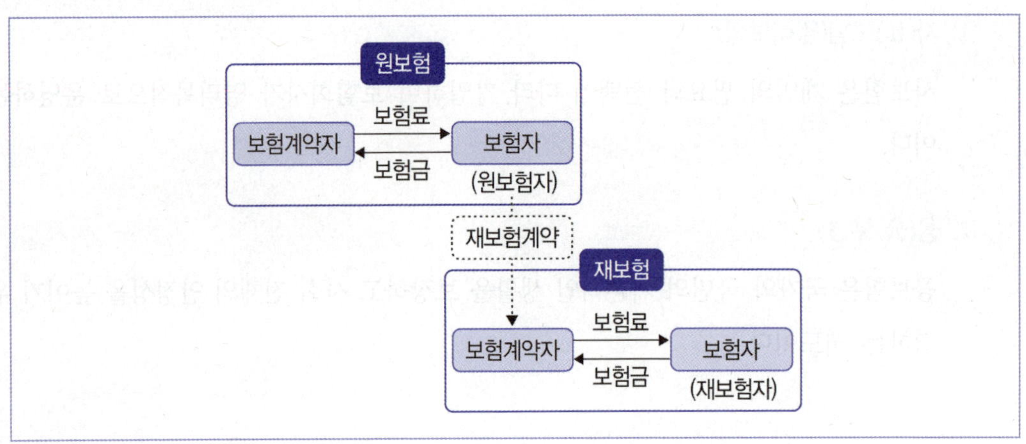

(2) 책임보험, 손해보험, 기업보험

재보험은 (원보험)계약자와는 무관하게 (원보험)보험자와 재보험자 사이에 체결되는 새로운 계약이므로 원보험의 성질이 무엇이든 상관없이 (원보험)보험자의 보험금지급채무를 담보하는 '책임보험'의 성격을 가지는 '손해보험'이며 '기업보험'에 해당한다.

(3) 불이익변경금지원칙 적용배제

재보험은 기업보험이므로 원보험과는 달리 보험계약자 등의 불이익변경금지원칙은 적용되지 않는다.

(4) 공동보험은 아님

한편 재보험은 둘 이상의 보험자가 동일한 보험목적을 함께 인수하는 '공동보험'과는 구별된다.

5 보험의 목적 범위에 따른 분류

(1) 개별보험

각각의 물건 또는 사람을 보험의 목적으로 하는 보험계약을 말한다.

(2) 집단보험(집합보험·단체보험)

여러 물건 또는 사람을 집단으로 하여 1개의 보험계약을 체결하는 것을 말한다. 집합된 '물건'을 일괄하여 보험의 목적으로 하는 경우는 집합보험(제686조)이라고 하며, 집합된 여러 '사람'을 일괄하여 보험의 목적으로 하는 경우는 단체보험(제735조의3)이라고 한다.

(3) 총괄보험

집합된 물건을 일괄하여 보험의 목적으로 한 때에는 그 목적에 속한 물건이 보험기간 중에 수시로 교체된 경우에도 보험사고의 발생 시에 현존한 물건은 보험의 목적에 포함된 것으로 한다(제687조).

CHAPTER 02 보험계약의 개요

1 보험계약의 개념

(1) 보험계약의 의의

보험계약이란 당사자 일방(보험계약자)이 약정한 보험료를 지급하고, 재산 또는 생명이나 신체에 불확정한 사고가 발생할 경우에 상대방(보험자)이 일정한 보험금이나 그 밖의 급여를 지급할 것을 약정함으로써 효력이 생기는 계약을 말한다(제638조).

(2) 보험계약의 법적 성격

① 낙성·불요식 계약

    ㉠ 보험계약은 보험계약자의 청약과 보험자의 승낙으로만 성립하는 낙성계약이며, 계약체결에 특별한 방식을 요하지 않는 불요식계약이다.

    ㉡ 보험계약은 실무상 청약서를 작성하고 동시에 보험료를 납입하고 있지만 이는 계약 당사자 간에 편의를 위한 것이므로 요물·요식계약이라고 하지는 않는다.

② 유상계약성

보험계약은 보험계약자의 보험료지급에 대하여 보험자는 일정한 보험금이나 그 밖의 급여를 지급할 것을 약정하므로 유상계약이다.

③ 쌍무계약성

보험계약은 보험계약자의 보험료 지급의무와 보험자의 보험금 지급의무가 대가관계에 있는 쌍무계약이다.

④ 상행위성

보험자는 주식회사로서 상인에 해당하며 보험의 인수는 영리를 목적으로 하는 기본적으로 상행위이다. 상법도 기본적 상행위(제46조)를 열거하면서 보험을 이에 포함시키고 있어 상행위성을 뒷받침하고 있다.

⑤ 사행계약성

보험계약은 우연한 사고에 기초하여 보험자의 보험금(이득)이 지급되는 계약으로 도박과 유사한 사행계약의 성질을 갖는다. 그러나 도박은 부당한 투기적 이득을 목적으로 하는 반면, 보험은 보험계약자가 지급한 보험료와 보험자가 지급하는 보험금의 불일치에 따른 우연한 이득을 목적으로 하더라도 이는 손해를 보전할 뿐 부당이득을 취하는 것이 아니라는 점에서 차이가 있다.

⑥ 계속계약성

보험계약은 보험기간 중 계약당사자의 권리·의무가 계속하여 유지되는 계속계약의 성질을 갖는다. 따라서 상법상 보험계약을 '해제'할 수 있는 경우는 거의 없고 장래에 향하여 '해지'할 수 있을 뿐이다.

⑦ 부합계약성

㉠ 부합계약이란 당사자 일방이 계약 내용을 설정하고 계약의 상대방은 그 내용이 자신의 의사와 일치할 때 체결되는 계약을 말한다.

㉡ 보험계약은 성질상 다수의 보험계약자를 상대로 대량으로 처리하므로 보험회사가 미리 그 계약내용을 정형화한 '약관'을 제시하고 보험계약자가 이를 포괄적으로 승인함으로써 성립하는 부합계약의 성질을 갖는다.

㉢ 보험은 다수의 보험계약자를 대상으로 계약이 체결되므로 개개인과 계약조건을 협상한다는 것은 실무상 어렵고 계약당사자 일방인 보험자가 정한대로 보험계약자는 계약체결 여부만을 결정할 뿐이다. 이러한 특성상 보험계약자는 상대적으로 열악한 지위에서 계약이 체결되므로 이들의 이익을 보호할 필요가 있다.

㉣ 보험계약자 측의 이익을 보호하기 위한 주요 원칙

> 1. 「상법」상 규제
>   ① 보험계약자 등의 불이익변경금지(제663조)
>   ② 보험약관의 교부·설명의무(제638조의3)
> 2. 「약관의 규제에 관한 법률」상 규제
>   ① 약관의 작성 및 설명의무(제3조 제1항)
>   ② 약관 해석시 보험자 불이익으로 한다는 작성자불이익의 원칙(제5조 제2항)

③ 불공정약관조항은 무효(제6조 제1항)
3. 행정적 규제
   약관에 대한 행정청의 인·허가

⑧ 인적계약성

보험자의 관점에서 볼 때 동일한 보험목적물이라도 보험계약자나 피보험자가 누구냐에 따라 손실발생 위험에 차이가 발생하여 보험계약의 내용이 달라질 수 있고 계약의 인수가 거절될 수도 있다.

⑨ 선의계약성

㉠ 보험계약은 사행계약의 성질을 가지고 있고, 보험사고 발생시 지급되는 보험금이 보험계약자가 납부한 보험료에 비해 많을 수 있어 보험계약자가 부당한 경제적 이익을 취득하기 위해 투기 또는 도박의 목적으로 악용할 여지가 있다.

㉡ 따라서 보험계약자가 사고위험을 숨기고 보험에 가입하는 역선택이나 고의로 보험사고를 일으키는 등 도덕적 해이가 나타날 수 있는데 이럴 경우 단순히 보험자에게 불이익을 주는데 그치지 않고 보험료 인상을 초래하여 다수의 선의의 보험가입자에게 피해를 주어 보험제도의 근간을 해치게 된다.

㉢ 이런 이유로 보험계약에 있어 보험자는 보험사고의 발생위험을 직접 관리할 수 없기 때문에 보험가입자에게 윤리성 및 신의성실이 특별히 요구되는 선의계약성을 띤다.

㉣ 보험계약의 선의계약성을 전제로 한 상법의 규정

- 고지의무위반으로 인한 계약해지(제651조)
- 위험변경증가의 통지와 계약해지(제652조)
- 보험계약자 등의 고의나 중과실로 인한 위험증가와 계약해지(제653조)
- 보험자의 면책사유(제659조)
- 보험계약의 목적(제668조)
- 초과보험(제669조)과 중복보험(제672조)
- 손해방지·경감의무(제680조)

 보험계약의 요소

제638조【보험계약의 의의】 보험계약은 당사자 일방이 약정한 보험료를 지급하고 재산 또는 생명이나 신체에 불확정한 사고가 발생할 경우에 상대방이 일정한 보험금이나 그 밖의 급여를 지급할 것을 약정함으로써 효력이 생긴다.

제644조【보험사고의 객관적 확정의 효과】 보험계약 당시에 보험사고가 이미 발생하였거나 또는 발생할 수 없는 것인 때에는 그 계약은 무효로 한다. 그러나 당사자 쌍방과 피보험자가 이를 알지 못한 때에는 그러하지 아니하다.

제646조【대리인이 안 것의 효과】 대리인에 의하여 보험계약을 체결한 경우에 대리인이 안 사유는 그 본인이 안 것과 동일한 것으로 한다.

제646조의2【보험대리상 등의 권한】 ① 보험대리상은 다음 각 호의 권한이 있다.
 1. 보험계약자로부터 보험료를 수령할 수 있는 권한
 2. 보험자가 작성한 보험증권을 보험계약자에게 교부할 수 있는 권한
 3. 보험계약자로부터 청약, 고지, 통지, 해지, 취소 등 보험계약에 관한 의사표시를 수령할 수 있는 권한
 4. 보험계약자에게 보험계약의 체결, 변경, 해지 등 보험계약에 관한 의사표시를 할 수 있는 권한
② 제1항에도 불구하고 보험자는 보험대리상의 제1항 각 호의 권한 중 일부를 제한할 수 있다. 다만, 보험자는 그러한 권한 제한을 이유로 선의의 보험계약자에게 대항하지 못한다.
③ 보험대리상이 아니면서 특정한 보험자를 위하여 계속적으로 보험계약의 체결을 중개하는 자는 제1항 제1호(보험자가 작성한 영수증을 보험계약자에게 교부하는 경우만 해당한다) 및 제2호의 권한이 있다.
④ 피보험자나 보험수익자가 보험료를 지급하거나 보험계약에 관한 의사표시를 할 의무가 있는 경우에는 제1항부터 제3항까지의 규정을 그 피보험자나 보험수익자에게도 적용한다.

1 보험계약의 관계자

보험계약의 관계자란 보험계약의 직접 당사자(보험자, 보험계약자)와 보험자의 보조자(보험대리상, 보험설계사 등) 그리고 보험계약에 이해관계를 가지는 제3자(피보험자, 보험수익자)를 말한다.

(1) 보험계약의 당사자

① 보험자(보험회사)

보험자는 보험사업을 영위하는 보험계약의 직접 당사자로서 보험계약자의 청약에 대하여 승낙여부를 결정하며 보험계약상 보험료를 받고, 보험사고 발생 시 일정한 보험금이나 그 밖의 급여를 지급할 의무를 부담하는 자이다.

> **보충** **보험자**
>
> 1. 보험업을 하기 위해서는 금융위원회의 허가를 받아야 하고(보험업법 제4조 제1항), 사업주체는 300억원 이상의 자본금 또는 기금을 납입함으로써 보험업을 시작할 수 있다(보험업법 제9조 제1항).
> 2. 보험종목의 일부만을 취급하려는 경우에는 50억 이상의 범위에서 자본금 또는 기금의 액수를 다르게 정할 수 있다.

② 보험계약자

㉠ 자기의 명의로 보험계약을 체결하는 상대방 당사자로서 개인뿐만 아니라 법인도 보험계약자가 될 수 있고, 하나의 보험계약에 대해 수인이 공동으로 보험계약자가 될 수 있다.

㉡ 보험계약자의 자격에는 제한이 없으므로 제한능력자라도 보험계약자가 될 수 있다. 단, 계약의 체결은 법정대리인을 통하여 하여야 한다.

㉢ 보험계약자는 자기를 위해 보험계약을 체결할 수 있고, 타인을 위해 보험계약을 체결할 수도 있다.

㉣ 보험계약을 체결한 경우에 대리인이 안 사유는 그 본인이 안 것과 동일한 것으로 한다.

㉤ 보험계약자는 1차적으로 보험료 지급의무를 지는 자이다.

(2) 보험자의 보조자

① 보험대리상

㉠ 보험대리상은 '일정한 보험회사'를 위하여 보험계약의 체결을 대리하는 것을 영업으로 하는 독립된 상인을 말한다. 「보험업법」상 보험대리점을 「상법」상 보험대리상의 일종으로 본다. 개인과 법인으로 구분하여 대통령령으로 정하는 바에 따라 금융위원회에 등록하여야 한다.

㉡ 보험대리상의 권한(제646조의2 제1항)

> ⓐ 보험계약자로부터 보험료를 수령할 수 있는 권한
> ⓑ 보험자가 작성한 보험증권을 보험계약자에게 교부할 수 있는 권한
> ⓒ 보험계약자로부터 청약, 고지, 통지, 해지, 취소 등 보험계약에 관한 의사표시를 수령할 수 있는 권한
> ⓓ 보험계약자에게 보험계약의 체결, 변경, 해지 등 보험계약에 관한 의사표시를 할 수 있는 권한

㉢ 보험자는 보험대리상의 권한 중 일부를 제한할 수 있다. 다만, 보험자는 그러한 권한 제한을 이유로 선의의 보험계약자에게 대항하지 못한다(제646조의2 제2항).

㉣ 피보험자나 보험수익자가 보험료를 지급하거나 보험계약에 관한 의사표시를 할 의무가 있는 경우에는 위의 내용을 그 피보험자나 보험수익자에게도 적용한다(제646조의2 제4항).

② 보험설계사

㉠ 보험대리상이 아니면서 '특정 보험자'를 위하여 계속적으로 보험계약의 체결을 중개하는 자(제646조의2 제3항)를 말한다.

㉡ 보험자의 사용인으로서 보험회사에 소속되어 보험에 가입할 자에 대하여 보험계약의 청약을 인수하는 역할을 하며 체약대리권이 없고 독립된 상인이 아니라는 점에서 보험대리상과 구별된다.(보험회사에 소속되어 있긴 하지만 업무의 형태가 마치 개인사업자와 비슷하며, 보험회사의 업무수행에 대한 수탁자에 불과할 뿐 민법상 고용관계에 해당하지 않고, 근로기준법상 근로자에도 해당하지 않는다.)

      ⓒ 보험설계사의 권한

         ⓐ 보험증권교부권

         ⓑ 보험료수령권(보험자가 작성한 영수증을 보험계약자에게 교부하는 경우에 한함)

③ 보험중개사

보험중개사는 '특정 보험자'를 위하여 보험계약 체결을 중개 또는 대리하는 보험설 계 사, 보험대리상과 달리 불특정 다수의 보험회사별로 상이한 보험상품에 대해 보험계약 자 사이의 보험계약 체결을 중개하는 것을 영업으로 하는 독립된 상인으로 금융감독원 장이 실시하는 시험에 합격한 후 대통령령으로 정하는 바에 의하여 금융위원회에 등록 (보험업법 제2조 제11호)하여야 한다.

④ 보험의

인보험의 보조자로서 의학적 전문지식을 통해 피보험자에 대한 신체 및 건강상태를 검 사하여 위험측정 자료를 파악하고 그 결과를 보험자에게 알려줌으로써 보험자가 위험 을 인수할 것인지 결정하는데 도움을 주는 의사를 말한다.

(3) 보험계약의 이해관계자

① 피보험자

    ㉠ 손해보험에서 피보험자: 피보험이익의 주체로서 보험사고의 발생 시 보험금청구권을 갖는 자를 말한다.

    ㉡ 인보험에서 피보험자: 생명이나 신체에 관하여 보험에 붙여진 자(보험의 목적)를 말 한다.

    ㉢ 피보험자는 보험사고 발생시 확정할 수 있으면 족하다.(예 ○○회사 직원)

② 보험수익자

    ㉠ 보험사고 발생 시 보험금을 지급받을 자로서 인보험에서만 존재하는 개념이다.

    ㉡ 보험계약자는 보험수익자를 지정 또는 변경할 수 있으며 보험계약자가 지정권을 행 사하지 아니하고 사망한 때에는 피보험자를 보험수익자로 한다. 보험계약자가 지정 권을 행사하기 전에 보험사고가 생긴 경우에는 피보험자 또는 보험수익자의 법정상

속인을 보험수익자로 한다(제733조).

ⓒ 보험수익자의 자격에 제한은 없으나 도덕적 위험을 방지하기 위하여 피보험자 이외의 자를 보험수익자로 지정·변경하는 경우 피보험자의 동의를 요한다.

2 보험의 목적

(1) 의의

① 보험의 목적이란 보험사고 발생의 객체가 되는 경제상의 재화 또는 사람의 생명·신체를 말한다. 즉, 손해보험의 경우에는 재산(예 책임보험)이나 물건(예 화재보험 등)을 말하고, 인보험의 경우에는 보험에 붙여진 피보험자를 말한다. 이러한 보험의 목적은 보험계약의 목적(제668조)과는 구별된다.

② 보험자는 모든 사고에 대하여 책임을 지는 것이 아니다. 따라서 보험자의 보상의무를 명확하게 하기 위해 보험계약 체결시 보험의 목적을 구체적으로 정함으로써 보험료의 산정을 용이하게 하고, 보험사고의 발생 시 보험자의 책임범위를 한정하여 분쟁을 예방할 필요가 있다.

(2) 구분

① 손해보험

ㄱ 유체물(주택, 상가, 운송물, 선박, 기계 등과 같은 구체적인 물건), 무체물(채권, 지적재산권 등), 피보험자의 법률상 배상책임(불법행위책임, 채무불이행책임 등)이 포함된다.

ㄴ 집합된 물건을 일괄하여 보험의 목적으로 한 때에는 피보험자의 가족과 사용인의 물건도 보험의 목적에 포함된다(집합보험, 제686조).

ㄷ 집합된 물건을 일괄하여 보험의 목적으로 한 때에는 그 목적에 속한 물건이 보험기간 중에 수시로 교체된 경우에도 보험사고의 발생 시에 현존한 물건은 보험의 목적에 포함된다(총괄보험, 제687조).

② 인보험

사람의 생명 또는 신체

3 보험사고

(1) 의의

보험사고는 보험계약에서 보험자의 보험금지급 책임을 구체화시키는 사고를 말하며, 일정한 보험의 목적에 대하여 일어나는 사고이어야 한다.

(2) 요건

① 우연성(불확정성)

보험사고는 우연한 것이어야 한다. 여기에서 우연성은 보험사고 발생여부·시기·방법 등을 의미하며 이들 중 어느 하나만이라도 불확정하면 된다. 불확정성의 판단시기는 보험계약 당시를 기준으로 한다(제644조).

② 발생가능성

보험사고는 발생가능성이 있는 것이어야 한다. 따라서 보험계약 당시에 보험사고가 이미 발생하였거나 또는 발생할 수 없는 것인 때에는 그 계약은 무효로 한다. 그러나 당사자 쌍방과 피보험자가 이를 알지 못한 때에는 그러하지 아니하다(제644조).

③ 특정성(한정성)

보험사고는 그 사고의 범위가 특정되어야 한다(**예** 화재, 도난, 책임 등). 왜냐하면 보험의 종류가 다양하고, 보험사고 또한 다양하므로 보험계약 체결시 보험사고의 범위를 구체적으로 특정하여 보험자의 책임범위를 정하고, 범위를 벗어나면 보험사고로 인정하지 않음으로써 분쟁을 방지할 필요성이 있기 때문이다.

(3) 보험사고 발생의 효과

보험계약자 또는 피보험자나 보험수익자는 보험사고의 발생을 안 때에는 지체없이 보험자에게 그 통지를 발송하여야 하며, 보험자는 보험사고의 통지를 받으면 보험금지급 책임이 발생한다.

4 　그 밖의 요소

(1) 보험료와 보험금, 보험가액, 보험(가입)금액

① 보험료

보험계약에 따라 보험계약자가 보험자에게 지급하는 금액을 말한다.

② 보험금

보험금이란 보험자가 보험사고가 발생한 때에 피보험자 또는 보험수익자에게 지급할 금액을 말한다.

③ 보험가액

보험가액이란 손해보험에서 피보험이익의 가액으로써 보험자가 지급하여야 할 법률상 최고 보상한도액을 말한다. 인보험에서는 보험의 목적이 사람이기 때문에 금액으로 평가할 수 없으므로 손해보험에서만 존재하는 개념이다.

④ 보험(가입)금액

손해보험에서는 보험가액의 한도 내에서 계약상 최고 보상한도액을 말하고, 생명보험과 같은 정액보험에서는 계약당사자 간에 약정한 금액을 말한다.

(2) 보험기간(책임기간, 보장기간, 위험기간)

① 보험기간이란 보험자의 책임이 시작되고 종료될 때까지의 기간을 말한다.

② 보험기간은 최초의 보험료지급 또는 당사자 간의 약정을 통해 개시되고, 보험계약의 만료 및 실효 또는 위험이 소멸(보험금 지급)함에 따라 종료된다.

③ 보험계약에서 보험기간이 정해진 이상 비록 보험계약이 성립하고 보험료의 지급이 있었다 하더라도 그 보험기간의 전·후에 생긴 보험사고에 대하여 보험자는 보험금지급 책임을 지지 않는다.

 **보충** | **보험기간 & 보험계약기간 & 보험료기간**

1. 보험계약기간

① 보험계약기간은 보험계약자의 청약과 보험자의 승낙을 통해 보험계약이 성립하여 유효하게 존속하는 기간을 말하는데 대부분의 경우 보험기간은 보험계약기간과 일치하지만, 양자가 반드시 일치하는 것은 아니다.

② 구분

> • 예정보험 : 보험기간 < 보험계약기간
> • 소급보험 : 보험기간 > 보험계약기간

2. 보험료기간

① 보험료기간이란 '보험료산출의 기초가 되는 단위기간'을 말하며, 위험측정기간이라고도 한다. 보험료기간을 어떻게 정할 것이냐는 보험수리의 원칙에 따라 정할 문제이나, 대체로 1년을 단위로 하여 보험료율을 정하는 것이 일반적이다.

② 보험료불가분의 원칙

㉠ 보험료불가분의 원칙이란 보험료기간 내의 위험을 불가분적인 것으로 보아 그 기간 내의 보험료도 불가분의 성질을 갖게 된다는 원칙이다. 즉 보험료기간은 위험측정의 단위가 되는 기간이기 때문에 그 중도에 보험계약의 효력이 소멸하더라도 보험자는 그 기간에 대한 위험을 인수한 것이 되므로 보험료기간의 보험료를 전부 취득하는 것을 말한다(예 뷔페 기본이용료).

㉡ 보험료불가분의 원칙은 보험의 기술적 성질 때문에 이론상 인정되는 것일 뿐, 상법상 명문의 근거규정이 있는 것도 아니고 보험계약상 절대적인 것도 아니므로 당사자의 합의로 변경할 수 있다.

㉢상법상 보험사고 발생 전에 보험계약이 임의로 해지된 경우 미경과보험료의 반환을 명문으로 인정(제649조 제3항)하고 있다.

CHAPTER 04 **보험계약의 체결**

제638조의2 【보험계약의 성립】

① 보험자가 보험계약자로부터 보험계약의 청약과 함께 보험료 상당액의 전부 또는 일부의 지급을 받은 때에는 다른 약정이 없으면 30일 내에 그 상대방에 대하여 낙부의 통지를 발송하여야 한다. 그러나 인보험계약의 피보험자가 신체검사를 받아야 하는 경우에는 그 기간은 신체검사를 받은 날부터 기산한다.

② 보험자가 제1항의 규정에 의한 기간 내에 낙부의 통지를 해태한 때에는 승낙한 것으로 본다.

③ 보험자가 보험계약자로부터 보험계약의 청약과 함께 보험료 상당액의 전부 또는 일부를 받은 경우에 그 청약을 승낙하기 전에 보험계약에서 정한 보험사고가 생긴 때에는 그 청약을 거절할 사유가 없는 한 보험자는 보험계약상의 책임을 진다. 그러나 인보험계약의 피보험자가 신체검사를 받아야 하는 경우에 그 검사를 받지 아니한 때에는 그러하지 아니하다.

제643조 【소급보험】 보험계약은 그 계약 전의 어느 시기를 보험기간의 시기로 할 수 있다.

---

1 보험계약의 성립

(1) 보험계약의 청약

① 보험계약은 보험계약자의 청약이 있어야 한다. 보험계약은 불요식 계약으로 청약에는 보험료의 지급 등 특별한 방식을 필요로 하지 않는다.

② 실무상 보험설계사 등의 권유에 따라 보험계약자가 청약서에 일정한 사항을 기재하여 청약을 하도록 하고 있지만 이는 계약의 성립요건은 아니다.

(2) 보험계약의 승낙

① 승낙의 통지

㉠ 보험자의 승낙의 의사표시는 서면 또는 구두로 가능하다.

㉡ 보험자가 보험계약자로부터 보험계약의 청약과 함께 보험료 상당액의 전부 또는 일부의 지급을 받은 때에는 다른 약정이 없으면 30일 내에 그 상대방에 대하여 낙부의 통지를 발송하여야 한다. 그러나 인보험계약의 피보험자가 신체검사를 받아야 하는 경우에는 그 기간은 신체검사를 받은 날부터 기산한다(제638조의2 제1항).

ⓒ 「상법」은 승낙의 통지에 대해 발송주의를 채택하고 있다. 따라서 30일째 되는 날 거절의 통지를 발송을 하면 31일째 도달하는 경우에도 거절의 통지는 유효하다.

② 통지의 해태에 의한 승낙의제

보험자가 해당 기간 내에 승낙여부의 통지를 해태하여 보험계약자 측에 발송하지 않으면 승낙한 것으로 본다(제638조의2 제2항).

(3) 승낙 전 사고에 대한 보험계약자 보호제도

① 의의

㉠ 보험자가 청약과 함께 보험료 상당액의 전부 또는 일부를 받은 경우에 그 청약을 승낙하기 전에 보험계약에서 정한 보험사고가 생긴 때에는 그 청약을 거절할 사유가 없는 한 보험자는 보험계약상의 책임을 진다는 것이 승낙 전 사고에 대한 보험계약자의 보호제도이다(제638조의2 제3항).

㉡ 이 제도는 보험계약의 부활에서도 적용된다.

② 규정의 취지

㉠ 해당 규정은 보험자의 부보가능성(보장가능성)이 있는 보험계약에 대하여 승낙 전까지 보험계약자가 일시적으로 무보험상태에 있는 것을 배제함으로써 보험계약자 측을 합리적으로 보호하는데 그 목적이 있다.

㉡ 승낙 전 사고로 인한 보험자의 책임은 보험계약 성립을 요건으로 하지 않기 때문에 계약상의 책임이 아니라 법정책임이다.

③ 적용 요건

㉠ 보험계약자의 청약이 있어야 한다. 따라서 보험계약자가 청약의 의사를 철회한 이후에 발생한 사고에 대해서는 설령 보험자가 보험료를 반환하기 전이라도 승낙 전 보호제도를 적용하지 아니한다.

㉡ 보험료 상당액의 전부 또는 일부가 납입되어야 한다.

㉢ 청약을 거절할 사유가 없어야 한다.

 **판례**   **청약의 거절할 사유(대판 2008. 11. 27. 선고, 2008다40847)**

[1] 청약을 거절할 사유란 보험계약의 청약이 이루어진 바로 그 종류의 보험에 관하여 해당 보험회사가 마련하고 있는 객관적인 보험인수 기준에 의하면 인수할 수 없는 위험상태 또는 사정이 있는 것으로서 통상 피보험자가 보험약관에서 정한 적격 피보험체가 아닌 경우를 말하고, 이러한 청약을 거절할 사유의 존재에 대한 증명책임은 보험자에게 있다.

[2] 이른바 승낙 전 보험사고에 대하여 보험계약의 청약을 거절할 사유가 없어서 보험자의 보험계약상의 책임이 인정되면, 그 사고발생사실을 보험자에게 고지하지 아니하였다는 사정은 청약을 거절할 사유가 될 수 없고, 보험계약 당시 보험사고가 이미 발생하였다는 이유로 상법 제644조에 의하여 보험계약이 무효로 된다고 볼 수도 없다.

(4) 소급보험

당사자의 합의에 의하여 보험계약 체결 전의 어느 시점부터 보험자의 책임이 개시되는 보험을 말하는데 이를 과거보험이라고도 한다.

① 소급보험과 보험사고의 주관적 불확정성

    ㉠ 보험계약에서는 보험사고의 불확정성을 요구하므로 이미 사고가 발생한 때에는 그 보험계약의 효력을 인정할 수 없으나, 주관적으로 불확정하면 되므로 소급보험이 인정될 수 있다.

    ㉡ 「상법」도 보험계약 당시에 보험사고가 이미 발생하였거나 또는 발생할 수 없는 것인 때에는 그 계약은 무효로 하고, 보험사고의 발생여부는 객관적으로 확정되어 있지만 보험계약 당사자 쌍방과 피보험자가 모두 사고발생 사실을 알지 못한 경우에는 보험계약은 유효하다고 하고 있으며, 피보험자나 당사자 중 1인이라도 보험계약의 체결 시 보험사고의 발생을 안 경우 그 계약은 무효라고 규정(제644조)함으로써 소급보험의 체결 가능성을 뒷받침 해주고 있다.

② 보험자의 담보책임발생 요건

    ㉠ 당사자 간에 소급보험이라는 합의가 있어야 한다.

    ㉡ 소급보험은 보험자의 승낙에 의하여 보험계약의 성립을 전제로 하고 있기 때문에 보험자의 승낙이 없는 한 보험계약 체결 전 사고를 담보하지 아니한다.

③ 효용

통신기술이 발달하지 않아 보험사고 발생을 알 수 없었던 대항해시대에는 이미 발생하였을지도 모르는 해상보험사고를 보험자로부터 보호받기 위해 많이 사용되었으나, 통신기술이 발달한 오늘날에는 거의 사용되지 않는다.

📁 소급보험과 승낙 전 보호제도의 비교

소급보험(제643조)	승낙 전 보호제도(제638조의2 제3항)
당사자의 합의에 의하여 보험계약 체결 전의 어느 시점부터 보험자가 책임을 지는 보험(약정책임)	청약과 함께 보험료의 전부 또는 일부가 납입된 경우, 보험자가 승낙 전에 발생하는 사고에 대해서 청약을 거절할 사유가 없는 한 법률의 규정에 의하여 보험자가 책임을 지는 제도(법정책임)
보험계약이 성립된 후 소급 적용	보험계약의 성립(승낙) 전 단계에서 적용
청약일 이전의 사고에 대한 책임	청약일 이후의 사고에 대한 책임
청약 시 보험사고의 발생사실을 보험계약자나 피보험자가 알지 못하였다면 계약이 유효하게 성립	청약하기 전에 보험사고가 객관적으로 확정되었다면 계약당사자의 부지(不知)에도 불구하고 그 사고는 보험자가 보상하지 아니함
주로 해상보험이나 운송보험 등에서 적용	모든 보험에서 적용

2 보험약관

제638조의3 【보험약관의 교부·설명 의무】
① 보험자는 보험계약을 체결할 때에 보험계약자에게 보험약관을 교부하고 그 약관의 중요한 내용을 설명하여야 한다.
② 보험자가 제1항을 위반한 경우 보험계약자는 보험계약이 성립한 날부터 3개월 이내에 그 계약을 취소할 수 있다.

(1) 개요

① 약관의 의의

'약관'이란 그 명칭이나 형태 또는 범위에 상관없이 계약의 한쪽 당사자가 여러 명의 상대방과 계약을 체결하기 위해 일정한 형식으로 미리 마련한 계약의 내용을 말한다

(약관의 규제에 관한 법률 제2조).

② 보험약관의 존재 이유

보험약관은 보험계약의 성질상 다수의 가입자를 상대로 대량으로 계약을 처리해야 할 필요성에서 그 내용을 정형화해야 한다는 기술적인 측면과 보험단체 구성원을 개별적으로 다루지 않고 동일하게 취급해야 한다는 단체성에 그 존재이유가 있다.

③ 약관규제의 필요성

보험약관은 보험자가 일방적으로 작성하는데 반하여 보험계약자는 구체적인 고려 없이 계약을 체결하는 경우가 많다. 따라서 보험자가 자기이익을 위해 약관에 부당한 내용을 삽입하여 보험계약자에게 불리하게 적용하지 못하도록 규제할 필요가 있다.

④ 보험약관의 종류

  ㉠ **보통보험약관**: 보험자가 다수의 보험계약자와 보험계약을 체결하기 위하여 미리 작성한 일반적, 보편적, 표준적인 계약조항을 규정한 약관을 말한다.

  ㉡ **특별보험약관**: 보험자와 보험계약자 간에 개별적으로 정한 약관으로 보통약관을 보충, 변경 또는 배제하기 위한 약관을 말한다.

⑤ 보험약관의 해석

  ㉠ 당사자의 개별적인 해석보다는 법률의 일반 해석 원칙에 따라 보험계약의 단체성·기술성을 고려하여 각 규정의 뜻을 합리적으로 해석해야 한다. 보험약관은 보험계약의 성질과 관련하여 신의성실의 원칙에 따라 공정하게 해석되어야 하며, 계약자에 따라 다르게 해석되어서는 안 된다.

  ㉡ **작성자 불이익의 원칙**: 보험약관의 내용이 모호한 경우 즉, 하나의 규정이 객관적으로 여러 가지 뜻으로 풀이되는 경우나 해석상 의문이 있는 경우에는 보험자에게 엄격·불리하게 계약자에게 유리하게 풀이해야 한다는 원칙을 말한다.

⑥ 보험약관의 효력

  ㉠ 보통보험약관이 계약당사자에 대하여 구속력을 갖는 것은 그 자체가 법규범적 성질을 가진 계약이기 때문이 아니라 보험계약 당사자 사이에서 계약내용에 포함시키기로 합의하였기 때문이다(대판 2007다9160).

ⓒ 일반적으로 당사자 사이에 보험약관을 계약내용에 포함시킨 보험계약서가 작성된 경우에는 계약자가 그 보험약관의 내용을 알지 못하는 경우에도 그 약관의 구속력을 배제할 수 없는 것이 원칙(상관습)이나, 당사자 사이에서 명시적으로 약관의 내용과 달리 약정한 경우에는 위 약관의 구속력은 배제된다(대판 2013다215454).

ⓒ 금융위원회의 허가를 받지 아니한 약관에 의해 보험계약이 체결된 경우 선의의 계약자를 위해 강행규정 및 공익에 반하지 않는 한 계약의 내용으로 인정된다.

(2) 보험약관의 교부·설명 의무

① 주체

보험약관의 교부·설명의무자는 보험자이나, 실거래에서 보험설계사, 보험대리상 등을 통해서 보험모집이 이루어지는 경우에는 이들이 보험자를 대신하게 된다.

② 상대방

상대방은 반드시 보험계약자에 국한되는 것이 아니며, 보험계약자의 대리인과 보험계약을 체결하는 경우에는 그 대리인에게 보험약관을 설명하면 족하다(판례).

③ 시기

보험자는 보험계약을 체결할 때에 보험계약자에게 보험약관을 교부하고 그 약관의 중요한 내용을 설명하여야 한다.

④ 중요한 내용

㉠ 보험계약자의 입장에서 그 사항의 인지여부가 보험계약에 영향을 미치는 보험료와 그 지급방법, 보험금액, 보험기간, 특히 보험자의 책임개시 시기를 정한 경우에는 그 시기, 보험사고의 내용, 보험계약의 해지사유 또는 보험자의 면책사유 등이 이에 해당한다.

㉡ 보험계약의 중요사항은 반드시 보험약관에 규정된 것에 한정된다고 할 수 없으므로, 보험약관만으로 보험계약의 중요사항을 설명하기 어려운 경우에는 보험회사 또는 보험모집종사자는 상품설명서 등 적절한 추가자료를 활용하는 등의 방법을 통하여 개별 보험상품의 특성과 위험성에 관한 보험계약의 중요사항을 고객이 이해할 수 있도록 설명하여야 한다(대판 2010다34159).

⑤ **방법**

ㄱ 설명의 방법으로는 대면방식에 의한 구두설명과 청약서의 자필서명에 의하여 입증하는 방식과 전화에 의한 구두설명과 전화내용 녹취에 의한 입증방법도 사용된다. 서면에 의한 설명방식은 법원이 인정하지 않고 있다.

ㄴ 보험계약자의 평균적 이해 수준을 기초로 약관의 전반적인 내용을 알리면 된다고 보며, 보험계약자의 주관적인 사정을 고려하여 보험계약자가 인지할 수 있는 정도까지 설명해야 하는 것은 아니다.

ㄷ 교부·설명의무를 이행하였다는 입증책임은 보험자에게 있다.

⑥ **보험자의 설명의무가 면제되는 경우(판례의 입장)**

ㄱ 설명의무의 이행 여부가 보험계약의 체결 여부에 영향을 미치지 않는 경우

ㄴ 보험약관에 정하여진 사항이 거래상 일반적이고 공통된 것이어서 보험계약자가 별도의 설명 없이도 충분히 예상할 수 있었던 사항인 경우

ㄷ 보험계약자의 대리인이 그 약관의 내용을 충분히 잘 알고 있는 경우(따로 설명할 필요가 없는 특별한 사정의 입증책임: 보험자)

ㄹ 법령에 규정된 바를 약관상 반복하거나 구체적으로 부연하여 규정한 경우

(3) 교부·설명의무 위반의 효과

① 보험자가 보험계약을 맺을 때에 보험약관의 교부·설명의무를 위반한 때에는 보험계약자는 보험계약이 성립한 날부터 3개월 이내에 그 계약을 취소할 수 있다(제638조의3 제2항).

② 보험계약자가 그 취소권을 행사하지 아니하였다고 약관의 내용을 추인 또는 승인하였다고 볼 근거는 없으며, 취소권의 제척기간인 3개월이 경과하더라도 보험자의 의무불이행의 흠결이 치유되지 아니하므로 전 보험계약기간을 통해 보험자는 보험약관 내용을 계약의 내용으로 주장할 수 없다(대판 98다 32564).

③ 보험계약자가 그 보험계약을 취소한 때에는 처음부터 그 계약은 무효로 되며(민법 제141조), 보험자는 보험계약자가 지급한 보험료를 모두 돌려주어야 한다(제648조 참조).

④ 보험자가 보험약관의 명시·설명의무를 위반하여 보험계약을 체결한 경우(약관의규제에관한법률 제3조 제3항), 그 약관의 내용을 보험계약의 내용으로 주장할 수 없다(대판 2020다256675).

⑤ 보험계약의 중요사항에 관한 설명의무를 위반한 경우 손해배상책임을 부담한다(대판 2010다34159).

3 보험증권

> **제640조【보험증권의 교부】**
> ① 보험자는 보험계약이 성립한 때에는 지체없이 보험증권을 작성하여 보험계약자에게 교부하여야 한다. 그러나 보험계약자가 보험료의 전부 또는 최초의 보험료를 지급하지 아니한 때에는 그러하지 아니하다.
> ② 기존의 보험계약을 연장하거나 변경한 경우에는 보험자는 그 보험증권에 그 사실을 기재함으로써 보험증권의 교부에 갈음할 수 있다.
>
> **제641조【증권에 관한 이의약관의 효력】** 보험계약의 당사자는 보험증권의 교부가 있은 날로부터 일정한 기간 내에 한하여 그 증권내용의 정부에 관한 이의를 할 수 있음을 약정할 수 있다. 이 기간은 1월을 내리지 못한다.
>
> **제642조【증권의 재교부청구】** 보험증권을 멸실 또는 현저하게 훼손한 때에는 보험계약자는 보험자에 대하여 증권의 재교부를 청구할 수 있다. 그 증권작성의 비용은 보험계약자의 부담으로 한다.

(1) 의의

① 보험증권은 보험계약이 성립한 때 보험계약의 내용을 증명하기 위하여 보험자가 발행하는 증표이다.

② 보험증권에 보험약관이 인쇄되어 있고 특약조항이 기입되어 있어서 보험계약의 내용을 증명하는 유력한 증거로 이용되므로 계약 성립과 동시에 보험증권이 작성·교부되고 있다. 그러나 증권의 작성·교부는 계약당사자의 편의에 의한 것이지 계약의 성립요건은 아니고, 보험자만 기명·날인 또는 서명하므로 계약서도 아니다.

(2) 보험증권의 법적성격

① **요식증권성**: 보험증권은 일정한 사항을 기재하고 보험자가 기명날인 또는 서명한다는 점에서 요식증권의 성격을 갖는다. 그러나 엄격한 것은 아니고 법정 기재사항을 기재하지 않았더라도 계약의 효력에는 영향이 없다.

② **증거증권성**: 보험증권은 보험계약의 성립과 내용에 대한 증거로써의 추정력을 가진다. 따라서 이에 대한 이의를 신청할 수 있으며, 보험증권 이외의 방법으로 보험증권과 다

른 내용을 증명한 경우에는 그 다른 내용이 계약의 내용이 된다(입증책임은 다른 내용을 주장하는 자가 진다).

③ **면책증권성**: 보험자는 보험증권 소지인이 진정한 권리자인지 조사할 책임은 없다. 따라서 보험자는 보험증권을 제시한 사람에 대해 악의 또는 중대한 과실이 없이 보험금 등을 지급한 때에는 그가 비록 권리자가 아니더라도 그 책임을 면하는 면책증권이다.

④ **상환증권성**: 보험자는 보험증권과 상환으로 보험금 등을 지급하므로 상환증권의 성격을 갖는다. 그러나 보험증권을 제시하지 않더라도 보험금 청구권자가 다른 방법으로 권리자임을 입증하면 보험금을 청구할 수 있다고 보기 때문에 상환증권성은 인정되고 있지 않다(통설).

⑤ **유가증권성**: 보험증권이 표시하는 권리가 증권의 발행만으로는 발생하지 않고, 보험계약에 의해 발생하므로 보험의 목적과 분리되어 별도로 권리가 이전될 수 없으므로 유가증권성은 인정되지 않는 것이 일반적이다. 그러나 일부 보험(운송보험, 적하보험)의 경우에 보험증권은 유가증권의 성격을 지닌다.

(3) 보험증권의 기재사항

① 손해보험증권에는 다음의 사항을 기재하고 보험자가 기명날인 또는 서명하여야 한다(제666조).

1. 보험의 목적
2. 보험사고의 성질
3. 보험금액
4. 보험료와 그 지급방법
5. 보험기간을 정한 때에는 그 시기와 종기
6. 무효와 실권의 사유
7. 보험계약자의 주소와 성명 또는 상호
8. 피보험자의 주소, 성명 또는 상호
9. 보험계약의 연월일
10. 보험증권의 작성지와 그 작성년월일

② 화재보험증권에는 다음 사항을 추가로 기재해야 한다.

> 1. 건물을 보험의 목적으로 한 때에는 그 소재지, 구조와 용도
> 2. 동산을 보험의 목적으로 한 때에는 그 존치한 장소의 상태와 용도
> 3. 보험가액을 정한 때에는 그 가액

(4) 보험증권의 교부 및 재교부

① 보험자는 보험계약이 성립한 때에는 지체없이 보험증권을 작성하여 보험계약자에게 교부하여야 한다. 그러나 보험계약자가 보험료의 전부 또는 최초의 보험료를 지급하지 아니한 때에는 그러하지 아니하다(제640조 제1항).

② 기존의 보험계약을 연장하거나 변경한 경우에는 보험자는 그 보험증권에 그 사실을 기재함으로써 보험증권의 교부에 갈음할 수 있다(제640조 제2항).

③ 보험증권의 교부의무 위반에 대한 규정이 없으므로, 증권교부의무를 위반하더라도 계약의 성립이나 효력에는 영향을 미치지 않는다.

④ 보험증권을 멸실 또는 현저하게 훼손한 때에는 보험계약자는 보험자에 대하여 증권의 재교부를 청구할 수 있다. 그 증권작성의 비용은 보험계약자의 부담으로 한다(제642조).

(5) 보험증권에 관한 이의약관

① 보험계약의 당사자는 보험증권의 교부가 있은 날로부터 일정한 기간 내에 한하여 그 증권내용의 정부(正否)에 관한 이의를 할 수 있음을 약정(제641조)할 수 있는데 이를 정한 약관을 '이의약관'이라 한다.

② 이의를 할 수 있는 기간은 '1월을 내리지 못한다'라고 규정하고 있는데 이 의미는 이의 제기 할 수 있는 기간을 부당하게 짧게 정하여 보험계약자에게 불이익하게 작용하는 것을 막기 위함으로 이의를 제기할 수 있는 기간을 1개월 이하로는 정할 수 없도록 한 것이다.

③ 약정기간이 경과하면 계약은 약관의 내용대로 확정된다.

4 타인을 위한 보험

제639조 【타인을 위한 보험】
① 보험계약자는 위임을 받거나 위임을 받지 아니하고 특정 또는 불특정의 타인을 위하여 보험계약을 체결할 수 있다. 그러나 손해보험계약의 경우에 그 타인의 위임이 없는 때에는 보험계약자는 이를 보험자에게 고지하여야 하고, 그 고지가 없는 때에는 타인이 그 보험계약이 체결된 사실을 알지 못하였다는 사유로 보험자에게 대항하지 못한다.
② 제1항의 경우에는 그 타인은 당연히 그 계약의 이익을 받는다. 그러나 손해보험계약의 경우에 보험계약자가 그 타인에게 보험사고의 발생으로 생긴 손해의 배상을 한 때에는 보험계약자는 그 타인의 권리를 해하지 아니하는 범위안에서 보험자에게 보험금액의 지급을 청구할 수 있다.
③ 제1항의 경우에는 보험계약자는 보험자에 대하여 보험료를 지급할 의무가 있다. 그러나 보험계약자가 파산선고를 받거나 보험료의 지급을 지체한 때에는 그 타인이 그 권리를 포기하지 아니하는 한 그 타인도 보험료를 지급할 의무가 있다.

(1) 타인을 위한 보험계약의 의의

① 보험계약자가 타인의 이익을 위하여 자기명의로 체결한 보험계약을 「타인을 위한 보험계약」이라고 한다. 여기서 타인이란 보험계약상의 이익을 받을 자로 손해보험에서는 피보험자, 인보험에서는 보험수익자를 말한다.

② 보험계약자가 동시에 피보험자 또는 보험수익자인 경우를 「자기를 위한 보험계약」이라 하고, 피보험자나 보험수익자를 특정하지 않고 보험계약을 체결할 수 있는데, 이를 「불특정 타인을 위한 보험계약」이라 한다.

(2) 성립요건

① 타인을 위한다는 의사표시

보험계약당사자 사이에 타인을 위한 보험계약이라는 의사표시의 합의가 있어야 한다. 그 의사표시는 명시·묵시를 불문하고, 만일 의사표시가 불분명한 경우에는 자기를 위한 보험계약으로 추정한다. 주의할 점은 타인의 수익의 의사표시는 요건이 아니라는 것이다.

② 타인의 특정여부

　㉠ 타인은 계약 당시는 물론 계약 성립 후 사고발생 전에 특정해도 무방하다.

　㉡ 반드시 타인이 구체적으로 명시되어야 하는 것도 아니므로, 보험사고 발생 시에 피보험이익의 주체가 되는 자를 피보험자로 하거나, 피보험자나 보험계약자의 상속인을 보험수익자로 하는 등의 이른바 불특정 타인을 위한 보험계약도 유효하다(제639조 제1항 본문).

③ 타인의 위임여부

　㉠ 보험계약자는 타인의 위임여부와 상관없이 타인을 위한 보험계약을 체결할 수 있다(제639조 제1항 본문).

　㉡ 손해보험계약의 경우 타인의 위임이 없으면 보험계약자는 이를 보험자에게 고지하여야 한다. 이는 보험자가 그 사실을 피보험자에게 알려줌으로써 보험금청구권이나 보험료지급의무에 주의할 수 있도록 하기 위한 것이다. 만일 그 고지가 없는 때에는 타인이 그 보험계약이 체결된 사실을 알지 못하였다는 사유로 보험계약자는 보험자에게 대항하지 못한다(제639조 제1항 단서).

(3) 계약의 효과

타인을 위한 보험계약이므로 타인은 당연히 그 계약의 이익을 받는다(제639조 제2항 본문). 따라서 피보험자 또는 보험수익자는 보험자에 대하여 권리를 취득하지만 그 권리를 포기하지 않는 한 보험계약상 의무를 부담하며, 보험계약자는 계약당사자로서 여전히 권리·의무는 존재한다.

① 보험계약자의 지위

　㉠ 권리

> ⓐ 보험금액 지급청구권(제639조 제2항)
> ⓑ 보험증권교부청구권(제640조)
> ⓒ 보험료감액청구권(제647조)
> ⓓ 보험료반환청구권(제648조)
> ⓔ 보험계약해지권(제649조)

ⓛ 의무

보험계약자는 자기의 이름으로 계약을 체결하는 자이므로 다음과 같은 의무를 부담한다.

> ⓐ 보험료지급의무(제639조)
> ⓑ 고지의무(제651조)
> ⓒ 위험변경·증가의 통지의무(제652조)
> ⓓ 위험유지의무(제653조)
> ⓔ 보험사고발생의 통지의무(제657조)
> ⓕ 손해보험에서 손해방지경감의무(제680조)

② 피보험자·보험수익자의 지위

ⓘ 권리

> ⓐ 직접 보험자에 대한 보험금, 그 밖의 급여청구권(상법 제639조 제1항).
> ⓑ 그러나 이 경우에 보험자는 보험계약에 기한 사유(제650조, 제651조, 제652조, 제653조) 위반으로 인한 해지, 면책사유(제659조, 제660조) 등으로 피보험자 또는 보험수익자에게 대항할 수 있다.

ⓛ 의무

> ⓐ 보험계약자가 보험료지급을 지체하거나, 파산선고를 받은 경우 피보험자 또는 보험수익자가 계약상의 권리를 포기하지 않는 한 보험료지급의무가 있다(제639조 제3항 단서).
> ⓑ 그 이외에 고지의무, 보험사고발생의 통지의무, 위험유지의무, 손해방지의무를 부담한다.

(4) 타인을 위한 보험계약의 해지

① 해지 가능 여부

「상법」상 보험계약자는 보험사고의 발생 전에 언제든지 계약의 전부 또는 일부를 해지할 수 있다고 하여 보험계약자의 이익을 보호하고 있는데(제649조 제1항), 이것을 타인을 위한 보험계약에서도 자기를 위한 보험계약의 경우처럼 그대로 적용할 수 있는지의 문제가 생긴다.

② 해지권의 적용

    ㉠ 타인을 위한 보험계약의 경우 보험계약자는 그 타인의 동의를 얻지 아니하거나 보험증권을 소지하지 아니하면 그 계약을 해지하지 못한다(제649조 제1항 단서).

    ㉡ 타인을 위한 보험계약은 타인을 지정하지 않고 보험계약을 체결할 수 있으며, 또한 불특정인을 위해 체결할 수도 있으므로 해지는 가능하되, 피보험자나 보험수익자의 권리도 보호되어야 하므로 이들의 동의를 얻거나 보험증권을 소지한 경우에만 그 계약을 해지할 수 있도록 예외적으로 허용하고 있다.

CHAPTER 05 보험료

제647조 【특별위험의 소멸로 인한 보험료의 감액청구】 보험계약의 당사자가 특별한 위험을 예기하여 보험료의 액을 정한 경우에 보험기간 중 그 예기한 위험이 소멸한 때에는 보험계약자는 그 후의 보험료의 감액을 청구할 수 있다.

제648조 【보험계약의 무효로 인한 보험료반환청구】 보험계약의 전부 또는 일부가 무효인 경우에 보험계약자와 피보험자가 선의이며 중대한 과실이 없는 때에는 보험자에 대하여 보험료의 전부 또는 일부의 반환을 청구할 수 있다. 보험계약자와 보험수익자가 선의이며 중대한 과실이 없는 때에도 같다

제650조 【보험료의 지급과 지체의 효과】

① 보험계약자는 계약체결 후 지체 없이 보험료의 전부 또는 제1회 보험료를 지급하여야 하며, 보험계약자가 이를 지급하지 아니하는 경우에는 다른 약정이 없는 한 계약성립 후 2월이 경과하면 그 계약은 해제된 것으로 본다.

② 계속보험료가 약정한 시기에 지급되지 아니한 때에는 보험자는 상당한 기간을 정하여 보험계약자에게 최고하고 그 기간 내에 지급되지 아니한 때에는 그 계약을 해지할 수 있다.

③ 특정한 타인을 위한 보험의 경우에 보험계약자가 보험료의 지급을 지체한 때에는 보험자는 그 타인에게도 상당한 기간을 정하여 보험료의 지급을 최고한 후가 아니면 그 계약을 해제 또는 해지하지 못한다.

제650조의2 【보험계약의 부활】 제650조제2항에 따라 보험계약이 해지되고 해지환급금이 지급되지 아니한 경우에 보험계약자는 일정한 기간 내에 연체보험료에 약정이자를 붙여 보험자에게 지급하고 그 계약의 부활을 청구할 수 있다. 제638조의2의 규정은 이 경우에 준용한다.

1 개요

(1) 의의

① 보험료란 보험계약자가 위험을 보장받기 위하여 보험계약에 따라 보험자에게 지급하는 금원을 말한다.

② 보험료는 보험단체에서 대수의 법칙에 따라 보험사고의 발생률에 근거하여 산출하는 순보험료와 운영비 등으로 사용되는 부가보험료로 구성되어 있다.

(2) 보험료의 지급

① 지급의무자

㉠ 1차적으로 보험계약자가 보험료지급 의무를 지지만, 타인을 위한 보험계약에서 보험계약자가 파산선고를 받거나 보험료의 지급을 지체한 때에는 2차적으로 그 타인이 그 권리를 포기하지 아니하는 한 그 타인도 보험료를 지급할 의무가 있다.

㉡ 또한 보험계약자가 수인인 경우 각 보험계약자는 연대하여 그 보험료를 지급할 의무가 있다.

② 지급시기

보험계약자는 계약체결 후 지체 없이 보험료의 전부 또는 제1회 보험료를 지급하여야 한다(제650조 제1항).

③ 지급방법

보험료는 보험금액을 기초로 위험률에 따라 그 금액이 정해지고, 일시불로 지급하거나, 분할하여 지급할 수 있다.

(3) 보험료의 수령

① 보험료는 보험자 또는 그 대리인에게 지급하여야 한다.

② 보험대리상은 보험료 수령권이 있지만, 특정한 보험자를 위하여 계속적으로 보험계약 체결을 중개하는 자(보험설계사)는 보험자가 작성한 영수증을 보험계약자에게 교부하는 경우만 보험료수령권이 있다(제646조의2).

③ 보험료청구권은 2년 내에 행사하지 않으면 시효로 소멸한다(제662조).

2 보험료의 지급과 지체의 효력

(1) 최초보험료의 지급지체

① 보험계약자는 계약체결 후 지체 없이 보험료를 지급하여야 하나 이를 지급하지 아니하는 경우에는 다른 약정이 없는 한 계약성립 후 2월이 경과하면 그 계약은 해제된 것으로 본다(제650조 제1항).

② 다만, 특정한 타인을 위한 보험의 경우에 보험계약자가 보험료(계속보험료 포함)의 지급을 지체한 때에는 보험자는 그 타인에게도 상당한 기간을 정하여 보험료의 지급을 최고한 후가 아니면 그 계약을 해제 또는 해지하지 못한다(제650조 제3항).

③ 보험자는 보험계약이 성립한 때에는 지체없이 보험증권을 작성하여 보험계약자에게 교부하여야 하나 보험계약자가 보험료의 전부 또는 최초의 보험료를 지급하지 아니한 때에는 교부의무가 없다(제640조 제1항).

(2) 계속보험료 지급지체

① 계속보험료가 약정한 시기에 지급되지 아니한 때에는 보험자는 상당한 기간을 정하여 보험계약자에게 최고하고 그 기간 내에 지급되지 아니한 때에는 그 계약을 해지할 수 있다(제650조 제2항).

② 최고기간과 보험자 보상책임

㉠ 보험자는 최고절차를 충실히 이행함에 대한 입증책임을 져야 하고, 또한 최고기간 중 발생한 보험사고에 대하여 보상책임이 발생한다.

㉡ 최고기간 경과 후 보험자가 해지를 하면 해지 이후에 발생한 보험사고는 면책된다.

(3) 계속보험료의 불지급과 실효약관

① 실효약관의 의의

실무상 보험약관에서 2회 이후의 보험료는 그 납입 기일로부터 상당한 유예기간을 두고, 그 기간 안에 보험료 지급이 없으면 보험계약은 효력을 잃는다는 뜻을 정하고 있는 것이 일반적인데 이처럼 계속보험료 불지급시 상법 제650조 제2항의 최고 후에 해지를 하도록 하는 규정을 무시하고 약관에 보험료 지급일로부터 상당한 유예기간을 정하여 두고, 그 기간 안에 보험료 지급이 없는 때에는 보험계약이 자동으로 실효된다는 보험약관의 조항을 '실효약관'이라 한다.

② **실효약관의 효력**

㉠ 상법은 '보험계약 등 불이익 변경금지의 원칙(제663조)'을 두어 무지의 보험계약자 등의 이익을 보호하고 있는데, 실효약관은 상법 제650조 제2항의 해지절차인 '최고'와 '해지의 통지'를 무시하고 있어서 이와 관련하여 그 효력이 문제가 된다.

㉡ 판례는 보험계약자에게 상법 제650조의 최고절차를 무시하고 유예기간 경과 후에 보험계약이 자동실효 됨을 규정한 실효약관은 보험계약자 등에게 불이익하게 변경된 조항이기 때문에 무효라고 판시(대판 1997.7.25. 선고 97다18479)하고 있다. 따라서 보험자는 상법상 최고절차를 거쳐 계약을 해지하여야 한다.

③ **해지예고부 최고약관**

㉠ 해지예고부 최고약관은 계속보험료 불지급시 일정기간을 정하여 최고를 하면서 장차 그 기간이 끝나면 자동으로 계약이 해지된다는 것을 함께 예고함으로써 최고기간이 경과할 때까지 보험료의 지급이 없으면 계약은 해지되며 보험자가 책임을 면하도록 하는 규정이다.

㉡ 실효약관이 대법원에서 무효로 판결이 나오자 실무상 약관에서 '해지예고부 최고' 규정을 두고 있는데 현재 대법원에서는 이 약관의 효력을 인정하고 있다.

(4) 보험계약의 부활

① **의의**

보험계약의 부활이란 계속보험료가 약정한 시기에 지급되지 아니하여 보험자에 의해 해지된 보험계약을 회복시키는 것으로써 보험기간이 다시 시작되는 것을 말한다.

② **보험계의 부활을 인정하는 취지**

㉠ 보험계약자 측에서 보면 해지환급금을 받는 것은 금액면에서 손해가 되고, 새로운 보험계약을 체결하면 연령증가 등으로 보험료가 할증되거나 계약체결 자체가 불가능한 부담이 있을 수 있기 때문이며, 보험자 측면에서는 기존의 고객을 타 보험회사에 뺏길 염려가 있기 때문이다.

ⓛ 따라서 보험계약이 종료되었다 하더라도 보험계약자가 보험관계를 계속 유지하고
자 하는 경우라면 보험자는 부활을 승낙함으로써 서로에게 유리한 보험계약을 지속
시키는데 그 의의가 있다.

② **보험계약 부활의 요건**

㉠ 계속보험료가 약정한 시기에 지급되지 아니하여 계약이 해지되었어야 한다. 따라서
최초 보험료의 지급지체는 이에 해당하지 않으며 또한 다른 원인으로 보험계약이
해지된 경우에도 이에 해당하지 않는다.

㉡ 보험자가 보험계약자에게 해지환급금을 지급하지 않았어야 한다.

㉢ 보험계약자가 일정기간 내에(부활 청구기간) 부활을 청구해야 한다.

㉣ 보험계약자가 보험자에게 연체보험료와 이에 대한 약정이자를 지급해야 한다.

㉤ 보험자가 보험계약자의 부활청구에 대하여 승낙을 하여야 한다.

③ **보험계약 부활의 효과**

㉠ 보험자는 보험계약자로부터 부활의 청구와 함께 연체보험료 및 약정이자를 지급받
은 때에는 다른 약정이 없는 한 30일 내에 낙부의 통지를 발송해야 하고, 그 기간
내에 통지하지 아니하면 보험자의 승낙이 의제되므로, 통지기간의 경과 전에 보험
사고가 발생한 때에는 부활의 청구를 거절할 사유가 없는 한 부활계약상의 책임을
진다(제638조의2 준용).

㉡ 보험계약이 부활하면 새로운 계약체결처럼 보험계약자는 부활청구 시 고지의무(제
651조)를 이행하여야 하고, 보험자는 승낙 후 연체보험료 및 약정이자를 받은 때로
부터 책임이 개시(제656조)된다.

㉢ 종전 보험계약이 해지된 이후부터 부활이 되기 전까지의 기간에 발생한 보험사고는
보험자가 책임지지 않는다.

3 보험료의 감액·반환청구

(1) 보험료의 감액청구

① 특별위험의 소멸로 인한 보험료의 감액청구

보험계약의 당사자가 특별한 위험을 예기하여 보험료의 액을 정한 경우에 보험기간 중 그 예기한 위험이 소멸한 때에는(예 전쟁에 파견되는 종군기자가 전쟁위험을 담보하는 생명보험에 가입했는데 기자업무를 마치고 귀국한 경우, 인화물질이 가득 있는 공장창고에 대하여 화재보험에 가입하였는데 인화물질을 모두 폐기한 경우 등) 보험계약자는 그 후의 보험료의 감액을 청구할 수 있다(제647조).

② 현저한 초과보험의 경우

보험금액이 보험계약의 목적의 가액을 현저하게 초과(보험가액이 보험기간 중에 현저하게 감소된 때를 포함)한 때에는 보험자 또는 보험계약자는 보험료와 보험금액의 감액을 청구할 수 있다. 그러나 보험료의 감액은 장래에 대하여서만 그 효력이 있다(제669조).

(2) 보험료의 반환청구

① 보험계약이 무효인 경우

㉠ 보험계약의 전부 또는 일부가 무효인 경우에 보험계약자와 피보험자가 선의이며 중대한 과실이 없는 때에는 보험자에 대하여 보험료의 전부 또는 일부의 반환을 청구할 수 있다. 보험계약자와 보험수익자가 선의이며 중대한 과실이 없는 때에도 같다(제648조).

㉡ 보험계약이 보험가입자의 악의로 인하여 무효가 된 때에도 이미 지급한 보험료의 반환청구를 할 수 있게 되는 것은 부당하고, 악용할 우려가 있으므로, 보험계약자 및 피보험자 또는 보험수익자의 악의 또는 중과실이 있는 경우에는 보험료의 반환을 청구하지 못한다.

② 보험사고 발생 전 계약을 임의해지 한 경우

보험사고가 발생하기 전에는 보험계약자는 언제든지 계약의 전부 또는 일부를 해지할 수 있으며 보험계약자는 당사자 간에 다른 약정이 없으면 미경과보험료의 반환을 청구할 수 있다(제649조).

③ 보험료반환청구권은 보험계약자가 3년간 행사하지 않으면 소멸한다(제662조). 소멸시효의 기산점에 관하여는 규정이 없다. 따라서 무효인 보험계약에 따라 납부한 보험료에 대한 반환청구권은 특별한 사정이 없는 한 보험료를 납부한 때에 발생하여 행사할 수 있다고 할 것이므로, 보험료반환청구권의 소멸시효는 특별한 사정이 없는 소멸시효는 특별한 사정이 없는 한 각 보험료를 납부한 때부터 진행한다(대판 2010다92612).

CHAPTER 06 　보험금의 지급

제655조 【계약해지와 보험금청구권】
보험사고가 발생한 후라도 보험자가 제650조(보험료의 지급과 지체의 효과), 제651조(고지의무위반으로 인한 계약해지) , 제652조(위험변경증가의 통지와 계약해지) 및 제653조(보험계약자 등의 고의나 중과실로 인한 위험증가와 계약해지)에 따라 계약을 해지하였을 때에는 보험금을 지급할 책임이 없고 이미 지급한 보험금의 반환을 청구할 수 있다. 다만, 고지의무를 위반한 사실 또는 위험이 현저하게 변경되거나 증가된 사실이 보험사고 발생에 영향을 미치지 아니하였음이 증명된 경우에는 보험금을 지급할 책임이 있다.

제656조 【보험료의 지급과 보험자의 책임개시】 보험자의 책임은 당사자 간에 다른 약정이 없으면 최초의 보험료의 지급을 받은 때로부터 개시한다.

제657조 【보험사고발생의 통지의무】
① 보험계약자 또는 피보험자나 보험수익자는 보험사고의 발생을 안 때에는 지체 없이 보험자에게 그 통지를 발송하여야 한다.
② 보험계약자 또는 피보험자나 보험수익자가 제1항의 통지의무를 해태함으로 인하여 손해가 증가된 때에는 보험자는 그 증가된 손해를 보상할 책임이 없다.

제658조 【보험금액의 지급】 보험자는 보험금액의 지급에 관하여 약정기간이 있는 경우에는 그 기간 내에 약정기간이 없는 경우에는 제657조제1항의 통지를 받은 후 지체없이 지급할 보험금액을 정하고 그 정하여진 날부터 10일 내에 피보험자 또는 보험수익자에게 보험금액을 지급하여야 한다.

제659조 【보험자의 면책사유】 보험사고가 보험계약자 또는 피보험자나 보험수익자의 고의 또는 중대한 과실로 인하여 생긴 때에는 보험자는 보험금액을 지급할 책임이 없다.

제660조 【전쟁위험 등으로 인한 면책】 보험사고가 전쟁 기타의 변란으로 인하여 생긴 때에는 당사자 간에 다른 약정이 없으면 보험자는 보험금액을 지급할 책임이 없다.

1 보험금

(1) 개요

① 의의

보험금이란 보험사고가 발생한 때 보험자가 지급하는 금액을 말한다. 손해보험에서는 보험자가 책임을 지기로 한 보험(가입)금액 한도 내에서 보험사고로 피보험자가 입은 재산상의 손해액이고, 생명보험과 같은 정액보험에서는 계약상 정한 보험금액을 말한다. 보험금 지급은 금전급부가 원칙이나, 다른 약정이 있으면 현물 또는 그 밖의 급여로 할 수 있다(제638조).

② 청구권자

보험사고 발생시 보험자에게 보험금을 청구할 수 있는 자는 피보험자(손해보험)와 보험수익자(인보험)이다(제658조). 만약 피보험자나 보험수익자가 사망하는 경우에는 그 법정상속인이 청구권자가 된다.

(2) 보험금의 지급

① 보험금 지급의무

보험계약은 유상·쌍무계약으로써 보험자는 보험계약자의 보험료 지급의 대가로 보험기간 내에 보험사고로 인하여 피보험자에게 손해가 발생한 경우 피보험자(보험수익자)에게 보험금을 지급할 의무를 진다.

② 보험금 지급책임의 발생요건

㉠ 보험계약자의 보험료 지급

보험자의 위험부담책임은 당사자 간에 다른 약정이 없으면 '최초의 보험료의 지급을 받은 때'로부터 개시된다(제656조). 따라서 보험사고가 보험기간 내에 발생하더라도 보험료를 지급하기 전이라면 보험자는 보험금 지급책임이 없다.

㉡ 보험기간 중 보험사고의 발생

보험사고가 보험기간 중에 발생하여야 하며(제638조), 보험사고는 보험기간 중에 발생하였으나 손해가 보험기간이 지나서 발생하더라도 보험자는 보험금지급 책임을 진다. 또한 계약체결 당시 보험사고가 이미 발생한 것을 당사자 쌍방과 피보험자가 알지 못한 경우라도 책임이 인정된다(제644조).

ⓒ 면책사유가 없을 것

보험사고가 발생하더라도 일정한 사유가 있을 경우 보험자는 보험금을 지급할 책임이 없다(후술).

③ 지급시기

㉠ 보험자는 보험금액의 지급에 관하여 약정기간이 있는 경우에는 그 기간 내에, 약정기간이 없는 경우에는 보험사고발생 통지를 받은 후 지체없이 지급할 보험금액을 정하고 그 정하여진 날부터 10일내에 보험금액을 지급하여야 한다(제658조).

㉡ 특별한 사정이 없는 한 피보험자는 보험계약자의 동의가 없어도 임의로 그 권리를 행사하고 처분할 수 있고, 보험금 지급기한 유예의 합의가 보험계약자에게 불이익한 것이라고 할 수 없으니 이 합의는 유효하다.(대판 80다2699)

④ 소멸시효

보험금청구권은 3년간 행사하지 않으면 소멸시효가 완성된다(제662조).

2 보험자의 면책

(1) 개요

① 보험계약상 보험자는 보험사고가 발생한 경우 보험금지급의무를 부담한다. 그러나 보험기간 중에 보험사고가 발생하더라도 일정한 사유가 있는 경우 「상법」에서는 보험자의 보험금지급 책임을 인정하지 않고, 이미 지급한 보험금의 반환을 청구할 수 있도록 규정하고 있다.

② 보험계약상 보험계약자의 의도적 사고유발이나 의무위반 또는 전쟁 등 예기치 못한 비정상적인 상태에서 보험사고가 발생하면 급부와 반대급부의 균형이 깨질 수 있다. 이런 경우 보험자의 보험금 지급의무를 면제해 줌으로써 보험계약자 등의 도덕적 해이를 방지하고 보험자를 보호할 필요성이 있어 면책을 인정한다.

(2) 보험자의 면책사유

① 보험계약 해지에 따른 면책

㉠ 보험사고가 발생한 후라도 제650조(보험료의 지급과 지체의 효과), 제651조(고지의무 위반으로 인한 계약해지), 제652조(위험변경증가의 통지와 계약해지) 및 제653조(보험계약자 등의 고의나 중과실로 인한 위험증가와 계약해지)에 따라 계약을 해지하였을 때에는 보험금을 지급할 책임이 없고 이미 지급한 보험금의 반환을 청구할 수 있다(제659조).

㉡ 그러나 고지의무를 위반한 사실 또는 위험이 현저하게 변경되거나 증가된 사실이 보험사고 발생에 영향을 미치지 아니하였음이 증명된 경우에는 보험금을 지급할 책임이 있다(제659조 단서).

② 전쟁위험 등으로 인한 면책

㉠ 보험사고가 전쟁 기타의 변란으로 인하여 생긴 때에는 당사자 간에 다른 약정이 없으면 보험자는 보험금액을 지급할 책임이 없다(제660조).

㉡ 보험사고가 전쟁이나 변란으로 생긴 경우는 통상적으로 발생할 수 있는 사고라 할 수 없으며 또한 일반적인 보험계약상 보험료를 지급받고 막대한 손해를 보상할 수 없기 때문에 면책을 인정하는 것이다.

㉢ 그러나 전쟁위험 면책조항은 당사자 간에 다른 약정이 있으면 보험자가 지급책임을 지는 상대적 면책사유이다. 따라서 전쟁위험 담보를 개별적으로 약정하거나 특약으로 가입하는 보험계약자는 전쟁위험담보가 없는 보험계약자와 달리 추가보험료를 내야 한다.

③ 보험사고발생 통지의무위반으로 인한 증가된 손해 면책

㉠ 통지의무자

보험계약자 또는 피보험자나 보험수익자이다.

㉡ 통지의 시기·방법

보험계약자 등은 보험사고의 발생을 안 때에는 지체 없이 보험자에게 그 통지를 발송하여야 하며, 서면 또는 구두 모두 가능하다.

ⓒ 면책대상

통지의무를 해태함으로써, 손해가 증가된 경우 그 증가된 손해에 대해서 보상할 책임이 없다(제657조). 따라서 통지여부와 상관없이 이미 발생한 손해는 보험자가 보상하여야 하나 증가된 손해에 대해서는 보험자가 이미 보험금을 지급한 경우에 통지의무자가 그 금액을 반환하여야 한다.

④ 약정 면책

약관규정상 면책사유로 보험자의 보험책임을 제한하고 있는데 이는 보험의 본질에 반하지 않고, 신의성실의 원칙 또는 보험계약자 등의 불이익변경금지의 원칙에 반하지 않는 한 유효하다.

CHAPTER 07 보험계약의 해지

1 보험계약자의 임의해지

> **제649조 【사고발생 전의 임의해지】**
> ① 보험사고가 발생하기 전에는 보험계약자는 언제든지 계약의 전부 또는 일부를 해지할 수 있다. 그러나 제639조의 보험계약(타인을 위한 보험계약)의 경우에는 보험계약자는 그 타인의 동의를 얻지 아니하거나 보험증권을 소지하지 아니하면 그 계약을 해지하지 못한다.
> ② 보험사고의 발생으로 보험자가 보험금액을 지급한 때에도 보험금액이 감액되지 아니하는 보험의 경우에는 보험계약자는 그 사고발생 후에도 보험계약을 해지할 수 있다.
> ③ 제1항의 경우에는 보험계약자는 당사자 간에 다른 약정이 없으면 미경과보험료의 반환을 청구할 수 있다.

(1) 보험사고 발생 전의 임의해지

① 해지권자

보험계약의 해지는 보험계약 당사자 모두에게 인정되는 것이 아니라 보험계약자에게 주어지는 권리이다.

② 내용

보험사고가 발생하기 전에는 보험계약자는 언제든지 계약의 전부 또는 일부를 해지할 수 있다. 그러나 타인을 위한 보험계약의 경우에는 보험계약자는 그 타인의 동의를 얻지 아니하거나 보험증권을 소지하지 아니하면 그 계약을 해지하지 못한다(제649조 제1항).

③ 보험사고 발생 전에 보험계약을 해지한 경우 보험계약자는 당사자 간에 다른 약정이 없으면 미경과 보험료의 반환을 청구할 수 있다(제649조 제3항).

(2) 보험사고 발생 후의 임의해지

① 보험사고의 발생으로 보험자가 보험금액을 지급한 때에도 보험금액이 감액되지 아니하는 보험의 경우에는 보험계약자는 그 사고발생 후에도 보험계약을 해지할 수 있다(제649조 제2항).

② 그러나 이 경우에는 보험계약자는 미경과보험료의 반환을 청구할 수 없다(제3항의 반대해석).

2 고지의무위반으로 인한 계약해지

제651조 [고지의무위반으로 인한 계약해지]
보험계약당시에 보험계약자 또는 피보험자가 고의 또는 중대한 과실로 인하여 중요한 사항을 고지하지 아니하거나 부실의 고지를 한 때에는 보험자는 그 사실을 안 날로부터 1월 내에, 계약을 체결한 날로부터 3년 내에 한하여 계약을 해지할 수 있다. 그러나 보험자가 계약당시에 그 사실을 알았거나 중대한 과실로 인하여 알지 못한 때에는 그러하지 아니하다.

제651조의2 [서면에 의한 질문의 효력] 보험자가 서면으로 질문한 사항은 중요한 사항으로 추정한다.

(1) 총설

① 의의

㉠ 고지의무란 보험계약자 또는 피보험자가 보험계약 당시에 보험자에 대하여 중요한 사항을 고지하여야 하고 불고지·부실고지를 하지 아니할 의무를 말한다.

    ⓛ 보험계약자 또는 피보험자가 고지하지 않은 사실이 계약과 관련하여 중요하지 않은 것이라면 보험자는 고지의무 위반을 이유로 보험계약을 해지할 수 없다.

② 법적 근거

보험자는 보험단체 내의 위험을 분산시키고 보험금과 대가관계에 있는 보험료를 산출하는데 있어서 위험측정을 가급적 정확하게 할 필요가 있는데, 보험자 스스로 모든 사항을 조사·수집할 수 없으므로 보험계약자 등의 협력을 구할 수밖에 없다는 데에 근거를 두고 있으며 보험계약상 특유의 제도이다.

③ 법적 성질

    ㉠ 고지의무는 보험계약이 완전히 효력을 발생할 수 있도록 하는 전제조건이고, 피보험자나 보험계약자가 계약해지에 의한 불이익을 피하기 위하여 부담하는 일종의 간접의무이다.

    ⓛ 따라서 보험자가 이행을 강제하거나 또 불이행에 대하여 손해배상을 청구할 수 있는 것이 아니라 의무위반의 효과에 따라 계약을 해지할 수 있을 뿐이다.

(2) 고지의무의 내용

① **고지의무자** : 보험계약자, 피보험자, 대리인(대리인에 의하여 체결되는 경우)

② **고지 수령권자** : 보험자, 대리인(보험대리상)

③ **고지의 시기** : 보험계약 당시, 즉 계약이 성립할 때까지이다. 판례도 고지의무 위반 여부를 보험계약 성립 시를 기준으로 판단한다고 판시하고 있다(대판 2010다78135)

④ **고지사항**

    ㉠ 고지의무에 있어서 '중요한 사항'이란 보험자가 위험을 측정하여 보험의 인수여부 및 보험료 산정의 표준이 되는 사항으로 보험자가 그 사실을 알았다면 계약을 체결하지 않거나, 적어도 동일조건으로는 계약을 체결하지 않을 것이라고 판단되는 사실을 말한다. 중요한 사실은 현재의 사실뿐만 아니라 과거의 사실, 장래에 일어날 확실한 사실도 포함한다.

    ⓒ 보험자가 서면으로 질문한 사항은 중요한 사항으로 추정한다(제651조의2). 실무상 보험계약자는 무엇이 중요한 사항인지 잘 모르며 중요성의 판단은 서로 이해가 상반되고, 사고발생시 논쟁의 우려가 있으므로 이를 방지하기 위하여 보험자는 보험계약자가 고지하여야 할 사항에 질문란을 만들어 그 회답을 요구하는 질문표를 활용한다.

    ⓒ 질문표에 기재되지 않은 사항은 중요사항이라 추정되지 않으므로 불고지는 고의로 숨기는 것이 아닌 한 고지의무위반으로 해석하지 않고 중요사항이라는 입증책임은 보험자에게 있다.

⑤ **고지 방법**

    법률상 제한이 없으므로 구두 또는 서면으로 가능하나 실무상 보험청약서의 질문란을 이용하는 것이 일반적이다.

(3) 고지의무위반의 효과

① **고지의무위반의 요건**

    ㉠ 보험계약자 또는 피보험자의 고의 또는 중대한 과실로 인한 것이어야 한다(고의·중과실에 대한 입증책임: 보험자).

    ⓒ 중요한 사실에 대한 불고지 또는 부실고지가 있어야 한다.

    ⓒ 보험계약자가 고지의무를 위반하더라도 중요한 사항과 보험사고의 발생 사이에 인과관계가 없음을 입증하면 보험자는 책임을 면치 못한다.

② **보험자의 해지권 행사**

    ㉠ 보험계약자 등에게 고지의무위반이 있으면 보험자는 위반 사실을 안 날로부터 1월 내에, 계약을 체결한 날로부터 3년 내에 한하여 계약을 해지할 수 있다.

    ⓒ 계약성립과 동시에 행사가 가능하며, 보험사고 발생 전후를 불문하고 계약해지가 가능하다.

    ⓒ 해지의 의사표시는 보험계약자 또는 그 대리인에게 하여야 하며, 피보험자나 보험수익자는 해지의 상대방이 아니므로, 그들에 대한 해지의 의사표시는 효력이 없다.

보험계약자가 사망한 경우에는 보험계약자의 상속인에게 하여야 한다.

③ 해지의 효과

㉠ 보험사고 발생 전 해지

ⓐ 해지통지가 도달한 날로부터 장래에 향하여 계약의 효력을 상실한다.

ⓑ 보험자는 해지 전까지 이미 받은 보험료를 반환할 필요가 없고, 해지 때까지의 미납보험료를 청구할 수 있다.

㉡ 보험사고 발생 후 해지

ⓐ 고지의무를 위반한 사실이 보험사고 발생에 영향을 미치지 아니한 경우라면 보험금을 지급해야 한다(입증책임: 보험계약자).

ⓑ 고지의무를 위반한 사실이 보험사고 발생에 영향을 미친 경우라면 지나간 보험료기간의 보험료를 반환할 필요가 없고, 또한 보험금을 지급할 책임이 없으며, 이미 지급한 보험금이 있으면 그 반환을 청구할 수 있다.

④ 해지권의 제한

㉠ 보험자가 고지의무위반 사실을 안 날로부터 1월, 계약을 체결한 날로부터 3년이 경과한 경우 해지권을 행사할 수 없다.

㉡ 보험자가 계약 당시 고지의무위반 사실을 알았거나 중대한 과실로 알지 못한 때에는 해지권을 행사할 수 없다.

3 위험 변경·증가의 통지와 계약해지

제652조 【위험변경증가의 통지와 계약해지】
① 보험기간 중에 보험계약자 또는 피보험자가 사고발생의 위험이 현저하게 변경 또는 증가된 사실을 안 때에는 지체없이 보험자에게 통지하여야 한다. 이를 해태한 때에는 보험자는 그 사실을 안 날로부터 1월 내에 한하여 계약을 해지할 수 있다.
② 보험자가 제1항의 위험변경증가의 통지를 받은 때에는 1월 내에 보험료의 증액을 청구하거나 계약을 해지할 수 있다.

(1) 위험의 변경·증가의 통지의무

보험기간 중에 보험계약자 또는 피보험자가 사고발생의 위험이 현저하게 변경 또는 증가된 사실을 안 때에는 지체없이 보험자에게 통지하여야 하는데 이는 위험을 측정하여 보험사고발생의 개연율을 산정하고 보험료를 산출하는 데에 영향을 미치는 위험의 변동을 보험자가 알아서 적절한 대응을 하여야 하기 때문에 보험계약의 선의성과 신의성실의 원칙에서 요구된다.

(2) 통지의무의 발생요건

① 위험의 변경 또는 증가는 보험기간 중에 생긴 것이어야 한다.

② 위험의 변경 또는 증가가 현저한 것이어야 한다. '현저하게'란 그 정도의 위험이 있으면 보험자가 그보험을 인수하지 않거나 적어도 동일한 보험료로는 인수하지 않았을 것으로 생각될 정도를 말한다(대판 98다32564).

③ 위험의 변경·증가가 보험계약자 또는 피보험자의 행위로 말미암은 것이 아니어야 한다(객관적 위험의 변경·증가).

> **예** 화재보험이 가입한 공장 옆에 대형가스 저장시설이 들어선 경우

④ 보험계약자 또는 피보험자가 그 위험의 현저한 변경이나 증가의 사실을 알았어야 한다.

(3) 통지의무의 내용

① 통지의무자 : 보험계약자, 피보험자

② 상대방 : 보험자, 통지수령권이 있는 제3자

③ 통지의 시기·방법

통지할 사실을 안 때에 지체 없이 통지하여야 하며, 서면 또는 구두 모두 가능하다.

④ 통지사항

'사고발생의 위험이 현저하게 변경·증가된 사실'을 통지하여야 하는데, 여기에서 '현저하게'란 그 정도의 위험이 있으면 보험자가 그 보험을 인수하지 않거나 적어도 동일한 보험료로는 인수하지 않았을 것으로 생각될 정도를 말한다.

(4) 법적효과

① 통지의무를 이행하지 않은 경우

  ㉠ 보험자는 그 사실을 안 때로부터 1월 내에 한하여 계약을 해지할 수 있다(제652조 제1항).

  ㉡ 보험사고가 발생한 후라도 계약을 해지한 경우에는 보험자는 보험금을 지급하지 않으며, 이미 지급한 보험금이 있을 때에는 그 반환을 청구할 수 있다(제655조).

  ㉢ 위험이 현저하게 변경되거나 증가된 사실이 보험사고 발생에 영향을 미치지 아니하였음이 증명된 경우에는 보험금을 지급할 책임이 있다(제655조).

② 통지의무를 이행한 경우

보험자가 위험 변경·증가의 통지를 받은 때에는 1월 내에 보험료의 증액을 청구하거나 계약을 해지할 수 있다(제652조 제2항).

4 위험유지의무와 계약해지

> **제653조 【보험계약자 등의 고의나 중과실로 인한 위험증가와 계약해지】**
> 보험기간 중에 보험계약자, 피보험자 또는 보험수익자의 고의 또는 중대한 과실로 인하여 사고발생의 위험이 현저하게 변경 또는 증가된 때에는 보험자는 그 사실을 안 날부터 1월내에 보험료의 증액을 청구하거나 계약을 해지할 수 있다.

(1) 의의

보험계약자가 계약당시에 인수한 위험을 보험기간 중에 보험계약자나 피보험자 또는 보험수익자의 고의 또는 중대한 과실로 변경·증가시키지 아니하고 그대로 유지시켜야 하는데, 이를 위험유지의무라 한다.

(2) 의무위반의 효과

① 보험자는 그 사실을 안 날로부터 1월 내에 보험료의 증액을 청구하거나 계약을 해지할 수 있다(제653조).

② 보험자가 계약을 해지한 경우 보험금을 지급할 책임이 없으며, 이미 지급한 보험금이 있으면 그 반환을 청구할 수 있다. 그러나 위험의 변경·증가 사실이 보험사고의 발생에 영향을 미치지 아니하였음이 증명된 때에는 보험금을 지급할 책임이 있다(제655조).

(3) 위험유지의무와 위험변경·증가 통지의무의 비교

① 유사점

이 둘은 ㉠보험계약 체결 후의 의무라는 점, ㉡위험의 변경·증가와 관련이 있다는 점에서 유사하다.

② 차이점

구분	위험유지의무(제653조)	위험변경·증가 통지의무(제652조)
발생 원인	주관적 위험의 증가 (고의·중과실에 의한 위험증가)	객관적 위험의 증가 (보험계약자 등의 책임 없는 사유에 의한 위험의 변경·증가)
의무자	보험계약자·피보험자·보험수익자	보험계약자·피보험자
위반 효과	그 사실을 안 날부터 1월 내에 보험료의 증액청구 또는 계약해지 가능	• 통지의무 이행 : 1월 내에 보험료의 증액청구 또는 계약해지 가능 • 통지의무 불이행 : 그 사실을 안 날로부터 1월 내에 계약해지 가능

5 보험자의 파산과 계약해지

제654조 【보험자의 파산선고와 계약해지】
① 보험자가 파산의 선고를 받은 때에는 보험계약자는 계약을 해지할 수 있다.
② 제1항의 규정에 의하여 해지하지 아니한 보험계약은 파산선고 후 3월을 경과한 때에는 그 효력을 잃는다.

(1) 보험자의 파산

① 보험자가 파산의 선고를 받은 때에는 보험계약자는 계약을 해지할 수 있으며(제654조 제1항), 계약을 해지하지 않더라도 보험계약은 보험자의 파산선고 후 3월이 경과한 때

에는 그 효력을 잃는다(제654조 제2항).

② 그러나 실제의 거래에 있어서는 보험자가 파산하여 보험업을 영위할 수 없는 경우를 대비하여 「보험업법」에서 보험계약의 포괄적 이전 등 특별한 제도를 마련해두어 보험계약자를 보호하고 있으므로, 보험계약을 해지할 실익은 별로 없다.

(2) 보험계약자의 파산

① 보험계약자가 파산선고를 받은 경우, 자기를 위한 보험계약에 대해서는 「상법」상 특별한 규정이 없다.

② 그러나 타인을 위한 보험계약의 경우 보험계약자가 파산선고를 받은 때에 그 타인이 보험계약상 권리를 포기하지 않는 한 그 타인도 보험료 지급의무를 부담한다고 규정하고 있으므로(제639조 제3항) 보험자는 그 타인에게도 상당한 기간을 정하여 보험료의 지급을 최고한 후가 아니면 그 계약을 해제 또는 해지하지 못한다.

CHAPTER 08 재보험(再保險)과 소멸시효 등

제661조 【재보험】
보험자는 보험사고로 인하여 부담할 책임에 대하여 다른 보험자와 재보험계약을 체결할 수 있다. 이 재보험계약은 원보험계약의 효력에 영향을 미치지 아니한다.

제662조 【소멸시효】
보험금청구권은 3년간, 보험료 또는 적립금의 반환청구권은 3년간, 보험료청구권은 2년간 행사하지 아니하면 시효의 완성으로 소멸한다.

제663조 【보험계약자 등의 불이익변경금지】
이 편의 규정은 당사자 간의 특약으로 보험계약자 또는 피보험자나 보험수익자의 불이익으로 변경하지 못한다. 그러나 재보험 및 해상보험 기타 이와 유사한 보험의 경우에는 그러하지 아니하다.

제664조 【상호보험, 공제 등에의 준용】
이 편(編)의 규정은 그 성질에 반하지 아니하는 범위에서 상호보험(相互保險), 공제(共濟), 그 밖에 이에 준하는 계약에 준용한다.

1 재보험

(1) 의의

① 재보험이란 보험자가 보험계약자 또는 피보험자와 계약을 체결하여 인수한 보험계약 책임의 일부 또는 전부를 다른 보험자에게 넘김으로써 보험계약의 위험을 분산시키기 위해 보험자가 가입하는 보험으로 보험자를 위한 보험이라고 할 수 있다.

② 재보험의 경우 피보험자는 보험자(원보험자)가 되고 보험자는 재보험자가 된다. 이때의 재보험에 대하여 처음의 보험을 원보험이라 한다.

(2) 기능

① 재보험은 통상 원보험계약의 가입 금액이 워낙 커 원보험자가 혼자서 전부 부담하기 어려운 다액의 계약 또는 다수의 계약을 체결한 경우 특정 보험자(원보험자)가 독자적으로 책임지기 어려울 때 이루어진다.

② 재보험은 원보험자 입장에서 부담한 위험의 전부 또는 일부를 다른 보험자에게 전가하면서 한편으론 보험료의 차액을 통해 이득을 얻고자 활용되기에 보험기업경영에 중요한 역할을 한다.

(3) 원보험(原保險)과의 관계

① 재보험과 원보험은 경제상으로는 동질적인 위험을 부담하므로 같은 성격의 보험이지만 법률상으로는 전혀 별개의 계약이므로 재보험계약은 원보험계약의 효력에 영향을 미치지 아니한다(제661조 후단).

② 재보험과 원보험의 보험계약자 간에도 직접적인 법률관계가 없으므로, 재보험자는 원보험의 보험계약자에게 재보험료의 지급을 청구할 수 없고, 원보험의 보험계약자도 재보험자에게 직접 재보험료를 지급할 의무는 없다.

③ 원보험의 보험계약자가 원보험료를 지급하지 않아서 원보험자가 재보험료를 지급하지 않으면 재보험자는 원보험자의 보험료청구권을 대위행사 할 수 있다고 본다(민법 제404조 채권자대위권 규정 적용).

(4) 책임보험 규정의 준용

재보험은 보험자가 인수한 보험계약상 책임의 전부 또는 일부를 다른 보험자에게 인수시킬 것을 목적으로 하는 보험계약으로 책임보험의 일종이다. 따라서 「상법」의 책임보험에 관한 규정은 그 성질에 반하지 아니하는 범위에서 재보험계약에 준용된다(제726조).

2 보험계약자 등의 불이익변경금지

(1) 의의

① 위 규정은 대등한 계약당사자가 되지 못하고 상대적으로 전문지식 등이 열악한 위치에 있으며 보험계약의 부합계약성으로 보험약관을 일일이 확인하기 곤란한 보험계약자 등의 이익보호를 위한 상대적 강행규정이다.

② 따라서 당사자 간의 특약으로 보험계약자 등에게 불이익하게 내용이 변경된 경우라면 인정하지 않고, 반대로 해당 내용이 유리하게 변경된 경우라면 유효하게 적용된다.

(2) 적용범위

① 이 규정은 보험계약자 등을 보호하기 위한 것으로 생명보험, 상해보험, 주택화재보험 등 가계보험에서 적용되고, 기업보험(재보험, 해상보험 등)에서는 적용이 배제된다.

② 기업보험의 경우에는 개인보험의 경우와는 달리 보험계약자가 보험자와 대등한 지식과 경제력 및 교섭력을 가지고 있기 때문에 보험법이 후견적 역할을 할 필요가 적고 오히려 사적 자치에 맡겨 개별적 이익조정을 꾀할 수 있도록 할 필요가 있기 때문이다.

③ 보험계약자에게 불이익하게 변경한 보험약관은 그 범위 내에서 무효가 되며 계약전체가 무효가 되는 것은 아니다. 따라서 불리하게 변경되어 무효가 된 약관 규정은 적용이 배제되고, 보험계약법의 내용이 적용된다.

④ 약관해석에서 작성자불이익원칙은 객관적 해석원칙에 우선하여 적용되는 해석원칙이다(판례).

 **판례** **보험약관의 해석(대판 2018. 7. 24. 선고 2017다256828)**

보험약관은 신의성실의 원칙에 따라 해당 약관의 목적과 취지를 고려하여 공정하고 합리적으로 해석하되, 개개 계약 당사자가 기도한 목적이나 의사를 참작하지 않고, 평균적 고객의 이해가능성을 기준으로 보험단체 전체의 이해관계를 고려하여 객관적·획일적으로 해석하여야 한다. 위와 같은 해석을 거친 후에도 약관 조항이 객관적으로 다의적으로 해석되고, 그 각각의 해석이 합리성이 있는 등 당해 약관의 뜻이 명백하지 아니한 경우에는 고객에게 유리하게 해석하여야 한다.

3 소멸시효 등

(1) 보험계약에서의 소멸시효

구분	기간
보험금청구권, 보험료반환청구권, 적립금반환청구권	3년
보험료청구권	2년

(2) 상법 제4편의 규정이 준용되는 영역

상호보험, 공제, 우체국보험 등도 보험제도의 일종이므로 그 성질에 반하지 않는 범위에서 보험계약법(상법 제4편)의 규정이 원칙적으로 적용된다.

CHAPTER 01 통칙

제665조【손해보험자의 책임】

손해보험계약의 보험자는 보험사고로 인하여 생길 피보험자의 재산상의 손해를 보상할 책임이 있다.

제667조【상실이익 등의 불산입】

보험사고로 인하여 상실된 피보험자가 얻을 이익이나 보수는 당사자 간에 다른 약정이 없으면 보험자가 보상할 손해액에 산입하지 아니한다.

제675조【사고발생 후의 목적멸실과 보상책임】

보험의 목적에 관하여 보험자가 부담할 손해가 생긴 경우에는 그 후 그 목적이 보험자가 부담하지 아니하는 보험사고의 발생으로 인하여 멸실된 때에도 보험자는 이미 생긴 손해를 보상할 책임을 면하지 못한다.

---

(1) 의의

손해보험계약이란 보험계약자가 일정한 보험료를 지급하고 보험자는 약정한 보험사고가 발생할 경우 보험사고로 인해 생기는 피보험자의 재산상의 손해를 보상하기로 약정함으로서 효력이 생기는 보험계약을 말한다.

(2) 손해보상의 원칙

① 손해보상에는 실손보상의 원칙(이득금지의 원칙)이 적용되는데 이는 손해보험에서 보험사고가 발생하였을 때 보험자는 피보험자에게 실손해액 이상으로 보험금을 지급하지 않는다는 원칙을 의미한다.

② 보험계약자 등이 보험을 통해 이득을 얻게 되면 도덕적 위험이 뒤따르고, 의도적인 사고를 유발하는 등 보험제도가 제 기능을 발휘하지 못하고 악용될 수 있기 때문에 손해보험 특유의 지배원리인 실손보상의 원칙이 존재하는 것이다.

(3) 보상책임

① 손해보험자의 책임

    ㉠ 손해보험계약의 보험자는 보험사고로 인하여 생길 피보험자의 재산상 손해를 보상할 책임이 있다(제665조).

    ㉡ 보험의 목적에 관하여 보험사고와 상당인과관계 있는 손해가 이미 발생한 경우에는, 그 후에 보험자가 담보하지 않는 위험이 발생하여 그 보험의 목적이 멸실되더라도 보험자는 이미 발생한 손해를 보상할 책임을 면하지 못한다(제675조). 즉, 보험자의 담보위험으로 인한 손해는 보상한다.

        예 화재보험의 목적인 건물이 화재로 일부 훼손된 후, 홍수로 떠내려가 전부 멸실된 경우에는 보험자는 홍수가 나기 이전에 발생한 화재로 인한 손해를 보상할 책임을 진다.

② 상실이익 등의 불산입

    ㉠ 보험사고로 인하여 상실된 피보험자가 얻을 이익이나 보수는 당사자 간에 다른 약정이 없으면 보험자가 보상할 손해액에 산입하지 아니한다(제667조).

        예 화재보험계약의 목적인 건물의 소실로 잃게 된 임대료수입이나 보험사고의 발생으로 휴업하게 됨으로써 상실한 영업상의 이익은 다른 약정이 없으면 보험자가 보상할 손해액에 산입되지 않는다.

    ㉡ 당사자 사이의 특약에 의하여 상실이익도 보상할 손해액에 산입되도록 하는 보험계약을 체결하기도 하는데, 이를 이익보험이라고 한다.

CHAPTER 02 보험계약의 목적 및 보험가액

> **제668조 【보험계약의 목적】**
> 보험계약은 금전으로 산정할 수 있는 이익에 한하여 보험계약의 목적으로 할 수 있다.
>
> **제670조 【기평가보험】**
> 당사자 간에 보험가액을 정한 때에는 그 가액은 사고발생시의 가액으로 정한 것으로 추정한다. 그러나 그 가액이 사고발생시의 가액을 현저하게 초과할 때에는 사고발생시의 가액을 보험가액으로 한다.
>
> **제671조 【미평가보험】**
> 당사자 간에 보험가액을 정하지 아니한 때에는 사고발생시의 가액을 보험가액으로 한다.

1 보험계약의 목적(피보험이익)

(1) 피보험이익

① 의의

㉠ 피보험이익이란 보험에 붙여진 보험의 목적에 대하여 보험사고가 발생함으로써, 피보험자가 손해를 입은 경우 그 피보험자가 지니는 경제상의 이해관계를 말한다.

㉡ 피보험이익은 손해보험계약에서만 존재하는 중요한 요소로써 손해보험계약은 원칙적으로 피보험이익을 전제로 하고 있다. 이는 손해보험계약이 보험사고로 인하여 피보험자에게 어떤 이득을 주려는 것이 아니고 현실적으로 발생한 손해를 보상하려는데 그 목적이 있기 때문이다.

㉢ 상법에서는 피보험이익을 '보험계약의 목적'이라고 하여 금전적으로 산정할 수 있는 이익으로 한정하고 있다(제668조).

② 보험의 목적과의 구별

　㉠ 피보험이익은 보험의 목적과 구별되는 개념이다. 보험의 목적은 보험계약의 대상인 재화를 말하며, 피보험이익은 그 목적에 대하여 가지고 있는 경제적 이해관계를 말한다.

　㉡ 그러므로 동일한 목적에 대하여 경제적인 이해관계가 다름에 따라 수개의 피보험이익이 있을 수 있고, 피보험이익이 다르면 동일한 목적물에 대하여 별개의 보험계약이 체결될 수 있다.

　　예 동일한 주택에 대하여 화재보험에 가입한 경우에도 소유자를 피보험자로 하는 화재보험계약, 담보권자인 은행을 피보험자로 하는 화재보험계약, 임차인을 피보험자로 하는 화재보험계약은 서로 다른 계약이다. 따라서 다양한 피보험이익이 존재할 수 있다.

(2) 피보험이익의 요건(경제성, 적법성, 확정성)

① 경제적 이익

　㉠ 피보험이익은 금전으로 산정할 수 있는 것이어야 한다(제668조). 손해는 금전적으로 산정할 수 있어야 하므로 금전적으로 산정할 수 없는 경우에는 피보험이익이 될 수 없고, 또 피보험자는 보험을 남용하여 실손해 이상의 이득을 취할 염려가 있기 때문에 객관적 평가를 통해 그 이익을 명확히 하여야 한다.

　㉡ 경제적 이익은 건물임대인이 건물에 대해 갖는 이익처럼 적극적인 이익뿐만 아니라, 타인의 물건을 보관하는 자가 물건이 훼손되지 않음으로 인해 갖는 이익처럼 소극적인 이익도 피보험이익이 될 수 있다.

　㉢ 반면, 경제적 가치를 가지지 않는 도덕적·종교적·감정적 이익 등은 피보험이익이 될 수 없다.

② 적법한 이익

피보험이익은 법의 보호를 받을 수 있는 적법한 이익이어야 한다. 따라서 선량한 풍속이나 기타 사회질서에 반하는 것이라든가 법률상 금지되는 행위로 얻을 이익(예 탈세, 절도, 도박으로 인하여 받을 이익 등)은 피보험이익이 될 수 없다.

③ 확정적 이익

㉠ 확정할 수 없는 이익으로는 피보험자의 손해도 확정할 수 없으므로 손해에 대한 보상이 불가능하다. 따라서 피보험이익은 보험계약의 체결당시에 확정되어 있거나 또는 적어도 사고발생 시까지 확정할 수 있는 것이어야 한다.

㉡ 피보험이익을 확정할 수 있으면 현재의 이익뿐만 아니라 장래의 이익, 조건부 이익 등도 약정이 있는 때에는 보험계약의 목적으로 할 수 있다.

> **예** 포괄보험(제687조), 운송물의 도착으로 인하여 얻을 이익 같은 희망이익보험(제689조 제2항, 제698조)도 보험계약의 목적으로 할 수 있다.

(3) 피보험이익의 효용(기능)

① 보험가액의 평가 기능

㉠ 상법은 미평가보험의 경우 보험자의 보상가액은 보험사고발생시 보험가액에 따라서 결정된다고 규정(제671조)함으로써 피보험이익이 보험가액의 평가기준이 된다고 한다.

㉡ 손해보험은 이득금지의 원칙상 피보험이익의 가액을 초과하는 중복보험과 초과보험을 제한하고 있는데 피보험이익의 가액은 이러한 중복보험과 초과보험을 정하는 데 기준이 된다.

② 보험자의 책임범위의 결정(보험금액의 제한 기능)

손해보험은 피보험이익의 손실을 보상하는 것이므로, 보험자의 책임범위는 이 피보험이익의 가액을 한도로 정해진다.

> **예** 주택을 화재보험에 가입한 경우, 보험자가 보상할 최고한도는 언제나 주택가격(피보험이익의 가액)을 넘어설 수 없다.

③ 도박 등 인위적 위험초래의 방지

㉠ 보험사고의 발생 시에 피보험자는 자신이 입은 손해액 이상의 보상을 받을 수 없고, 피보험이익을 기준으로 그 상실된 이익만큼만 보상해 줌으로므로 보험의 도박화를 방지한다.

ⓒ 초과보험이나 중복보험도 보험의 도박화를 방지하기 위한 제도로써 피보험이익의 가액인 보험가액을 기준으로 하여 초과·중복보험 여부를 판단한다.

④ **보험계약의 효력판정 기준**

피보험이익이 흠결(절도·도박 등에 의해 얻을 이익 등)된 보험계약은 무효이며, 계약기간 중에 피보험이익이 멸실된 경우에도 보험계약은 효력을 상실한다. 따라서 피모험이익의 흠결이나 존재여부는 보험계약의 효력 판정 기준이 된다.

⑤ **보험계약의 동일성을 구별하는 표준**

㉠ 보험은 보험의 목적에 따라 구별되는 것이 아니라 보험계약의 목적에 따라 구별되는 것이므로, 피보험이익은 보험계약의 동일성을 구별하는 표준이 된다.

ⓒ 따라서 피보험이익이 다르다면 동일한 보험의 목적에 수개의 보험계약도 체결할 수 있으며 이는 중복보험이 아니다.

2 보험가액

(1) 의의

① 보험가액이란 피보험이익을 금전으로 평가한 가액을 말하는데 언제나 일정한 것이 아니고, 경기의 변동에 따라 수시로 변동할 수 있으며, 손해보험(물건보험)에서만 존재하는 개념이다.

② 보험가액은 손해액 산정의 기초가 되는 법률상 보상의 최고한도액으로써 일부·전부·초과보험의 판정을 위한 기준이 된다.

(2) 보험가액의 평가

① 보험가액은 피보험이익을 금전으로 산정한 것이므로(제668조) 보험자의 법률상 최고보상한도 및 손해액 산정의 기초자료이며, 손해보험이 추구하는 '손실보상의 원리'와 도덕적 위험을 규제하는 기능을 담당하므로 보험가액을 정확히 평가하는 것은 매우 중요하다.

② 그러나 보험가액은 보험기간 중에 수시로 변동할 수 있으므로 보험가액을 정확히 평가한다는 것은 어려운 일이며 평가를 둘러 싸고 계약당사자 간에 분쟁의 여지가 있어서 명확한 규정이 필요하다.

③ 이에 상법은 보험사고 발생시 피보험이익의 평가를 둘러싼 당사자 간의 분쟁을 방지하고, 보험가액산정에 소요되는 시간과 경비를 절약하기 위하여 당사자 간의 협정에 의하여 미리 보험가액을 평가하는 기평가보험제도를 인정하고 있다.

(3) 기평가보험

① 의의

㉠ 원칙적으로 보험자가 보상할 손해액은 그 손해가 발생한 때와 곳의 가액에 의하여 산정(제676조)하는데 기평가보험은 보험계약을 체결함에 있어서 계약당사자 간에 미리 피보험이익의 가액에 대해 합의가 이루어진 보험(협정보험가액)을 말한다.

㉡ 기평가보험에 있어서 보험가액에 대한 합의는 구체적으로 명시되어야 하므로 각종 손해보험증권에 기재하여야 한다.

㉢ 보험계약자에게 사기의 목적이 있을 때에는 그 계약 전체가 무효로 된다(제669조 제4항).

② 기능

운송보험, 해상보험 등 보험사고가 발생한 때와 곳의 가액을 정확하게 산정하기 곤란한 경우 분쟁을 방지하기 위해 주로 사용한다.

③ 기평가금액의 적용

㉠ 보험가액에 대하여 계약당사자 간에 합의를 하였을 때에는 보험사고 발생시의 가액으로 정한 것으로 추정하여 보험자는 그 가액에 따라 산정한 손해를 보상할 책임을 진다(제670조 전단).

㉡ 그러나 기평가된 보험가액이 보험사고 발생시의 가액을 현저하게 초과할 때에는 기평가금액을 적용하지 않고 사고발생시의 가액을 보험가액으로 한다(제670조 단서). '현저하게'라 함은 객관적인 표준에 의한 사회통념에 따라 결정할 문제이고, 그

'현저한 초과'에 대한 입증책임은 보험자에게 있다.

(4) 미평가보험

① 의의

㉠ 미평가보험이란 보험계약 체결 당시 계약당사자 간에 보험가액을 정하지 아니한 보험을 말한다.

㉡ 물건의 시세가 변동하는 경우에 정확한 손해배상을 위하여 당사자 간에 계약체결시 보험가액을 정하지 아니한 미평가보험이 원칙적으로 실손보상의 원칙에 부합하는 보험이다.

② 미평가보험에서의 보험가액

계약당사자 간에 보험가액을 정하지 아니한 때에는 사고가 발생한 때와 장소의 가액을 보험가액으로 한다(제671조).

(5) 보험가액과 보험가입금액의 관계

① 양자 간의 관계

㉠ 손해보험은 일종의 손해보상계약으로서 보험자는 보험사고로 인하여 피보험자에게 적극적으로 어떤 이득을 주려는 것이 아니기에 보험자가 보상할 손해액은 보험가액에 의하여 최고한도가 정하여지고 보험가입금액에 의하여 그 범위가 제한된다.

㉡ 보험가액과 보험가입금액의 비교

보험가액	보험가입금액
• 피보험이익을 금전으로 평가한 가액 • 법률상 보상 최고한도액 • 손해보험에만 있는 개념	• 계약상 보상 최고한도액 • 손해보험과 인보험의 공통된 개념

② 보험가액과 보험가입금액의 불일치

보험가액과 보험가입금액은 서로 일치되는 것을 기대하지만 그 개념이 다르고, 또한 보험가액은 항상 가변성을 띠고 있어서 계약체결 시에 당사자가 정한 보험가입금액과 일치하지 않는 경우가 생기는데, 일치하는 경우를 전부보험이라 하고, 일치하지 않는 경우를 초과보험, 중복보험, 일부보험의 형태로 구분한다.

구분	보험가액과 보험가입금액의 비교	보상방법	보상한도
전부보험	보험가액 = 보험가입금액	실손보상	보험가입금액
일부보험	보험가액 > 보험가입금액	비례보상	보험가입금액
초과보험	보험가액 < 보험가입금액	실손보상	보험가액
중복보험	보험가액 < 보험가입금액의 합	실손보상(연대비례)	보험가입금액
병존보험	보험가액 = 보험가입금액의 합	실손보상(연대비례)	보험가입금액

CHAPTER 03   손해액의 산정 및 손해방지의무

제676조 【손해액의 산정기준】
① 보험자가 보상할 손해액은 그 손해가 발생한 때와 곳의 가액에 의하여 산정한다. 그러나 당사자 간에 다른 약정이 있는 때에는 그 신품가액에 의하여 손해액을 산정할 수 있다.
② 제1항의 손해액의 산정에 관한 비용은 보험자의 부담으로 한다.

제677조 【보험료체납과 보상액의 공제】 보험자가 손해를 보상할 경우에 보험료의 지급을 받지 아니한 잔액이 있으면 그 지급기일이 도래하지 아니한 때라도 보상할 금액에서 이를 공제할 수 있다.

제678조 【보험자의 면책사유】 보험의 목적의 성질, 하자 또는 자연소모로 인한 손해는 보험자가 이를 보상할 책임이 없다.

제680조 【손해방지의무】
① 보험계약자와 피보험자는 손해의 방지와 경감을 위하여 노력하여야 한다. 그러나 이를 위하여 필요 또는 유익하였던 비용과 보상액이 보험금액을 초과한 경우라도 보험자가 이를 부담한다.

---

1   손해액 산정

(1) 손해액의 산정기준

① 보험자가 보상할 손해액은 그 손해가 발생한 때와 곳의 가액에 의하여 산정한다(제676 조 제1항).

② 기평가보험의 경우에는 협정된 보험가액이 그 사고발생시의 가액을 현저하게 초과하지 않는 한 협정된 보험가액을 기초로 손해액을 산정한다(제670조).

③ 당사자 간의 특약에 의한 신가보험의 경우에는 손해를 입은 물건의 사고발생시 신품가액(재조달가액)을 기준으로 손해액을 산정하게 된다(제676조 후단).

④ 손해액의 산정에 관한 비용은 보험자의 부담으로 한다(제676조 제2항).

(2) 보험료체납과 보상액의 공제

① 보험자가 손해를 보상할 경우에 보험료의 지급을 받지 아니한 잔액이 있으면 그 지급기일이 도래하지 아니한 때라도 보상할 금액에서 이를 공제할 수 있다(제677조).

② 보험자가 보험료기간 중의 일부분이라도 위험을 담보한 경우에는 해당 보험료기간의 보험료 전부에 대한 권리를 보험자가 가지게 됨으로써 인정되는 것이다.

(3) 보험자의 면책 사유

① 보험의 목적의 성질(예 과일 또는 생선의 부패 등), 하자(예 잘못된 포장으로 인한 운송물의 파손 등) 또는 자연소모(예 기계의 노후화 등)로 인한 손해는 보험자가 이를 보상할 책임이 없다(제678조).

② 보험의 목적의 성질·하자 또는 자연소모로 인하여 생긴 손해는 우연한 사고로 인한 것이 아니라, 그 목적물의 자연적 또는 특수한 상황에서 외부적인 작용 없이도 필연적으로 발생할 수 있는 것이므로 보험보호의 대상에서 제외하는 것이 당연하다고 보기 때문에 보험자의 면책사유로 인정하는 것이다.

2 손해방지·경감의무

(1) 개설

① 의의

손해방지·경감의무라 함은 손해보험계약에서 보험사고가 발생한 경우 보험계약자와 피보험자가 손해의 방지와 경감을 위하여 노력하여야 할 의무를 말한다(제680조 전단).

② 인정이유

㉠ 보험계약자와 피보험자가 보험사고 발생 전에는 위험변경·증가의 통지의무와 위험유지의무를 부담하나, 일단 보험사고가 발생한 때에는 추가적인 손해의 방지와 경감을 위하여 합리적인 조치를 강구할 의무가 있다고 할 수 있다.

㉡ 보험계약은 일종의 사행계약으로써 도덕적 위험의 우려가 있고, 또한 보험사고의 우연성 측면에서 손해방지·경감의무를 이행하지 아니함으로써 늘어난 손해는 우연성을 결여한 것으로 볼 수 있으므로 보험자에 대한 보험계약자 등의 신의성실의 원칙과 공익상의 요청에 의하여 상법에서는 이를 인정하고 있다.

(2) 손해방지·경감의무의 내용

① 의무대상자

손해방지·경감의무를 지는 자는 보험계약자와 피보험자이고 이들이 다수인 경우 각자이 의무를 지는 것으로 본다. 또한 이들을 위하여 대리권이 있는 대리인과 지배인도 손해방지·경감의무를 진다.

② 의무의 발생시기와 종기

㉠ 언제 해당 의무를 부담하여야 하는 가에 대하여는 명시적 규정이 없으나, 일반적으로 '보험사고가 생긴 때' 또는 '보험사고가 생긴 것을 안 때'라고 해석하는 것이 타당하다.

㉡ 해당 의무는 더 이상 손해방지 및 경감의 가능성이 존재하지 않는 때나 보험자가 직접 손해방지 및 경감의 조치를 취할 수 있는 때까지 존속한다고 볼 수 있다.

③ 의무의 범위

㉠ 손해방지·경감의무는 보험자가 담보하고 있는 보험사고의 발생을 방지할 뿐만 아니라 이미 발생한 손해가 확대되지 않도록 경감을 위한 노력을 이행하는 것이지 사고자체를 막아야 하는 것은 아니다.

㉡ 보험자가 책임을 지지 않는 손해에 대해서는 의무를 부담하지 않는다.

④ 의무이행의 방법과 노력의 정도

㉠ 손해의 방지·경감을 위해 직접적인 방법은 물론이고 간접적인 방법도 포함되며, 의무이행을 위한 노력은 보험계약자나 피보험자가 그들의 이익을 위하여 할 수 있는 정도의 노력이면 된다고 본다. 이러한 노력을 한 이상 손해방지 및 경감의 효과가 반드시 나타나야만 하는 것은 아니다.

㉡ 보험사고 발생 시 사고 통보를 받은 보험자가 손해방지를 위하여 계약자나 피보험자에게 지시한 경우, 계약자 등이 이를 따라야 하는가 하는 문제와 보험자가 직접 손해 방지 행위를 하는 경우 계약자 등이 이를 허용하여야 하는가 하는 문제가 있을 수 있다. 그러나 손해 방지 경감 의무가 보험단체와 공익 보호 측면에서 인정되고 있다는 점에서 허용되는 것으로 보아야 한다.

(3) 의무위반의 효과

① 보험계약상 보험가입자에게 윤리성 및 신의성실이 요구됨에 따라 인정되는 의무이므로 보험계약자와 피보험자가 손해방지·경감의무를 위반한 경우의 그 효과에 대해 상법상 명시적인 규정은 없다.

② 손해보험약관에서 보험계약자와 피보험자가 고의 또는 중대한 과실로 해당 의무를 게을리 한 때에는 증가된 손해를 보험자의 지급책임에서 면제하고 있다.

③ 보험계약자 또는 피보험자가 손해방지의무를 고의 또는 중과실로 위반한 경우에는 신의성실의 원칙을 위반한 것으로 보험자는 손해방지의무 위반과 상당인과관계가 있는 손해에 대하여 배상을 청구할 수 있다(대판 2015다209347). 단, 보험계약자, 피보험자의 고의 또는 중과실 여부는 보험자가 입증하여야 한다.

(4) 손해방지·경감비용의 부담

① 손해방지·경감비용이란 손해의 방지 또는 경감을 위하여 필요 또는 유익하였던 비용을 말하는데, 비용지출 결과 실질적으로 손해의 경감이 있었던 것만을 의미하지는 않고 그 상황에서 손해경감 목적을 가지고 한 타당한 행위에 대한 비용이 포함된다고 본다.

② 이 비용과 보상액의 합계액이 보험금액을 초과한 경우라도 보험자가 부담한다(상법 제680조 제1항 단서). 이는 공익적 이유와 보험자의 이익을 위해서도 필요하다는 데에 근거를 두고 있다.

③ 판례는 보험사고 발생시 피보험자의 법률상 책임 여부가 판명되지 않은 상태에서 피보험자가 손해확대 방지를 위한 긴급한 행위를 함으로써 발생한 필요·유익한 비용을 보험자가 부담하여야 한다고 판시(대판 1993.1.12)하고 있다.

④ **일부보험의 경우:** 손해방지 비용은 보험금액의 보험가액에 대한 비율에 따라서 보험자가 부담하고 그 잔액은 피보험자가 부담한다.

CHAPTER 04   초과보험, 중복보험, 일부보험 등

제669조【초과보험】

① 보험금액이 보험계약의 목적의 가액을 현저하게 초과한 때에는 보험자 또는 보험계약자는 보험료와 보험금액의 감액을 청구할 수 있다. 그러나 보험료의 감액은 장래에 대하여서만 그 효력이 있다.

② 제1항의 가액은 계약당시의 가액에 의하여 정한다.

③ 보험가액이 보험기간 중에 현저하게 감소된 때에도 제1항과 같다.

④ 제1항의 경우에 계약이 보험계약자의 사기로 인하여 체결된 때에는 그 계약은 무효로 한다. 그러나 보험자는 그 사실을 안 때까지의 보험료를 청구할 수 있다.

제672조【중복보험】

① 동일한 보험계약의 목적과 동일한 사고에 관하여 수개의 보험계약이 동시에 또는 순차로 체결된 경우에 그 보험금액의 총액이 보험가액을 초과한 때에는 보험자는 각자의 보험금액의 한도에서 연대책임을 진다. 이 경우에는 각 보험자의 보상책임은 각자의 보험금액의 비율에 따른다.

② 동일한 보험계약의 목적과 동일한 사고에 관하여 수개의 보험계약을 체결하는 경우에는 보험계약자는 각 보험자에 대하여 각 보험계약의 내용을 통지하여야 한다.

③ 제669조제4항의 규정은 제1항의 보험계약에 준용한다.

제673조【중복보험과 보험자 1인에 대한 권리포기】

제672조의 규정에 의한 수개의 보험계약을 체결한 경우에 보험자 1인에 대한 권리의 포기는 다른 보험자의 권리의무에 영향을 미치지 아니한다.

제674조【일부보험】

보험가액의 일부를 보험에 붙인 경우에는 보험자는 보험금액의 보험가액에 대한 비율에 따라 보상할 책임을 진다. 그러나 당사자 간에 다른 약정이 있는 때에는 보험자는 보험금액의 한도 내에서 그 손해를 보상할 책임을 진다.

---

1   초과보험

(1) 의의

① 초과보험이라 함은 보험금액이 보험가액을 현저하게 초과하는 보험을 말하며, 보험계약체결 당시에 당사자에 의하여 보험가액 이상으로 정해진 때에 생기거나 보험기간 중에 물가의 하락으로 보험가액이 현저하게 감소된 때에도 생긴다(제669조).

② 초과보험을 인정하면 보험의 도박화를 야기할 수 있고, 부당이득을 얻을 목적으로 인위적인 사고를 일으킬 우려가 있어 이를 제한하고 있다.

(2) 성립요건

① 현저한 초과

보험금액이 보험가액을 현저하게 초과하여야 한다(제669조 제1항). '현저하게'의 판단은 사회통념에 따라 결정하여야 할 것이다.

② 사기가 없을 것

보험계약자에게 사기가 없어야 한다. 만일, 사기인 경우 그 계약은 무효가 된다(제669조 제4항).

(3) 효과

① 보험자 또는 보험계약자는 보험료와 보험금액의 감액을 청구할 수 있다. 그러나 보험료의 감액은 보험료 불가분의 원칙에 따라 장래를 향하여만 효력이 있다(제669조 제1항).

② 보험자가 보험계약이 초과보험이란 사실을 보험사고의 발생 후에 손해사정과정에서 비로소 알게 된 경우에, 보험계약 체결시부터 초과보험이라 하더라도 그 초과부분의 보험료를 소급하여 반환할 의무는 없으며, 그 보험료기간에 대한 보험료는 그대로 청구할 수 있다. 이것은 보험가액이 보험기간 중에 현저하게 감소하여 초과보험이 된 경우에도 마찬가지이다(제669조 제3항).

③ 초과보험이 보험계약자의 사기로 인하여 체결된 때에는 초과부분 뿐만 아니라 계약의 전부를 무효로 한다. 그러나 보험자는 그 사실을 안 때까지의 보험료를 청구할 수 있다(제669조 제4항). 이는 보험계약의 선의성·윤리성에 따라 보험의 도박화와 고의적인 보험사고의 유발을 방지하고 사기적인 보험계약자의 응징에 있다.

④ 초과보험이라는 사유로 보험금의 제한 또는 보험계약의 무효를 주장하는 경우, 그 입증책임은 무효를 주장하는 보험자가 부담한다(대판 99다8599).

2 중복보험

(1) 의의

동일한 보험계약의 목적과 동일한 사고에 관하여 수개의 보험계약이 수인의 보험자와 동시에 또는 순차로 체결된 경우에 그 보험금액의 총액이 보험가액을 초과한 경우로서 초과보험의 특수한 형태이다.

(2) 중복보험의 성립요건

① **동일한 보험계약의 목적(피보험이익)일 것**

동일한 보험의 목적이라도 피보험이익이 다르면 중복보험의 문제는 발생하지 않는다.

> **예** 자동차의 소유자가 차량보험에 가입한 차를 주차장에 주차 의뢰하였을 때 그 차량을 보관하는 동안에 파손·도난 손해로 자동차 소유자에게 지게 될 배상책임에 대비하여 주차장업자가 자동차 취급업자로서의 배상책임보험을 가입하였을 때 두 보험은 중복보험이 되지 않는다.

② **동일한 보험사고일 것**

피보험이익이 동일하더라도 보험자가 담보하는 보험사고가 다르면 중복보험의 문제는 발생하지 않는다.

> **예** 건물의 화재로 인한 손해를 담보하는 화재보험에 가입하고 동시에 지진으로 인한 손해를 담보하는 지진보험에 가입하였다면 두 보험은 중복보험이 아니다.

③ **보험금액 합계액이 보험가액을 초과할 것**

수 개의 보험계약상 보험금액 합계액이 보험가액을 초과하면 족하고, 그 정도가 현저히 초과해야 하는 것은 아니다.

④ **보험기간의 동일 또는 중복될 것**

보험기간이 동일 또는 중복되어 있어야 한다. 보험기간이 동일 또는 중복되지 않는 시점에서는 중복보험 문제도 발생될 여지가 없다. **예** 여행자 보험

⑤ **피보험자가 동일할 것(판례)**

수개의 보험계약의 보험계약자가 동일할 필요는 없으나 피보험자가 동일인일 것이 요구된다.

(3) 효과

① 보험자의 보상책임(연대비례주의)

각 보험자는 각자의 보험금액의 한도에서 연대책임을 지고, 각 보험자의 보상책임은 각자의 보험금액의 비율에 따른 비례주의를 가미하고 있다.

사례 — 보상한도 분담방식

- 보험가액 : 20억원(각 보험자에게 동일건물에 대해 화재보험 가입)
- A보험자 : 보험가입금액 15억원
- B보험자 : 보험가입금액 10억원
- 손해액 : 20억원(전손)

1) 각 보험자 책임한도: 각자의 보험가입금액의 한도 내 연대책임
- A보험자 = 15억원(보험가입금액 한도 내 책임)
- B보험자 = 10억원(보험가입금액 한도 내 책임)

2) 각 보험자의 분담액: 각자의 보험가입금액 비율에 따른 비례주의
- A보험자 = 20억원 × [15억원 / (15억원 + 10억원)] = 12억원
- B보험자 = 20억원 × [10억원 / (15억원 + 10억원)] = 8억원

---

② 보험자 1인에 대한 권리의 포기

㉠ 중복보험에 따른 수개의 보험계약을 체결한 경우에 보험자 1인에 대한 권리포기는 다른 보험자의 권리, 의무에 영향을 미치지 아니한다(제673조). 이는 피보험자가 한 보험자와 통모하여 다른 보험자에게 불이익을 주는 것을 방지하기 위한 것이다.

㉡ 따라서 피보험자가 어느 특정보험자에 대한 권리를 포기하였을 때에는 그 부분에 대한 권리를 다른 보험자에게 주장할 수 없고, 이미 다른 보험자가 피보험자에게 보상하였을 때는 그 보험자의 부담부분에 대한 구상권을 행사할 수 있다.

예 위사례에서 피보험자가 A보험자에 대한 권리를 포기하더라도 B보험자는 자신의 부담액 8억원만 부담하면 된다.

③ 보험계약자의 통지의무

㉠ 보험계약자는 동일한 보험계약의 목적과 동일한 사고에 대하여 수 개의 보험계약을

체결하는 경우 각 보험자에 대하여 각 보험계약 내용을 통지하여야 하며, 보험금액이 보험가액을 넘지 않는 병존보험도 보험기간 중에 보험목적의 하락으로 중복보험으로 바뀔 수 있으므로 통지의무를 부여하고 있다.

   ⓒ 중복보험의 체결사실 여부는 중요한 고지의무 대상이 아니기에 보험계약자가 보험자에게 통지하지 아니한 경우에도 보험자는 보험계약을 취소할 수 없다(대판 2001다49623).

   ⓒ 통지의 방법은 서면 또는 구두 모두 가능하며, 각 보험자의 명칭, 보험금액을 밝혀야 한다.

④ **보험계약자의 사기로 인한 경우**

중복보험계약이 사기로 인한 경우, 사기로 인한 초과보험의 규정을 준용하여 그 계약은 모두 무효가 되며, 보험자는 그 사실을 안 때까지의 보험료를 청구할 수 있다(제672조 제3항).

3 일부보험

(1) 의의

① 일부보험이라 함은 보험금액이 보험가액에 미달하는 경우, 즉 보험가액의 일부를 보험에 붙인 물건보험을 말하고 전부보험의 상대적 개념이다.

② 일부 보험은 보험료를 절감하기 위하여 의식적으로 체결하는 경우도 있고, 원래 전부보험이었으나 계약성립 후 물가의 오름으로 보험가액이 높아짐으로써 당사자의 의사와 상관없이 발생하는 경우도 있다. 따라서 일부보험은 초과보험과는 달리 도덕적 위험의 폐해는 적다.

(2) 요건

보험금액이 보험가액에 미달하여야 한다. 이 경우 보험가액의 산정은 당사자 간에 협정이 있으면 원칙적으로 그에 따르고(제670조), 협정이 없으면 보험사고 발생시의 가액에 의한다(제671조).

(3) 보험자의 보상책임

① 원칙(비례부담)

㉠ 일부보험의 경우 보험자는 보험금액의 보험가액에 대한 비율로 보상할 책임이 있다 (제674조 전단).

㉡ 따라서 보험의 목적이 전손이 된 경우 보험금액의 전액을 지급하고, 분손의 경우 손해액의 일부분은 보험자의 보상액이 되고 그 나머지는 피보험자가 부담한다.

> **[보험가액 1억원의 건물에 보험(가입)금액이 7천만원인 경우]**
> ① 전손(전부손해)인 경우
> 　보험자는 보험(가입)금액 7천만원을 보상한다.
> ② 분손(부분손해) 5천만원인 경우
> 　보상액 = 5천만원 × (7천만원 /1 억원) = 3천 5백만원을 보상한다.
> 　나머지 손해액 1천 5백만원은 피보험자가 부담한다.

② 예외(실손보상)

㉠ 일부보험의 경우 당사자 사이의 특약으로 보험사고발생시 보험금액의 범위 내에서 실손해액 전액을 보상하기로 정할 수 있다(제674조 단서).

㉡ 이는 피보험자에게 피보험이익을 초과하여 부당이득을 줄 염려가 없고 보험 본래의 취지에 부응하기 때문에 인정된 것이다. 따라서 보험자는 비례보상책임을 지지 않고 보험금액에 달할 때까지는 분손의 경우라도 전부 보상한다.

예 위의 사례에서 보험자는 보험금액 7천만원 한도내에서 분손 5천만원에 대하여 5천만원 전액을 보상한다.

CHAPTER 05 　보험목적의 양도와 보험자 대위

제679조【보험목적의 양도】
① 피보험자가 보험의 목적을 양도한 때에는 양수인은 보험계약상의 권리와 의무를 승계한 것으로 추정한다.
② 제1항의 경우에 보험의 목적의 양도인 또는 양수인은 보험자에 대하여 지체없이 그 사실을 통지하여야 한다.

제681조【보험목적에 관한 보험대위】
보험의 목적의 전부가 멸실한 경우에 보험금액의 전부를 지급한 보험자는 그 목적에 대한 피보험자의 권리를 취득한다. 그러나 보험가액의 일부를 보험에 붙인 경우에는 보험자가 취득할 권리는 보험금액의 보험가액에 대한 비율에 따라 이를 정한다.

제682조【제3자에 대한 보험대위】
① 손해가 제3자의 행위로 인하여 발생한 경우에 보험금을 지급한 보험자는 그 지급한 금액의 한도에서 그 제3자에 대한 보험계약자 또는 피보험자의 권리를 취득한다. 다만, 보험자가 보상할 보험금의 일부를 지급한 경우에는 피보험자의 권리를 침해하지 아니하는 범위에서 그 권리를 행사할 수 있다.
② 보험계약자나 피보험자의 제1항에 따른 권리가 그와 생계를 같이 하는 가족에 대한 것인 경우 보험자는 그 권리를 취득하지 못한다. 다만, 손해가 그 가족의 고의로 인하여 발생한 경우에는 그러하지 아니하다.

1 　보험목적의 양도

(1) 개설

① 보험목적의 양도란 손해보험계약에서 피보험자가 보험계약의 대상으로 되어있는 목적물을 타인에게 양도하는 것을 말한다.

② 보험의 목적이 양도되면 양도인의 목적물에 대한 피보험이익이 소멸하므로 이론적으로 보험계약 관계는 종료한다. 반면에 양수인은 보험자와 아무런 법률관계가 없으므로 보험의 보호를 받지 못하게 되고 새로운 보험계약을 체결할 때까지 일시적으로 무보험 상태에 놓이게 되며, 보험계약자가 지급한 보험료는 무위로 된다. 따라서 이러한 불이익을 피하기 위해 보험관계는 보험목적의 양도와 함께 승계된다고 보는 것이 당사자의 의사에도 적합하다.

(2) 요건

① 양도당시 유효한 보험계약의 존속

보험의 목적이 양도될 때 양도인과 보험자 사이에 유효한 보험계약이 존속하여야 한다. 유효한 보험계약이 존속하고 있다면 면책사유가 있더라도, 보험의 목적은 일단 양수인에게 이전하고, 보험자는 양수인에 대하여 면책사유를 주장할 수 있다.

② 보험의 목적이 물건일 것

㉠ 물건인 이상 동산·부동산뿐만 아니라 유가증권 등 무체재산권도 포함하는데 반드시 특정화·개별화 되어 있어야 한다. 따라서 집합보험에서 물건의 일부만을 양도하는 경우에는 보험목적의 양도와 관련이 없다.

㉡ 일정한 지위를 담보하는 전문직업인 책임보험(예 의사, 변호사 등 전문직업인이 그 지위에서 생기는 책임에 관하여 보험계약)은 그 지위가 양도되어도 보험계약은 이전되지 않는다.

③ 보험목적의 물권적 이전

㉠ 보험목적의 양도란 유·무상을 불문하나 물권적 양도를 뜻하므로 채권계약만으로 부족하고, 보험목적의 소유권이 이전되어야 한다. 따라서 목적물의 임대나 담보권 설정은 보험의 목적의 양도계약이 아니다.

㉡ 양도담보, 영업양도, 강제집행의 결과 경락인에게 보험의 목적이 귀속된 경우는 보험의 목적의 양도에 준하여 보험계약 관계의 이전이 추정된다.

④ 양수인의 거부의사가 없을 것

보험목적의 양수인에게 보험승계의 의사가 없다는 것이 증명된 경우에는 양도의 효과는 생기지 않고 번복된다(대판 97다35375).

(3) 양도의 효과

① 보험계약 승계의 추정

㉠ 피보험자가 보험의 목적을 양도한 때에는 양수인은 보험계약상의 권리와 의무를 승계한 것으로 추정한다(제679조 제1항).

    ⓛ 양수인은 보험계약상의 권리와 의무를 승계하므로 양수인은 양도인이 종전에 가지고 있던 권리인 보험금청구권·보험료반환청구권·보험계약해지권을 보유하고, 또한 의무인 보험료지급·손해방지경감·보험사고발생시 통지·위험의 변경 증가 통지의무 등을 부담한다.

② 양도의 통지의무

    ㉠ 통지의무 이행

    보험목적의 양도인 또는 양수인이 보험자에 대하여 지체없이 그 사실을 통지한 경우에는, 그 성질상 위험변경·증가통지의무와 유사하다고 볼 수 있어 보험자는 피보험자의 변경으로 인한 위험의 증감에 따라 보험료를 증액하거나 감액할 수 있고 또 계약을 해지할 수 있다(제652조 제2항).

    ㉡ 통지의무 불이행

    통지의무 불이행시 효과에 대해 상법상 규정은 없지만 그 양도로 인하여 현저한 위험의 변경·증가유무에 따라서 보험계약의 해지 가능여부가 판단되어야 한다. 판례는 실질적으로 위험이 현저히 변경·증가되지 않고 단순한 양도통지의무의 경우 그 사실만으로 위험이 현저히 변경·증가된 것이라 볼 수 없기 때문에 보험자는 양도의 통지를 하지 않더라도 통지의무 위반을 이유로 당해 보험계약을 해지할 수 없다는 입장이다(대판 95다52505).

2 보험자 대위

(1) 의의

① 보험자대위란 보험사고로 인한 피보험자의 손해를 보상해 준 보험자가 보험계약자 등이 보험의 목적(잔존물 대위)이나 제3자에 대하여 가지는 권리(청구권 대위)를 법률상 당연히 취득하는 것을 말한다.

② 손해보험에만 적용되고 인보험에는 적용되지 않는다.

③ 보험사고로 인한 실손해액 이상의 보험금을 지급할 수 없다는 '이득금지의 원칙'에 따라 피보험자의 이중이득을 방지하는데 그 근거를 두고 있다.

(2) 보험의 목적에 대한 보험자대위(잔존물 대위)

① 의의

㉠ 보험의 목적의 전부가 멸실한 경우에 보험금액의 전부를 지급한 보험자는 그 목적 (예 화재보험에서 타지 않은 가구, 기계보험에서 파손된 기계 등)에 대한 피보험자의 권리를 취득하는데 이를 잔존물대위라 한다.

㉡ 일부보험의 경우 보험자가 취득할 권리는 보험금액의 보험가액에 대한 비율에 따라 이를 정한다(제681조 후단).

② 요건

㉠ 보험의 목적의 전부멸실(전손)

ⓐ 보험계약 체결 당시에 보험의 목적이 가지는 경제적 가치가 보험사고로 전부 멸실된 경우에만 보험자대위가 가능하다. 즉 분손인 경우에는 보험의 목적에 대한 보험자대위가 성립하지 않는다.

ⓑ 전부멸실(전손)이란 보험의 목적이 종래 가지고 있던 경제적 효용의 전부를 잃는 것을 가리키고, 반드시 목적물이 물리적으로 완전히 소멸한 것(물리적 전부멸실)을 의미하는 것은 아니다. 따라서 잔존물이 어느 정도 금전적 가치를 가지고 있는 경우에도 경제적인 관점에서 그 이용이 불가능한 경우에는 목적물이 전부 멸실된 경우라고 할 수 있다.

ⓒ 경제적 가치의 소멸이 전손에 가까운 때, 예컨대 당사자 간의 특약으로 보험가액의 4분의 3 또는 5분의 4 이상의 손해가 있으면 전손으로 정하는 것은 유효하다.

㉡ 보험금액의 전부지급

ⓐ 보험금액의 전부지급이란 보험의 목적에 발생한 손해뿐만 아니라 보험자가 부담하는 손해방지 비용이나 기타의 비용(제676조 제2항)까지 지급한 것을 말한다.

ⓑ 보험사고로 인한 피보험자의 경제적인 수요를 충족시켜 준 다음에야 보험자가 그 권리를 대위할 수 있으므로, 보험자가 보험금액의 일부만을 지급한 때에는 그 지급액에 비례한 피보험자의 권리도 취득할 수 없다.

ⓒ 피보험자는 보험자로부터 보험금을 지급받기 전에는 잔존물을 임의로 처분할 수 있다. 이 경우에는 지급할 보험금에서 잔존물의 가액을 공제한 나머지 보험금을 지급하면 되고, 보험금을 지급받은 후에 처분을 하였다면 손해배상을 청구할 수 있다.

③ 목적물 대위의 효과

㉠ 보험의 목적에 관한 권리의 이전

ⓐ 보험자가 보험금을 전부 지급한 때부터 등기 또는 인도 등 물권변동의 절차 없이 당연히 보험의 목적에 대하여 가졌던 모든 권리(소유권뿐만 아니라 채권 등)가 이전된다. 즉 보험자의 특별한 의사표시를 요하지 않는다(등기이전 등의 제3자에 대한 대항요건을 갖출 필요가 없다).

ⓑ 보험자대위는 보험자가 보험금을 지급함으로써 법률상 당연히 인정되는 효과로서, 법적성질은 민법상 손해배상자 대위(민법 제399조)와 같다.

㉡ 일부보험의 경우

보험의 목적물에 전손이 생긴 경우에는 일부보험인 경우라도 잔존물대위가 인정된다. 이 경우 보험자는 보험금액의 보험가액에 대한 비율에 따라 피보험자의 보험목적에 대한 권리를 취득하게 된다(제681조 단서). 따라서 보험자와 피보험자는 지분에 의하여 잔존물을 공유하게 된다.

> **[보험가액: 2억원의 건물에 보험(가입)금액이 1억원인 경우]**
> ① 1억원 지급 ➡ 잔존물대위 인정(단, 비율에 따라 50% 권리 취득)
> ② 5천만원 지급 ➡ 잔존물대위 불인정

㉢ 목적물에 대한 부담과 대위권의 포기

보험의 목적에 대한 권리를 취득하는 동시에 의무를 부담해야 하는 경우가 있다. 이처럼 대위권에 의한 권리취득이 오히려 잔존물 제거의무 등 보험자에게 불이익할 때는 대위권을 포기하고 보험의 목적에 따른 공법상·사법상의 부담을 피보험자에게 귀속시킬 수 있다.

ⓔ **소멸시효**

보험자의 권리취득은 법률이 인정하는 당연한 효과이며, 피보험자의 권리이전의 의
사표시도 요하지 않기 때문에 소멸시효 자체가 존재하지 않는다.

(3) 제3자에 대한 보험자대위(청구권 대위)

① **의의**

㉠ 청구권대위란 손해가 제3자의 행위로 인하여 발생한 경우에 보험금을 지급한 보험
자는 그 지급한 금액의 한도에서 그 제3자에 대한 보험계약자 또는 피보험자의 권
리를 취득하는 것을 말한다(제682조 제1항 전단).

㉡ 청구권대위의 경우 지명채권 양도의 대항요건(민법 제450조)에 관한 절차를 거치지
않고도 제3자에게 대항할 수 있다.

㉢ 제3자의 불법행위로 인하여 보험사고가 발생한 경우 피보험자는 제3자에 대한 손
해배상청구권과 보험계약에 따른 보험금청구권을 동시에 취득하게 되는데, 이 경우
피보험자는 양 청구권의 행사로 이중이득을 얻게 되어 보험을 악용할 우려가 있고,
또한 보험자의 보험금 지급으로 제3자는 채무를 면하게 되므로 형편상 부당하여
청구권 대위를 인정하고 있다.

㉣ 제3자에 대한 보험자대위는 재보험에 대해서도 적용된다(대판 2012다10386).

② **목적물 대위와의 차이점**

㉠ 청구권대위는 목적물대위와 달리 보험목적이 전부 멸실되지 않아도 인정된다.

㉡ 또한 보험금을 전부 지급하지 않은 경우에도 청구권대위는 성립할 수 있다.

③ **청구권대위 행사의 요건**

㉠ 제3자의 행위로 인한 손해발생

㉡ 보험계약자 또는 피보험자의 제3자에 대한 권리존재(보험금 지급 전에 피보험자가 제
3자에 대한 권리를 행사·처분·포기하거나 소멸시효가 완성된 경우 보험자의 대위권은 존
재하지 않음)

㉢ 보험자의 피보험자에 대한 보험금 지급

④ 대위권 행사의 제한

　　㉠ 보험자가 보상할 보험금의 일부를 지급한 경우에는 피보험자의 권리를 침해하지 아니하는 범위에서 그 권리를 행사할 수 있다(제682조 제1항 단서).

　　㉡ 보험계약자나 피보험자의 제3자에 대한 권리가 그와 생계를 같이 하는 가족에 대한 것인 경우 보험자는 그 권리를 취득하지 못한다. 다만, 손해가 그 가족의 고의로 인하여 발생한 경우에는 그러하지 아니하다(제682조 제2항).

　　㉢ 보험계약에서 담보하지 아니하는 손해에 해당하여 보험금지급 의무가 없는데도 보험자가 피보험자에게 보험금을 지급한 경우, 보험자대위는 인정되지 않는다.(판례)

CHAPTER 06　화재보험 및 집합보험

1　화재보험

> **제683조 【화재보험자의 책임】**
> 화재보험계약의 보험자는 화재로 인하여 생긴 손해를 보상할 책임이 있다.
>
> **제684조 【소방 등의 조치로 인한 손해의 보상】**
> 보험자는 화재의 소방 또는 손해의 감소에 필요한 조치로 인하여 생긴 손해를 보상할 책임이 있다.
>
> **제685조 【화재보험증권】**
> 화재보험증권에는 제666조에 게기한 사항외에 다음의 사항을 기재하여야 한다.
> 1. 건물을 보험의 목적으로 한 때에는 그 소재지, 구조와 용도
> 2. 동산을 보험의 목적으로 한 때에는 그 존치한 장소의 상태와 용도
> 3. 보험가액을 정한 때에는 그 가액

(1) 개념

화재보험은 우연한 화재사고로 발생할 수 있는 피보험자의 재산상 손해를 보장(담보)함으로써 경제생활의 불안정을 제거 또는 경감하기 위한 사회적 경제제도이다.

(2) 화재보험계약의 요소

① 보험사고(화재)

화재는 보험의 목적물에 발생한 불(화력의 연소작용)을 의미하며, 사회통념에 의해 결정된다.

② 보험의 목적

목적은 불에 탈 수 있는 유체물은 모두 화재보험의 목적이 될 수 있다. 따라서 유체물이면 동산이든 부동산이든 불문하며, 동산인 경우엔 특정된 것이든 집합된 것이든 불문한다.

③ 피보험이익

㉠ 동일한 보험의 목적물이라고 하여도 피보험이익의 귀속주체에 따라 화재보험에는 다양한 피보험이익이 존재할 수 있다.

> **예** 화재보험의 목적에 대한 소유자의 피보험이익(소유이익)은 전체가액에 대하여, 그리고 담보권자는 자신이 변제 받아야 하는 금액에 대하여 피보험이익을 갖는다.

㉡ 피보험이익이 명확하지 않은 경우에는 소유자의 피담보이익을 계약의 목적으로 본다(통설).

④ 화재보험증권

㉠ 화재보험계약을 체결하는 경우에도 보험계약이 성립한 때에 보험자는 지체없이 화재보험증권을 작성하여 보험계약자에게 교부하여야 한다.

㉡ 보험증권 일반 기재사항 외에 다음 사항을 기재하여야 한다.

> 1. 건물을 보험의 목적으로 한 때에는 그 소재지, 구조와 용도
> 2. 동산을 보험의 목적으로 한 때에는 그 존치한 장소의 상태와 용도
> 3. 보험가액을 정한 때에는 그 가액

(3) 보험자의 보상책임

① 위험보편의 원칙

㉠ 화재로 인하여 보험의 목적에 손해가 생긴 때에는 그 화재가 어떤 원인에 의하여

발생하였는가를 따지지 않고 보험자는 피보험자에게 발생한 모든 손해를 보상할 책임이 있는데 이를 위험보편의 원칙이라 한다.

> 예 폭발·파열·지진 등에 의한 직접적인 손해는 화재보험에 의하여 담보되지 않지만, 이들로부터 화재가 발생하여 생긴 손해에 대하여는 보험자가 보상할 책임이 있다.

ⓛ 상법, 보험약관 또는 당사자 사이의 특약에 의하여 보험자가 손해배상의 책임을 부담하는 화재의 원인을 한정하는 것은 상관없고, 약관으로써 지진·폭발 등으로 인한 화재를 제외하는 경우에는 이 원칙이 적용되지 않는다.

② 법정면책사유

ㄱ 보험사고가 보험계약자 또는 피보험자의 고의 또는 중대한 과실(다만 중과실로 인한 경우에는 보상하도록 하는 특약은 유효)로 인하여 생긴 경우(제659조)

> 예 화재보험에서 화재가 발생한 경우에는 일단 우연성의 요건을 갖춘 것으로 추정되고, 다만 화재가 보험계약자나 피보험자의 고의 또는 중과실에 의하여 발생하였다는 사실을 보험자가 증명하는 경우에는 위와 같은 추정이 번복되는 것으로 보아야 한다.(대판 2009다56603).

ㄴ 보험사고가 전쟁 기타 변란으로 인하여 생긴 때로서 다른 약정이 없는 경우(제660조)

ㄷ 보험의 목적의 성질, 하자 또는 자연소모로 인한 손해의 경우(제678조)

③ 손해보상 범위

ㄱ 화재로 인하여 생긴 손해는 화재와 손해 사이에 상당인과관계가 있어야 한다. 상당인과관계에 있는지 여부는 보험사고와 피보험이익의 관계 등 구체적 사정을 고려하여 개별적으로 판단할 사실문제이다.

> 예 화재시 다른 곳으로 대피시켜 놓은 물건을 도난(분실)당한 경우 화재사고와 상당인과관계를 인정할 수 없으므로 보험자는 보상책임이 없으나, 화재로 인한 건물 수리에 지출한 비용과 철거비 및 폐기물처리비는 상당인과관계가 있는 손해에 포함된다(대판 2002다64520).

ㄴ 보험자는 화재의 소방(화재진압과정에서 발생하는 손해) 또는 손해의 감소에 필요한 조치로 인해 생긴 손해를 보상할 책임이 있다(제684조). 이때의 보상할 손해에는 보험계약자나 피보험자의 조치뿐만 아니라 소방관, 그 외 다른 사람의 행위에 의한 것도 포함된다.

2 **집합보험**

> **제686조【집합보험의 목적】**
> 집합된 물건을 일괄하여 보험의 목적으로 한 때에는 피보험자의 가족과 사용인의 물건도 보험의 목적에 포함된 것으로 한다. 이 경우에는 그 보험은 그 가족 또는 사용인을 위하여서도 체결한 것으로 본다.
>
> **제687조【동전】**
> 집합된 물건을 일괄하여 보험의 목적으로 한 때에는 그 목적에 속한 물건이 보험기간 중에 수시로 교체된 경우에도 보험사고의 발생 시에 현존한 물건은 보험의 목적에 포함된 것으로 한다.

(1) 개념

① 집합보험이란 경제적으로 독립한 여러 물건의 집합물을 보험의 목적으로 한 보험을 말한다. 상법은 제686조와 제687조에서 화재보험의 경우에 그 집합물의 범위에 관하여 규정을 두고 있다.

② 집합보험은 화재보험 이외에도 운송보험, 적하해상보험 등 다른 물건보험에도 있을 수 있고, 인보험에도 단체보험과 같은 것이 있지만, 동산화재보험에서 가장 많이 이용된다.

(2) 집합보험의 종류

① 특정보험

운송 중에 있는 화물처럼 보험의 목적이 특정되어 있는 것을 담보하는 보험을 말한다.

② 총괄보험

창고에 들어있는 물건이나 가게의 상품과 같이 보험의 목적이 특정되어 있지 아니하고 수시로 교체되는 것을 예정하고 이러한 물건을 일괄하여 담보하는 보험을 말한다.

(3) 집합보험의 보상범위

① 특정보험

㉠ 집합된 물건을 일괄하여 보험의 목적으로 한 때에는 피보험자의 가족과 사용인(동거하고 있는 자)의 물건도 이를 포함한 것으로 하고, 그 보험은 그 가족 또는 사용인을 위해서도 체결한 것으로 본다(제686조).

ⓛ 따라서 피보험자의 가족이나 피보험자와 관계로 그 보험의 효력이 미치는 장소에서 일에 종사하고 있는 사용인은 그들의 소유에 속하는 물건이 화재로 말미암아 손상된 때에는 당연히 보험자에게 그 손해의 보상을 청구할 수 있다. 즉 피보험자의 가족과 사용인에 대해서는 타인을 위한 보험계약이 된다.

② **총괄보험**

㉠ 집합된 물건을 일괄하여 보험의 목적으로 한 때에는 그 목적에 속한 물건이 보험기간 중에 수시로 교체된 경우에도 보험사고의 발생 시에 현존한 물건은 보험의 목적에 포함된 것으로 한다(제687조).

ⓛ 총괄보험은 집합된 물건이 수시로 교체되는 것이 예정되어 있으므로 보험의 목적은 보험계약에서 정한 범위 안에 드는 것이면 보험사고 발생시 현존한 물건은 모두 이에 포함되고, 보험자는 보험사고로 생긴 그 물건에 대한 손해를 보상할 책임을 지게 된다.

(4) 집합보험에서 고지의무 위반

집합보험에서 보험목적의 일부에 대해서 고지의무 위반이 있는 경우, 보험자는 나머지 부분에 대하여도 동일한 조건으로 그 부분만에 대하여 보험계약을 체결하지 않았으리라는 사정이 없는 한 그 고지의무 위반이 있는 물건에 대하여만 보험계약을 해지할 수 있고, 나머지 부분에 대하여는 보험계약의 효력에 영향이 없다고 본다(대판 99다8599).

2026

손평하나

손해평가사 1차 이론서

제2과목 농어업재해보험법령

PART 1 농어업재해보험법령

PART 2 농업재해보험 손해평가요령

CHAPTER 01 총칙

1 목적

농어업재해로 인하여 발생하는 농작물, 임산물, 양식수산물, 가축과 농어업용시설물의 피해에 따른 손해를 보상하기 위한 농어업재해보험에 관한 사항을 규정함으로써 농어업 경영의 안정과 생산성 향상에 이바지하고 국민경제의 균형 있는 발전에 기여함을 목적으로 한다.

2 용어의 정의

① '농어업재해'란 농작물·임산물·가축 및 농업용 시설물에 발생하는 자연재해·병충해·조수해(鳥獸害)·질병 또는 화재(이하 "농업재해"라 한다)와 양식수산물 및 어업용 시설물에 발생하는 자연재해·질병 또는 화재(이하 "어업재해"라 한다)를 말한다.

② '농어업재해보험'이란 농어업재해로 발생하는 재산 피해에 따른 손해를 보상하기 위한 보험을 말한다.

③ '보험가입금액'이란 보험가입자의 재산 피해에 따른 손해가 발생한 경우 보험에서 최대로 보상할 수 있는 한도액으로서 보험가입자와 보험사업자 간에 약정한 금액을 말한다.

④ '보험료'란 보험가입자와 보험사업자 간의 약정에 따라 보험가입자가 보험사업자에게 내야 하는 금액을 말한다.

⑤ '보험금'이란 보험가입자에게 재해로 인한 재산 피해에 따른 손해가 발생한 경우 보험가입자와 보험사업자 간의 약정에 따라 보험사업자가 보험가입자에게 지급하는 금액을 말한다.

⑥ '시범사업'이란 농어업재해보험사업(이하 "재해보험사업"이라 한다)을 전국적으로 실시하기 전에 보험의 효용성 및 보험 실시 가능성 등을 검증하기 위하여 일정 기간 제한된 지역에서 실시하는 보험사업을 말한다.

3 **기본계획 및 시행계획의 수립·시행**

(1) 재해보험 발전 기본계획

① 농림축산식품부장관과 해양수산부장관은 농어업재해보험(이하 "재해보험"이라 한다)의 활성화를 위하여 농업재해보험심의회 또는 「수산업·어촌 발전 기본법」에 따른 중앙 수산업·어촌정책심의회의 심의를 거쳐 재해보험 발전 기본계획(이하 "기본계획"이라 한다)을 5년마다 수립·시행하여야 한다.

② 기본계획에는 다음의 사항이 포함되어야 한다.

　㉠ 재해보험사업의 발전 방향 및 목표

　㉡ 재해보험의 종류별 가입률 제고 방안에 관한 사항

　㉢ 재해보험의 대상 품목 및 대상 지역에 관한 사항

　㉣ 재해보험사업에 대한 지원 및 평가에 관한 사항

　㉤ 그 밖에 재해보험 활성화를 위하여 농림축산식품부장관 또는 해양수산부장관이 필요하다고 인정하는 사항

(2) 재해보험 발전 시행계획

농림축산식품부장관과 해양수산부장관은 기본계획에 따라 매년 재해보험 발전 시행계획(이하 "시행계획")을 수립·시행하여야 한다.

(3) 통계자료 반영

농림축산식품부장관과 해양수산부장관은 기본계획 및 시행계획을 수립하고자 할 경우 제26조(통계의 수집·관리 등)에 따른 통계자료를 반영하여야 한다.

(4) 자료 및 정보의 제공 요청

농림축산식품부장관 또는 해양수산부장관은 기본계획 및 시행계획의 수립·시행을 위하여 필요한 경우에는 관계 중앙행정기관의 장, 지방자치단체의 장, 관련 기관·단체의 장에게 관련 자료 및 정보의 제공을 요청할 수 있다. 이 경우 자료 및 정보의 제공을 요청받은 자는 특별한 사유가 없으면 그 요청에 따라야 한다.

(5) 그 밖의 사항

그 밖에 기본계획 및 시행계획의 수립·시행에 필요한 사항은 대통령령으로 정한다.

4 재해보험 등의 심의

재해보험 및 농어업재해재보험(이하 '재보험'이라 한다)에 관한 다음 사항은 농업재해보험심의회 또는 중앙 수산업·어촌정책심의회의 심의를 거쳐야 한다.

① 재해보험에서 보상하는 재해의 범위에 관한 사항

② 재해보험사업에 대한 재정지원에 관한 사항

③ 손해평가의 방법과 절차에 관한 사항

④ 재보험사업에 대한 정부의 책임범위에 관한 사항

⑤ 재보험사업 관련 자금의 수입과 지출의 적정성에 관한 사항

⑥ 그 밖에 농업재해보험심의회의 위원장 또는 중앙 수산업·어촌정책심의회의 위원장이 재해보험 및 재보험에 관하여 회의에 부치는 사항

5 농업재해보험심의회

(1) 설치 및 심의

① 농업재해보험 및 농업재해재보험에 관한 사항을 심의하기 위하여 농림축산식품부장관 소속으로 농업재해보험심의회(이하 "심의회"라 한다)를 둔다.

② 심의사항

> ㉠ 재해보험 및 재보험 등의 심의사항
> ㉡ 재해보험 목적물의 선정에 관한 사항
> ㉢ 기본계획의 수립·시행에 관한 사항
> ㉣ 다른 법령에서 심의회의 심의사항으로 정하고 있는 사항

③ 심의회는 심의사항을 심의하기 위하여 필요한 경우에는 농업재해보험에 관하여 전문지식이 있는 자, 농업인 또는 이해관계자의 의견을 들을 수 있다.

(2) 구성

① 심의회는 위원장 및 부위원장 각 1명을 포함한 21명 이내의 위원으로 구성한다.

② 위원장은 농림축산식품부차관으로 한다. 위원장은 심의회를 대표하며, 심의회의 업무를 총괄한다.

③ 부위원장은 위원 중에서 호선(互選)한다. 부위원장은 위원장을 보좌하며, 위원장이 부득이한 사유로 직무를 수행할 수 없을 때에는 그 직무를 대행한다.

(3) 위원

① **임명·위촉권자** : 농림축산식품부장관

② 다음에 해당하는 사람 중에서 임명·위촉 하되 이들 중 심의회에 각각 1명 이상 포함되어야 한다.

> ㉠ 농림축산식품부장관이 재해보험이나 농업에 관한 학식과 경험이 풍부하다고 인정하는 사람
> ㉡ 농림축산식품부의 재해보험을 담당하는 3급 공무원 또는 고위공무원단에 속하는 공무원
> ㉢ 자연재해 또는 보험 관련 업무를 담당하는 기획재정부·행정안전부·해양수산부·금융위원회·산림청의 3급 공무원 또는 고위공무원단에 속하는 공무원
> ㉣ 농림축산업인단체의 대표

③ **임기**

3년(임명·위촉대상자 중 ㉠의 경우에만 해당)

④ **위원의 해촉**

농림축산식품부장관은 다음 어느 하나에 해당하는 경우 해당 위원을 해촉할 수 있다 (임명·위촉대상자 중 ㉠의 경우에만 해당).

> ㉠ 심신장애로 인하여 직무를 수행할 수 없게 된 경우
> ㉡ 직무와 관련된 비위사실이 있는 경우
> ㉢ 직무태만, 품위손상이나 그 밖의 사유로 인하여 위원으로 적합하지 아니하다고 인정되는 경우
> ㉣ 위원 스스로 직무를 수행하는 것이 곤란하다고 의사를 밝히는 경우

(4) 회의

① 위원장은 심의회의 회의를 소집하며, 그 의장이 된다.

② 심의회의 회의는 재적위원 3분의 1 이상의 요구가 있을 때 또는 위원장이 필요하다고 인정할 때에 소집한다.

③ 심의회의 회의는 재적위원 과반수의 출석으로 개의(開議)하고, 출석위원 과반수의 찬성으로 의결한다.

(5) 분과위원회

① 설치

심의회는 그 심의사항을 검토·조정하고, 심의회의 심의를 보조하게 하기 위하여 심의회에 분과위원회를 둔다.

② 분과위원회의 종류

　㉠ 농작물재해보험분과위원회

　㉡ 임산물재해보험분과위원회

　㉢ 가축재해보험분과위원회

　㉣ 농업인안전보험분과위원회

③ 분과위원회는 다음 사항을 검토·조정하여 심의회에 보고한다.

> ㉠ 농작물재해보험분과위원회: 심의회 심의사항 중 농작물재해보험에 관한 사항
> ㉡ 임산물재해보험분과위원회: 심의회 심의사항 중 임산물재해보험에 관한 사항
> ㉢ 가축재해보험분과위원회: 심의회 심의사항 중 가축재해보험에 관한 사항
> ㉣ 농업인안전보험분과위원회: 「농어업인의 안전보험 및 안전재해예방에 관한 법률」에 따른 심의사항 중 농업인안전보험에 관한 사항

④ 분과위원회의 구성

   ㉠ 분과위원회는 분과위원장 1명을 포함한 9명 이내의 분과위원으로 성별을 고려하여 구성한다.

   ㉡ 분과위원장 및 분과위원은 심의회의 위원 중에서 전문적인 지식과 경험 등을 고려하여 위원장이 지명한다.

⑤ 회의

구분		내용
분과위원장		1. 분과위원회를 대표하며, 분과위원회의 업무를 총괄한다. 2. 분과위원회의 회의를 소집하며 그 의장이 된다.
회의	소집	심의위원장 또는 분과위원장이 필요하다고 인정할 때
	의결 정족수	재적위원 과반수의 출석으로 개의, 출석위원 과반수의 찬성으로 결의

⑹ 수당 및 운영

① 심의회 또는 분과위원회에 출석한 위원 또는 분과위원에게는 예산의 범위에서 수당, 여비 또는 그 밖에 필요한 경비를 지급할 수 있다. 다만, 공무원인 위원 또는 분과위원이 그 소관 업무와 직접 관련하여 심의회 또는 분과위원회에 출석한 경우에는 그러하지 아니하다.

② 위에서 규정한 사항 외에 심의회 또는 분과위원회의 운영에 필요한 사항은 심의회의 의결을 거쳐 위원장이 정한다.

CHAPTER 02 재해보험사업

1 재해보험

(1) 재해보험의 종류, 목적물 및 관장

종 류	보험목적물	관 장
농작물재해보험	농작물 및 농업용 시설물	
임산물재해보험	임산물 및 임업용 시설물	농림축산식품부장관
가축재해보험	가축 및 축산시설물	
양식수산물재해보험	양식수산물 및 양식시설물	해양수산부장관

(2) 보험목적물의 범위

① 보험목적물의 구체적인 범위는 보험의 효용성 및 보험 실시가능성 등을 종합적으로 고려하여 농업재해보험심의회 또는 중앙 수산업·어촌정책심의회를 거쳐 농림축산식품부장관 또는 해양수산부장관이 고시한다.

② 정부는 보험목적물의 범위를 확대하기 위하여 노력하여야 한다.

📑 농업재해보험에서 보상하는 보험목적물의 범위(농림축산식품부 고시)

재해보험의 종류	보험목적물
농작물 재해보험	사과·배·포도·단감·감귤·복숭아·참다래·자두·감자·콩·양파·고추·옥수수·고구마·마늘·매실·벼·오디·차·느타리버섯·양배추·밀·유자·무화과·메밀·인삼·브로콜리·양송이버섯·새송이버섯·배추·무·파·호박·당근·팥·살구·시금치·보리·귀리·시설봄감자·양상추·시설(수박·딸기·토마토·오이·참외·풋고추·호박·국화·장미·멜론·파프리카·부추·시금치·상추·배추·가지·파·무·백합·카네이션·미나리·쑥갓)
	위 농작물의 재배시설(부대시설 포함)
임산물 재해보험	떫은감·밤·대추·복분자·표고버섯·오미자·호두
	위 임산물의 재배시설(부대시설 포함)

가축 재해보험	소·말·돼지·닭·오리·꿩·메추리·칠면조·사슴·거위·타조·양·벌·토끼·오소리·관상조(觀賞鳥)
	위 가축의 축사(부대시설 포함)
[비고]	재해보험사업자는 보험의 효용성 및 보험실시 가능성을 등을 종합적으로 고려하여 위의 보험목적물의 범위에서 다양한 보험상품을 운용할 수 있다.

2 보상의 범위 등

(1) 보상의 범위

① 재해보험에서 보상하는 재해의 범위는 해당 재해의 발생 빈도, 피해 정도 및 객관적인 손해평가방법 등을 고려하여 재해보험의 종류별로 대통령령으로 정한다.

② 정부는 재해보험에서 보상하는 재해의 범위를 확대하기 위하여 노력하여야 한다.

(2) 대통령령으로 정하는 재해보험에서 보상하는 재해의 범위(별표 [1])

재해보험의 종류	보상하는 재해의 범위
농작물·임산물 재해보험	자연재해, 조수해(鳥獸害), 화재 및 보험목적물별로 농림축산식품부장관이 정하여 고시하는 병충해
가축 재해보험	자연재해, 화재 및 보험목적물별로 농림축산식품부장관이 정하여 고시하는 질병
양식수산물 재해보험	자연재해, 화재 및 보험목적물별로 해양수산부장관이 정하여 고시하는 수산질병

비고 : 재해보험사업자는 보험의 효용성 및 보험실시가능성 등을 종합적으로 고려하여 위의 대상 재해의 범위에서 다양한 보험상품을 운용할 수 있다.

3 보험가입자

(1) 가입 대상

① 재해보험에 가입할 수 있는 자는 농림업, 축산업, 양식수산업에 종사하는 개인 또는 법인으로 하고, 구체적인 보험가입자의 기준은 대통령령으로 정한다.

② 보험가입자의 기준

> ㉠ 농작물재해보험 : 농림축산식품부장관이 고시하는 농작물을 재배하는 자
> ㉡ 임산물재해보험 : 농림축산식품부장관이 고시하는 임산물을 재배하는 자
> ㉢ 가축재해보험 : 농림축산식품부장관이 고시하는 가축을 사육하는 자
> ㉣ 양식수산물재해보험 : 해양수산부장관이 고시하는 양식수산물을 양식하는 자

[고유식별정보의 처리(영 제22조의3)]

(1) 재해보험사업자의 고유식별정보의 처리

① 재해보험사업자는 재해보험가입자 자격 확인에 관한 사무를 수행하기 위하여 불가피한 경우 「개인정보 보호법 시행령」에 따른 주민등록번호가 포함된 자료를 처리할 수 있다.

② 재해보험사업자(보험회사는 제외)는 「상법」에 따른 타인을 위한 보험계약의 체결·유지·관리, 보험금의 지급 등에 관한 사무를 수행하기 위하여 불가피한 경우 「개인정보 보호법 시행령」에 따른 주민등록번호가 포함된 자료를 처리할 수 있다.

(2) 농림축산식품부장관의 고유식별정보의 처리

농림축산식품부장관(농림축산식품부장관의 업무를 위탁받은 자를 포함)은 다음의 사무를 수행하기 위하여 불가피한 경우 「개인정보 보호법 시행령」에 따른 주민등록번호가 포함된 자료를 처리할 수 있다.

① 손해평가사 자격시험에 관한 사무

② 손해평가사의 자격 취소에 관한 사무

③ 손해평가사의 감독에 관한 사무

④ 재해보험사업의 관리·감독에 관한 사무

4 보험사업자

(1) 재해보험사업을 할 수 있는 자

① 「수산업협동조합법」에 따른 수산업협동조합중앙회(이하 "수협중앙회"라 한다)

② 「산림조합법」에 따른 산림조합중앙회

③ 「보험업법」에 따른 보험회사

(2) 재해보험사업의 약정체결

① 재해보험사업을 하려는 자는 농림축산식품부장관 또는 해양수산부장관과 재해보험사업의 약정을 체결하여야 한다.

② 약정체결신청서 제출

㉠ 약정을 체결하려는 자는 약정체결신청서에 다음의 서류를 첨부하여 농림축산식품부장관 또는 해양수산부장관에게 제출하여야 한다.

> • 사업방법서, 보험약관, 보험료 및 책임준비금산출방법서
> • 그 밖에 대통령령으로 정하는 서류('정관'을 말한다.)

㉡ 약정체결신청서를 제출받은 농림축산식품부장관 또는 해양수산부장관은 「전자정부법」에 따른 행정정보의 공동이용을 통하여 법인 등기사항증명서를 확인하여야 한다.

③ 약정서 작성

농림축산식품부장관 또는 해양수산부장관은 재해보험사업을 하려는 자와 재해보험사업의 약정을 체결할 때에는 다음 사항이 포함된 약정서를 작성하여야 한다.

> ㉠ 약정기간에 관한 사항
> ㉡ 재해보험사업자가 준수하여야 할 사항
> ㉢ 재해보험사업자에 대한 재정지원에 관한 사항
> ㉣ 약정의 변경·해지 등에 관한 사항
> ㉤ 그 밖에 재해보험사업의 운영에 관한 사항

5 보험료율의 산정

(1) 산정권자

농림축산식품부장관 또는 해양수산부장관과 재해보험사업자는 재해보험의 보험료율을 객관적이고 합리적인 통계자료를 기초로 하여 보험목적물별 또는 보상방식별로 산정하여야 한다.

(2) 산정단위

① 행정구역 단위

특별시·광역시·도·특별자치도 또는 시(특별자치시와 「제주특별자치도 설치 및 국제자유도시 조성을 위한 특별법」에 따라 설치된 행정시를 포함한다)·군·자치구. 다만, 「보험업법」에 따른 보험료율 산출의 원칙에 부합하는 경우에는 자치구가 아닌 구·읍·면·동 단위로도 보험료율을 산정할 수 있다.

② 권역 단위

농림축산식품부장관 또는 해양수산부장관이 행정구역 단위와는 따로 구분하여 고시하는 지역 단위

(3) 변경사항의 공고

① 재해보험사업자는 보험약관안과 보험료율안에 대통령령으로 정하는 변경이 예정된 경우 이를 공고하고 필요한 경우 이해관계자의 의견을 수렴하여야 한다.

② 대통령령으로 정하는 변경이 예정된 경우

> ㉠ 보험가입자의 권리가 축소되거나 의무가 확대되는 내용으로 보험약관안의 변경이 예정된 경우
> ㉡ 보험상품을 폐지하는 내용으로 보험약관안의 변경이 예정된 경우
> ㉢ 보험상품의 변경으로 기존 보험료율보다 높은 보험료율안으로의 변경이 예정된 경우

6   **보험모집**

(1) 재해보험을 모집할 수 있는 자

① 산림조합중앙회와 그 회원조합의 임직원, 수협중앙회와 그 회원조합 및 「수산업협동조합법」에 따라 설립된 수협은행의 임직원

② 「수산업협동조합법」의 공제규약에 따른 공제모집인으로서 수협중앙회장 또는 그 회원조합장이 인정하는 자

③ 「산림조합법」 공제규정에 따른 공제모집인으로서 산림조합중앙회장이나 그 회원조합장이 인정하는 자

④ 「보험업법」에 따라 보험을 모집할 수 있는 자

(2) 「보험업법」의 준용

① 재해보험의 모집 업무에 종사하는 자가 사용하는 재해보험 안내자료 및 금지행위에 관하여는 「보험업법」 제95조(보험안내자료), 제97조(보험계약의 체결 또는 모집에 관한 금지행위), 제98조(특별이익의 제공 금지) 및 「금융소비자 보호에 관한 법률」 제21조(부당권유행위 금지)를 준용한다.

② 재해보험사업자가 수협중앙회, 산림조합중앙회인 경우에는 「보험업법」 제95조제1항제5호(「예금자보호법」에 따른 예금자보호와 관련된 사항에 대한 보험안내 자료에 적시)를 준용하지 아니한다.

③ 「농업협동조합법」, 「수산업협동조합법」, 「산림조합법」에 따른 조합이 그 조합원에게 이 법에 따른 보험상품의 보험료 일부를 지원하는 경우에는 「보험업법」 제98조에도 불구하고 해당 보험계약의 체결 또는 모집과 관련한 특별이익의 제공으로 보지 아니한다.

7   **사고예방의무 등**

① 보험가입자는 재해로 인한 사고의 예방을 위하여 노력하여야 한다.

② 재해보험사업자는 사고 예방을 위하여 보험가입자가 납입한 보험료의 일부를 되돌려 줄 수 있다.

8 손해평가

(1) 손해평가의 담당

재해보험사업자는 보험목적물에 관한 지식과 경험을 갖춘 사람 또는 그 밖의 관계 전문가를 손해평가인으로 위촉하여 손해평가를 담당하게 하거나, 손해평가사 또는 「보험업법」에 따른 손해사정사에게 손해평가를 담당하게 할 수 있다.

(2) 손해평가 방법

① 손해평가인과 손해평가사 및 손해사정사는 농림축산식품부장관 또는 해양수산부장관이 정하여 고시하는 손해평가 요령에 따라 손해평가를 하여야 한다. 농림축산식품부장관 또는 해양수산부장관은 손해평가 요령을 고시하려면 미리 금융위원회와 협의하여야 한다.

② 손해평가는 공정하고 객관적으로 하여야 하며, 고의로 진실을 숨기거나 거짓으로 손해평가를 하여서는 아니 된다.

(3) 교차손해평가(손해평가인 상호간에 담당지역을 교차하여 평가하는 것)

① 재해보험사업자는 공정하고 객관적인 손해평가를 위하여 동일 시·군·자치구 내에서 교차손해평가를 수행할 수 있다.

② 교차손해평가의 절차·방법 등에 필요한 사항은 농림축산식품부장관 또는 해양수산부장관이 정한다.

(4) 손해평가에 대한 이의신청

① 손해평가 결과에 이의가 있는 보험가입자는 재해보험사업자에게 재평가를 요청할 수 있으며, 재해보험사업자는 특별한 사정이 없으면 재평가 요청에 따라야 한다.

② 재평가를 수행하였음에도 이의가 해결되지 아니하는 경우 보험가입자는 농림축산식품부장관 또는 해양수산부장관이 정하는 기관(농업정책보험금융원)에 이의신청을 할 수 있다.

③ 신청요건, 절차, 방법 등 이의신청 처리에 관한 구체적인 사항은 농림축산식품부장관 또는 해양수산부장관이 정하여 고시한다.

※ 손해평가 재평가 결과에 대한 이의신청 처리에 관한 지침[농림축산식품부 고시]

1. 이의신청 기관

농업정책보험금융원

2. 신청 및 접수

① 보험가입자가 손해평가 재평가 결과에 대한 이의신청을 하려는 경우, 농업정책보험금융원 홈페이지를 통해 이의신청서를 작성하여 제출해야 한다. 이 경우 재평가 결과를 함께 첨부해야 한다.

② 신청인이 방문·우편·팩스 등의 방법으로 이의신청을 하려는 경우 신청서에 인적사항, 신청내용 등을 기재하여 농업정책보험금융원에 제출해야 한다.

③ 농업정책보험금융원은 신청인의 신청서에 필요한 내용이 빠진 경우 보완을 요청해야 한다.

④ 이의신청을 접수하지 않은 경우 농업정책보험금융원은 이의신청을 받은 날부터 14일 이내에 신청인에게 미접수 사유를 통지해야 한다.

2. 신청내용의 확인

① 농업정책보험금융원은 이의신청의 공정한 처리를 위하여 신청인 또는 보험사업자에게 이의신청 내용과 관련된 자료 제출, 사실 및 정보에 대한 조회, 의견제출을 요청할 수 있다.

② 농업정책보험금융원은 손해평기를 위한 현장방문을 할 수 있으며, 현장방문 전 신청인에게 미리 연락해야 한다.

③ 이의신청에 따른 손해평가는 손해평가사 또는 손해사정사가 담당할 수 있다.

④ 손해평가를 위해 현장을 방문하는 손해평가사 또는 손해사정사는 해당 목적물을 대상으로 한 이전 손해평가에 참여한 경험이 없어야 한다.

⑤ 손해평가사 또는 손해사정사는 현장방문에 따른 손해평가 결과를 농업정책보험금융원에 제출할 때 현장을 사진으로 촬영하거나 영상으로 녹화한 기록물을 함께 제출해야 한다.

⑥ 농업정책보험금융원은 이의신청 안건을 심의하기 위하여 필요 시 재해보험이나 농업에 관한 학식과 경험이 풍부하다고 인정되는 사람을 전문위원으로 위촉·운영할 수 있다.

3. 의견제시

농업정책보험금융원은 신청인의 신청내용에 다음의 사항을 포함하는 의견서를 작성하여 보험사업자에게 통지해야 한다.

① 신청인의 신청내용

② 이의신청에 따른 손해평가 결과

③ 손해평가 결과에 따른 농업정책보험금융원의 의견

④ 손해평가 현장 사진 및 영상 등 기록물

⑤ 이의신청 내용을 판단하기 위하여 신청인에게 제출받은 자료

4. 이의신청의 처리

① 보험사업자는 농업정책보험금융원으로부터 전덜받은 의견서 결과를 수용한 경우 손해평가 결과에 반영해야 한다.

② 보험사업자가 의견서 결과를 반영하지 않은 때에는 그 사유를 농업정책보험금융원에 제출해야 한다.

③ 보험사업자는 의견서 처리결과를 농업정책보험금융원에 7일 이내에 통지해야 한다.

5. 처리결과의 통지

농업정책보험금융원은 의견서 처리 결과를 통지받은 날부터 7일 이내에 신청인에게 서면 등의 방식으로 통지해야 한다.

9 손해평가인

(1) 손해평가인으로 위촉될 수 있는 사람의 자격요건

① 농작물재해보험 손해평가인의 자격요건

1. 재해보험 대상 농작물을 5년 이상 경작한 경력이 있는 농업인
2. 공무원으로 농림축산식품부, 농촌진흥청, 통계청 또는 지방자치단체나 그 소속기관에서 농작물재배 분야에 관한 연구·지도, 농산물 품질관리 또는 농업 통계조사 업무를 3년 이상 담당한 경력이 있는 사람
3. 교원으로 고등학교에서 농작물재배 분야 관련 과목을 5년 이상 교육한 경력이 있는 사람
4. 조교수 이상으로 「고등교육법」 제2조에 따른 학교에서 농작물재배 관련학을 3년 이상 교육한 경력이 있는 사람
5. 「보험업법」에 따른 보험회사의 임직원이나 「농업협동조합법」에 따른 중앙회와 조합의 임직원으로 영농 지원 또는 보험·공제 관련 업무를 3년 이상 담당하였거나 손해평가 업무를 2년 이상 담당한 경력이 있는 사람
6. 「고등교육법」 제2조에 따른 학교에서 농작물재배 관련학을 전공하고 농업전문 연구기관 또는 연구소에서 5년 이상 근무한 학사학위 이상 소지자
7. 「고등교육법」 제2조에 따른 전문대학에서 보험 관련 학과를 졸업한 사람
8. 「학점인정 등에 관한 법률」 제8조에 따라 전문대학의 보험 관련 학과 졸업자와 같은 수준 이상의 학력이 있다고 인정받은 사람이나 「고등교육법」 제2조에 따른 학교에서 80학점(보험 관련 과목 학점이 45학점 이상이어야 한다) 이상을 이수한 사람 등 제7호에 해당하는 사람과 같은 수준 이상의 학력이 있다고 인정되는 사람
9. 「농수산물 품질관리법」에 따른 농산물품질관리사
10. 재해보험 대상 농작물 분야에서 「국가기술자격법」에 따른 기사 이상의 자격을 소지한 사람

② 임산물재해보험 손해평가인의 자격요건

1. 재해보험 대상 임산물을 5년 이상 경작한 경력이 있는 임업인
2. 공무원으로 농림축산식품부, 농촌진흥청, 산림청, 통계청 또는 지방자치단체나 그 소속기관에서 임산물재배 분야에 관한 연구·지도 또는 임업 통계조사 업무를 3년 이상 담당한 경력이 있는 사람
3. 교원으로 고등학교에서 임산물재배 분야 관련 과목을 5년 이상 교육한 경력이 있는 사람
4. 조교수 이상으로 「고등교육법」 제2조에 따른 학교에서 임산물재배 관련학을 3년 이상 교육한 경력이 있는 사람
5. 「보험업법」에 따른 보험회사의 임직원이나 「산림조합법」에 따른 중앙회와 조합의 임직원으로 산림경영 지원 또는 보험·공제 관련 업무를 3년 이상 담당하였거나 손해평가 업무를 2년 이상 담당한 경력이 있는 사람
6. 「고등교육법」 제2조에 따른 학교에서 임산물재배 관련학을 전공하고 임업전문 연구기관 또는 연구소에서 5년 이상 근무한 학사학위 이상 소지자
7. 「고등교육법」 제2조에 따른 전문대학에서 보험 관련 학과를 졸업한 사람
8. 「학점인정 등에 관한 법률」 제8조에 따라 전문대학의 보험 관련 학과 졸업자와 같은 수준 이상의 학력이 있다고 인정받은 사람이나 「고등교육법」 제2조에 따른 학교에서 80학점(보험 관련 과목 학점이 45학점 이상이어야 한다) 이상을 이수한 사람 등 제7호에 해당하는 사람과 같은 수준 이상의 학력이 있다고 인정되는 사람
9. 재해보험 대상 임산물 분야에서 「국가기술자격법」에 따른 기사 이상의 자격을 소지한 사람

③ 가축재해보험 손해평가인의 자격요건

1. 재해보험대상 가축을 5년 이상 사육한 경력이 있는 농업인
2. 공무원으로 농림축산식품부, 농촌진흥청, 통계청 또는 지방자치단체나 그 소속기관에서 가축사육 분야에 관한 연구·지도 또는 가축 통계조사 업무를 3년 이상 담당한 경력이 있는 사람
3. 교원으로 고등학교에서 가축사육 분야 관련 과목을 5년 이상 교육한 경력이 있는 사람
4. 조교수 이상으로 「고등교육법」 제2조에 따른 학교에서 가축사육 관련학을 3년 이상 교육한 경력이 있는 사람
5. 「보험업법」에 따른 보험회사의 임직원이나 「농업협동조합법」에 따른 중앙회와 조합의 임직원으로 영농 지원 또는 보험·공제 관련 업무를 3년 이상 담당하였거나 손해평가 업무를 2년 이상 담당한 경력이 있는 사람
6. 「고등교육법」 제2조에 따른 학교에서 가축사육 관련학을 전공하고 축산전문 연구기관 또는 연구소에서 5년 이상 근무한 학사학위 이상 소지자

7. 「고등교육법」 제2조에 따른 전문대학에서 보험 관련 학과를 졸업한 사람
8. 「학점인정 등에 관한 법률」 제8조에 따라 전문대학의 보험 관련 학과 졸업자와 같은 수준 이상의 학력이 있다고 인정받은 사람이나 「고등교육법」 제2조에 따른 학교에서 80학점(보험 관련 과목 학점이 45학점 이상이어야 한다) 이상을 이수한 사람 등 제7호에 해당하는 사람과 같은 수준 이상의 학력이 있다고 인정되는 사람
9. 「수의사법」에 따른 수의사
10. 「국가기술자격법」에 따른 축산기사 이상의 자격을 소지한 사람

④ 양식수산물재해보험 손해평가인의 자격요건

1. 재해보험 대상 양식수산물을 5년 이상 양식한 경력이 있는 어업인
2. 공무원으로 해양수산부, 국립수산과학원 또는 지방자치단체에서 수산물양식 분야 또는 수산생명의학 분야에 관한 연구 또는 지도업무를 3년 이상 담당한 경력이 있는 사람
3. 교원으로 수산계 고등학교에서 수산물양식 분야 또는 수산생명의학 분야의 관련 과목을 5년 이상 교육한 경력이 있는 사람
4. 조교수 이상으로 「고등교육법」 제2조에 따른 학교에서 수산물양식 관련학 또는 수산생명의학 관련학을 3년 이상 교육한 경력이 있는 사람
5. 「보험업법」에 따른 보험회사의 임직원이나 「수산업협동조합법」에 따른 수산업협동조합중앙회, 수협은행 및 조합의 임직원으로 수산업지원 또는 보험·공제 관련 업무를 3년 이상 담당하였거나 손해평가 업무를 2년 이상 담당한 경력이 있는 사람
6. 「고등교육법」 제2조에 따른 학교에서 수산물양식 관련학 또는 수산생명의학 관련학을 전공하고 수산전문 연구기관 또는 연구소에서 5년 이상 근무한 학사학위 소지자
7. 「고등교육법」 제2조에 따른 전문대학에서 보험 관련 학과를 졸업한 사람
8. 「학점인정 등에 관한 법률」 제8조에 따라 전문대학의 보험 관련 학과 졸업자와 같은 수준 이상의 학력이 있다고 인정받은 사람이나 「고등교육법」 제2조에 따른 학교에서 80학점(보험 관련 과목 학점이 45학점 이상이어야 한다) 이상을 이수한 사람 등 제7호에 해당하는 사람과 같은 수준 이상의 학력이 있다고 인정되는 사람
9. 「수산생물질병 관리법」에 따른 수산질병관리사
10. 재해보험 대상 양식수산물 분야에서 「국가기술자격법」에 따른 기사 이상의 자격을 소지한 사람
11. 「농수산물 품질관리법」에 따른 수산물품질관리사

(2) 손해평가인의 교육

① 실무교육 실시

재해보험사업자는 손해평가인으로 위촉된 사람에 대하여 보험에 관한 기초지식, 보험약관 및 손해평가요령 등에 관한 실무교육을 하여야 한다.

② 정기교육의 실시

㉠ 농림축산식품부장관 또는 해양수산부장관은 손해평가인이 공정하고 객관적인 손해평가를 수행할 수 있도록 연 1회 이상 정기교육을 실시하여야 한다.

㉡ 정기교육 포함사항

ⓐ 농어업재해보험에 관한 기초지식

ⓑ 농어업재해보험의 종류별 약관

ⓒ 손해평가의 절차 및 방법

ⓓ 그 밖에 손해평가에 필요한 사항으로서 농림축산식품부장관 또는 해양수산부장관이 정하는 사항

㉢ 교육시간 : 4시간 이상으로 한다.

㉣ 위 규정사항 외에 정기교육의 운영에 필요한 사항은 농림축산식품부장관 또는 해양수산부장관이 정하여 고시한다.

(3) 손해평가에 관한 기술·정보의 교환 지원

농림축산식품부장관 또는 해양수산부장관은 손해평가인 간의 손해평가에 관한 기술·정보의 교환을 지원할 수 있다.

10   손해평가사

(1) 손해평가사 제도의 운영

농림축산식품부장관은 공정하고 객관적인 손해평가를 촉진하기 위하여 손해평가사 제도를 운영한다.

(2) 손해평가사의 업무

① 피해사실의 확인

② 보험가액 및 손해액의 평가

③ 그 밖의 손해평가에 필요한 사항

(3) 손해평가사 교육

농림축산식품부장관은 손해평가사의 손해평가 능력 및 자질 향상을 위하여 교육을 실시할 수 있다.

> ※ 손해평가사 교육(농림축산식품부 고시)
>
> ① 농업정책보험금융원은 손해평가사의 손해평가 능력 및 자질향상을 위한 교육을 실시하여야 하며, 필요한 경우 다음의 어느 하나에 해당하는 기관에게 위탁할 수 있다.
>   1. 농림축산식품부 소속 교육기관
>   2. 사단법인 보험연수원
>   3. 재해보험사업자
>   4. 「민법」에 따라 농림축산식품부장관의 허가를 받아 설립된 비영리법인
> ② 손해평가사 교육에 포함되는 사항
>   1. 농업재해보험 관련 법령 및 제도에 관한 사항
>   2. 농업재해보험 손해평가의 이론과 실무에 관한 사항
>   3. 그 밖에 농업재해보험과 관련된 교육
> ③ 손해평가사가 이수해야 할 교육
>   1. 실무교육 : 자격증 취득 후 1회 이상
>   2. 보수교육 : 자격증 취득년도 후 3년마다 1회 이상
> ④ 교육기관은 필요한 경우 정보통신매체를 이용한 원격교육으로 실시할 수 있다.
> ⑤ 교육기관은 교육을 이수한 사람에게 이수증명서를 발급하여야 하며, 교육을 실시한 다음 해 1월 15일까지 농업정책보험금융원장에게 그 결과를 제출하여야 한다.

⑥ 농업정책보험금융원은 교육기관이 실시하는 교육에 필요한 경비(교재비, 강사료 등을 포함)를 예산의 범위에서 지원할 수 있다.

⑷ 손해평가사 자격시험

1) 시험의 시행

① 손해평가사가 되려는 사람은 농림축산식품부장관이 실시하는 손해평가사 자격시험에 합격하여야 한다.

② 농림축산식품부장관은 손해평가사 자격시험의 실시 및 관리에 관한 업무를 「한국산업인력공단법」에 따른 한국산업인력공단에 위탁할 수 있다.

2) 시험의 정지 또는 무효

농림축산식품부장관은 다음에 해당하는 사람에 대하여는 그 시험을 정지시키거나 무효로 하고 그 처분 사실을 지체 없이 알려야 한다.

① 부정한 방법으로 시험에 응시한 사람

② 시험에서 부정한 행위를 한 사람

3) 시험의 응시자격 제한

다음에 해당하는 사람은 그 처분이 있은 날부터 2년이 지나지 아니한 경우 손해평가사 자격시험에 응시하지 못한다.

① 시험의 정지·무효 처분을 받은 사람

② 손해평가사 자격이 취소된 사람

4) 시험의 실시

① **시험실시**: 시험은 매년 1회 실시한다. 다만, 농림축산식품부장관이 손해평가사의 수급상 필요하다고 인정하는 경우에는 2년마다 실시할 수 있다.

② **시험시행공고**: 농림축산식품부장관은 손해평가사 자격시험을 실시하려면 다음 사항을 시험 실시 90일 전까지 인터넷 홈페이지 등에 공고하여야 한다.

ㄱ 시험의 일시 및 장소

ㄴ 시험방법 및 시험과목

ㄷ 응시원서의 제출방법 및 응시수수료

ㄹ 합격자 발표의 일시 및 방법

ㅁ 선발예정인원(농림축산식품부장관이 수급상 필요하다고 인정하여 선발예정인원을 정한 경우만 해당한다)

ㅂ 그 밖에 시험의 실시에 필요한 사항

③ **응시원서 제출**: 손해평가사 자격시험에 응시하려는 사람은 응시원서를 농림축산식품부장관에게 제출하여야 한다.

④ **응시수수료 납부**: 손해평가사 자격시험에 응시하려는 사람은 응시수수료를 내야 한다.

⑤ **응시 수수료 반환**: 농림축산식품부장관은 다음 어느 하나에 해당하는 경우에는 수수료를 다음의 구분에 따라 반환하여야 한다.

ㄱ 수수료를 과오납한 경우 : 과오납한 금액 전부

ㄴ 시험관리기관의 귀책사유로 시험에 응시하지 못하는 경우 : 납부한 수수료 전부

ㄷ 시험일 20일 전까지 접수를 취소하는 경우 : 납부한 수수료 전부

ㄹ 시험일 10일 전까지 접수를 취소하는 경우 : 납부한 수수료의 100분의 60

5) 시험과목

제1차 시험 과목 및 제2차 시험 과목은 다음과 같다.

구분	과
1. 제1차 시험	가.「상법」보험편 나. 농어업재해보험법령 및 손해평가 요령 다. 농학개론 중 재배학 및 원예작물학
2. 제2차 시험	가. 농작물재해보험 및 가축재해보험의 이론과 실무 나. 농작물재해보험 및 가축재해보험 손해평가의 이론과 실무

6) 시험의 일부 면제

① 보험목적물 또는 관련 분야에 관한 전문 지식과 경험을 갖추었다고 인정되는 다음에 해당하는 사람에게는 손해평가사 자격시험 과목의 일부(1차 시험)를 면제할 수 있다.

   ㉠ 손해평가인으로 위촉된 기간이 3년 이상인 사람으로서 손해평가 업무를 수행한 경력이 있는 사람

   ㉡ 「보험업법」에 따른 손해사정사

   ㉢ 다음의 기관 또는 법인에서 손해사정 관련 업무에 3년 이상 종사한 경력이 있는 사람

> ⓐ 「금융위원회의 설치 등에 관한 법률」에 따라 설립된 금융감독원
> ⓑ 「농업협동조합법」에 따른 농업협동조합중앙회(농협손해보험이 설립되기 전까지의 농업협동조합중앙회에 한정)
> ⓒ 「보험업법」에 따른 허가를 받은 손해보험회사
> ⓓ 「보험업법」에 따라 설립된 손해보험협회
> ⓔ 「보험업법」에 따른 손해사정을 업(業)으로 하는 법인
> ⓕ 「화재로 인한 재해보상과 보험가입에 관한 법률」에 따라 설립된 한국화재보험협회

② 제1차 시험을 면제받으려는 사람은 면제신청서에 면제사유에 해당하는 사실을 증명하는 서류를 첨부하여 농림축산식품부장관에게 신청해야 한다.

③ 면제 신청을 받은 농림축산식품부장관은 「전자정부법」에 따른 행정정보의 공동이용을 통하여 신청인의 고용보험 피보험자격 이력내역서, 국민연금가입자가입증명 또는 건강보험 자격득실확인서를 확인해야 한다. 다만, 신청인이 확인에 동의하지 않는 경우에는 그 서류를 첨부하도록 해야 한다.

④ 제1차 시험에 합격한 사람에 대해서는 다음 회에 한정하여 제1차 시험을 면제한다.

7) 시험방법

① 손해평가사 자격시험은 제1차 시험과 제2차 시험으로 구분하여 실시한다. 이 경우 제2차 시험은 제1차 시험에 합격한 사람과 제1차 시험을 면제받은 사람을 대상으로 시행한다.

② 제1차 시험은 선택형으로 출제하는 것을 원칙으로 하되, 단답형 또는 기입형을 병행할 수 있다.

③ 제2차 시험은 서술형으로 출제하는 것을 원칙으로 하되, 단답형 또는 기입형을 병행할 수 있다.

8) 합격기준

① 제1차 시험(절대평가)

제1차시험 합격자를 결정할 때에는 매 과목 100점을 만점으로 하여 매 과목 40점 이상과 전 과목 평균 60점 이상을 득점한 사람을 합격자로 한다.

② 제2차 시험

㉠ 원칙(절대평가)

제2차 시험 합격자를 결정할 때에는 매 과목 100점을 만점으로 하여 매 과목 40점 이상과 전 과목 평균 60점 이상을 득점한 사람을 합격자로 한다.

㉡ 예외(상대평가)

농림축산식품부장관이 손해평가사의 수급상 필요하다고 인정하여 선발예정인원을 공고한 경우에는 매 과목 40점이상을 득점한 사람 중에서 전(全) 과목 총득점이 높은 사람부터 차례로 선발예정인원에 달할 때까지에 해당하는 사람을 합격자로 한다. 합격자를 결정할 때 동점자가 있어 선발예정인원을 초과하는 경우에는 해당 동점자 모두를 합격자로 한다. 이 경우 동점자의 점수는 소수점 이하 둘째자리(셋째자리 이하 버림)까지 계산한다.

③ 농림축산식품부장관은 손해평가사 자격시험의 최종 합격자가 결정되었을 때에는 이를 인터넷 홈페이지에 공고하여야 한다.

9) 자격증 발급 및 대여 등의 금지

① 농림축산식품부장관은 손해평가사 자격시험에 합격한 사람에게 농림축산식품부장관이 정하여 고시하는 바에 따라 손해평가사 자격증을 발급하여야 한다.

② 손해평가사는 다른 사람에게 그 명의를 사용하게 하거나 다른 사람에게 그 자격증을

대여해서는 아니 된다.

③ 누구든지 손해평가사의 자격을 취득하지 아니하고 그 명의를 사용하거나 자격증을 대여 받아서는 아니 되며, 명의의 사용이나 자격증의 대여를 알선해서도 아니 된다.

(5) 손해평가사의 자격 취소

① 농림축산식품부장관은 다음 어느 하나에 해당하는 사람에 대하여 손해평가사 자격을 취소할 수 있다. 단, ㉠, ㉢에 해당하는 경우에는 자격을 취소하여야 한다. 자격취소처분을 하려면 청문을 하여야 한다.

㉠ 손해평가사의 자격을 거짓 또는 부정한 방법으로 취득한 사람

㉡ 거짓으로 손해평가를 한 사람

㉢ 다른 사람에게 손해평가사의 명의를 사용하게 하거나 그 자격증을 대여한 사람

㉣ 손해평가사 명의의 사용이나 자격증의 대여를 알선한 사람

㉤ 업무정지 기간 중에 손해평가 업무를 수행한 사람

② 자격취소처분의 세부기준

㉠ 일반기준

ⓐ 위반행위의 횟수에 따른 행정처분의 가중된 처분 기준은 최근 3년간 같은 위반행위로 행정처분을 받은 경우에 적용한다. 이 경우 기간의 계산은 위반행위에 대해 행정처분을 받은 날과 그 처분 후에 다시 같은 위반행위를 하여 적발된 날을 기준으로 한다.

ⓑ ⓐ에 따라 가중된 행정처분을 하는 경우 가중처분의 적용 차수는 그 위반행위 전 행정처분 차수(ⓐ에 따른 기간 내에 행정처분이 둘 이상 있었던 경우에는 높은 차수를 말한다)의 다음 차수로 한다.

ⓒ 위반행위가 둘 이상인 경우로서 그에 해당하는 각각의 처분기준이 다른 경우에는 그 중 무거운 처분기준에 따른다.

ⓛ 개별기준

위반행위	처분기준	
	1회 위반	2회 이상 위반
가. 손해평가사의 자격을 거짓 또는 부정한 방법으로 취득한 경우	자격취소	
나. 거짓으로 손해평가를 한 경우	시정명령	자격취소
다. 다른 사람에게 손해평가사의 명의를 사용하게 하거나 그 자격증을 대여한 경우	자격취소	
라. 손해평가사 명의의 사용이나 자격증의 대여를 알선한 경우	자격취소	
마. 업무정지 기간 중에 손해평가 업무를 수행한 경우	자격취소	

(6) 손해평가사의 업무정지

① 농림축산식품부장관은 손해평가사가 다음에 해당하는 행위를 한 경우 업무의 정지를 명할 수 있다. 업무정지처분을 하려면 청문을 하여야 한다.

㉠ 그 직무를 게을리한 경우

㉡ 직무를 수행하면서 부적절한 행위를 하였다고 인정되는 경우

② 업무정지 기간 : 1년 이내의 기간을 정하여 업무의 정지를 명할 수 있다.

③ 업무정지처분의 세부기준

㉠ 일반기준

ⓐ 위반행위의 횟수에 따른 행정처분의 가중된 처분 기준은 최근 3년간 같은 위반행위로 행정처분을 받은 경우에 적용한다. 이 경우 기간의 계산은 위반행위에 대해 행정처분을 받은 날과 그 처분 후에 다시 같은 위반행위를 하여 적발된 날을 기준으로 한다.

ⓑ ⓐ에 따라 가중된 행정처분을 하는 경우 가중처분의 적용 차수는 그 위반행위 전 행정처분 차수(ⓐ에 따른 기간 내에 행정처분이 둘 이상 있었던 경우에는 높은 차수를 말한다)의 다음 차수로 한다.

ⓒ 위반행위가 둘 이상인 경우로서 그에 해당하는 각각의 처분기준이 다른 경우에는 그 중 가장 무거운 처분기준에 따르고, 가장 무거운 처분기준의 2분의 1까지 그 기간을 늘릴 수 있다. 다만, 기간을 늘리는 경우에도 업무정지 기간의 상한을 넘을 수 없다.

ⓓ 농림축산식품부장관은 다음의 어느 하나에 해당하는 경우에는 개별기준에 따른 처분기준의 2분의 1의 범위에서 그 기간을 줄일 수 있다.

> 1. 위반행위가 사소한 부주의나 오류로 인한 것으로 인정되는 경우
> 2. 위반의 내용·정도가 경미하다고 인정되는 경우
> 3. 위반행위자가 법 위반상태를 바로 정정하거나 시정하여 해소한 경우
> 4. 그 밖에 위반행위의 내용, 정도, 동기 및 결과 등을 고려하여 업무 정지 처분의 기간을 줄일 필요가 있다고 인정되는 경우

ⓛ 개별기준

위반행위	처분기준		
	1회 위반	2회 위반	3회 이상 위반
가. 업무수행과 관련하여 「개인정보 보호법」, 「신용정보의 이용 및 보호에 관한 법률」 등 정보보호와 관련된 법령을 위반한 경우	업무정지 6개월	업무정지 1년	업무정지 1년
나. 업무수행과 관련하여 보험계약자 또는 보험사업자로부터 금품 또는 향응을 제공받은 경우	업무정지 6개월	업무정지 1년	업무정지 1년
다. 자기 또는 자기와 생계를 같이 하는 4촌 이내의 친족(이하 "이해관계자"라 한다)이 가입한 보험계약에 관한 손해평가를 한 경우	업무정지 3개월	업무정지 6개월	업무정지 6개월
라. 자기 또는 이해관계자가 모집한 보험계약에 대해 손해평가를 한 경우	업무정지 3개월	업무정지 6개월	업무정지 6개월
마. 손해평가 요령을 준수하지 않고 손해평가를 한 경우	경고	업무정지 1개월	업무정지 3개월
바. 그 밖에 손해평가사가 그 직무를 게을리하거나 직무를 수행하면서 부적절한 행위를 했다고 인정되는 경우	경고	업무정지 1개월	업무정지 3개월

11 그 밖의 제반 사항

(1) 보험금수급전용계좌

① 보험금 지급

㉠ 재해보험사업자는 수급권자의 신청이 있는 경우에는 보험금을 수급권자 명의의 지정된 계좌(이하 "보험금수급전용계좌"라 한다)로 입금하여야 한다.

㉡ 다만, 정보통신장애나 불가피한 사유(보험금수급전용계좌가 개설된 금융기관의 폐업·업무정지 등으로 정상영업이 불가능한 경우)로 보험금을 보험금수급계좌로 이체할 수 없을 때에는 수급권자의 신청에 따라 다른 금융기관에 개설된 보험금수급전용계좌로 이체해야 한다.

㉢ 다른 보험금수급전용계좌로도 이체할 수 없는 경우에는 수급권자 본인의 주민등록증 등 신분증명서의 확인을 거쳐 보험금을 직접 현금으로 지급할 수 있다.

② 수급권자의 보험금 신청의 방법·절차

보험금을 보험금수급전용계좌로 받으려는 사람은 재해보험사업자가 정하는 보험금 지급청구서에 수급권자 명의의 보험금수급전용계좌를 기재하고, 통장의 사본(계좌번호가 기재된 면을 말한다)을 첨부하여 재해보험사업자에게 제출해야 한다. 보험금수급전용계좌를 변경하는 경우에도 또한 같다.

③ 보험금수급전용계좌의 관리

보험금수급전용계좌의 해당 금융기관은 이 법에 따른 보험금만이 보험금수급전용계좌에 입금되도록 관리하여야 한다.

(2) 수급권의 보호

① 재해보험의 보험금을 지급받을 권리는 압류할 수 없다. 다만, 보험목적물이 담보로 제공된 경우에는 그러하지 아니하다(예 보험에 가입한 농업시설물에 화재가 난 경우, 화재보험금을 지급받을 권리를 일반 채권자가 압류할 수 없지만, 농업용시설물에 근저당권이 설정된 경우, 근저당권자는 화재보험금을 압류할 수 있다).

② 보험금수급전용계좌의 예금 중 대통령령으로 정하는 액수 이하의 금액에 관한 채권은 압류할 수 없다.

구분	압류금지액수
㉠ 농작물·임산물·가축 및 양식수산물의 재생산에 직접적으로 소요되는 비용의 보장을 목적으로 보험금수급전용계좌로 입금된 보험금	입금된 보험금 전액
㉡ ㉠ 외의 목적으로 보험금수급전용계좌로 입금된 보험금	입금된 보험금의 2분의 1에 해당하는 액수

(3) 보험목적물의 양도에 따른 권리 및 의무의 승계

재해보험가입자가 보험목적물을 양도하는 경우 그 양수인은 재해보험계약에 관한 양도인의 권리 및 의무를 승계한 것으로 추정한다.

(4) 업무 위탁

재해보험사업자는 재해보험사업을 원활히 수행하기 위하여 필요한 경우에는 보험모집 및 손해평가 등 재해보험 업무의 일부를 다음의 자에게 위탁할 수 있다.

① 「농업협동조합법」에 따라 설립된 지역농업협동조합·지역축산업협동조합 및 품목별·업종별협동조합

② 「산림조합법」에 따라 설립된 지역산림조합 및 품목별·업종별산림조합

③ 「수산업협동조합법」에 따라 설립된 지구별 수산업협동조합, 업종별 수산업협동조합, 수산물가공 수산업협동조합 및 수협은행

④ 「보험업법」에 따라 손해사정을 업으로 하는 자

⑤ 농어업재해보험 관련 업무를 수행할 목적으로 「민법」에 따라 농림축산식품부장관 또는 해양수산부장관의 허가를 받아 설립된 비영리법인

(5) 회계 구분

재해보험사업자는 재해보험사업의 회계를 다른 회계와 구분하여 회계처리함으로써 손익관계를 명확히 하여야 한다.

(6) 분쟁조정

재해보험과 관련된 분쟁의 조정(調停)은 「금융소비자 보호에 관한 법률」 제33조부터 제43조까지의 규정에 따른다.

> ※ 「금융소비자 보호에 관한 법률」에 따른 분쟁조정 절차
> ① 금융감독원에 금융분쟁조정위원회를 둔다.
> ② 조정위원회는 위원장 1명을 포함하여 35명 이내의 위원으로 구성한다.
> ③ 금융감독원장에게 분쟁조정을 신청할 수 있다.
> ④ 금융감독원장은 분쟁조정 신청을 받은 날부터 30일 이내에 합의가 이루어지지 아니할 때에는 지체 없이 조정위원회에 회부하여야 한다.
> ⑤ 조정위원회는 조정을 회부받았을 때에는 이를 심의하여 조정안을 60일 이내에 작성하여야 한다.
> ⑥ 신청인과 관계 당사자가 조정안을 제시받은 날부터 20일 이내에 조정안을 수락하지 아니한 경우에는 조정안을 수락하지 아니한 것으로 본다.
> ⑦ 양 당사자가 조정안을 수락한 경우 해당 조정안은 재판상 화해와 동일한 효력을 갖는다

(7) 「보험업법」 등의 적용

① 이 법에 따른 재해보험사업에 대하여는 「보험업법」 제104조부터 제107조까지, 제118조제1항, 제119조, 제120조, 제124조, 제127조, 제128조, 제131조부터 제133조까지, 제134조제1항, 제136조, 제162조, 제176조 및 제181조제1항을 적용한다. 이 경우 "보험회사"는 "보험사업자"로 본다.

② 이 법에 따른 재해보험사업에 대해서는 「금융소비자 보호에 관한 법률」 제45조를 적용한다. 이 경우 "금융상품직접판매업자"는 "보험사업자"로 본다.

(8) 재정지원

① 정부는 예산의 범위에서 재해보험가입자가 부담하는 보험료의 일부와 재해보험사업자의 재해보험의 운영 및 관리에 필요한 비용(이하 "운영비"라 한다)의 전부 또는 일부를 지원할 수 있다.

② 지방자치단체는 예산의 범위에서 재해보험가입자가 부담하는 보험료의 일부를 추가로 지원할 수 있다.

③ 농림축산식품부장관·해양수산부장관 및 지방자치단체의 장은 지원 금액을 재해보험사업자에게 지급하여야 한다.

④ 「풍수해·지진재해보험법」에 따른 풍수해·지진재해보험에 가입한 자가 동일한 보험목적물을 대상으로 재해보험에 가입할 경우에는 정부가 재정지원을 하지 아니한다.

⑤ 보험료와 운영비의 지원 방법 및 절차

구분	내용
재해보험사업자	농림축산식품부장관 또는 해양수산부장관이 정하는 바에 따라 재해보험 가입현황서나 운영비 사용계획서를 농림축산식품부장관 또는 해양수산부장관에게 제출하여야 한다.
농림축산식품부장관 해양수산부장관	재해보험 가입현황서나 운영비 사용계획서를 제출받은 경우, 보험가입자의 기준 및 재해보험사업자에 대한 재정지원에 관한 사항 등을 확인하여 보험료 또는 운영비의 지원금액을 결정·지급한다.
지방자치단체의 장	보험료의 일부를 추가 지원하려는 경우 재해보험 가입현황서와 보험가입자의 기준 등을 확인하여 보험료의 지원금액을 결정·지급한다.

CHAPTER 03 재보험사업 및 농어업재해재보험기금

1 재보험사업

(1) 재보험사업의 주체

정부는 재해보험에 관한 재보험사업을 할 수 있다.

(2) 재보험약정의 체결

농림축산식품부장관 또는 해양수산부장관은 재보험에 가입하려는 재해보험사업자와 다음의 사항이 포함된 재보험약정을 체결하여야 한다.

① 재해보험사업자가 정부에 내야 할 보험료(이하 "재보험료"라 한다)에 관한 사항

② 정부가 지급하여야 할 보험금(이하 "재보험금"이라 한다)에 관한 사항

③ 그 밖에 재보험 약정에 관한 것으로서 대통령령으로 정하는 사항

> ㉠ 재보험 수수료에 관한 사항
> ㉡ 재보험 약정기간에 관한 사항
> ㉢ 재보험 책임범위에 관한 사항
> ㉣ 재보험 약정의 변경·해지 등에 관한 사항
> ㉤ 재보험금 지급 및 분쟁에 관한 사항
> ㉥ 그 밖에 재보험의 운영·관리에 관한 사항

(3) 업무의 위탁

농림축산식품부장관은 해양수산부장관과 협의를 거쳐 재보험사업에 관한 업무의 일부를 농업정책보험금융원에 위탁할 수 있다.

2 농어업재해재보험기금

(1) 기금의 설치

① 농림축산식품부장관은 해양수산부장관과 협의하여 공동으로 재보험사업에 필요한 재원에 충당하기 위하여 농어업재해재보험기금(이하 '기금'이라 한다)을 설치한다.

② 농림축산식품부장관은 해양수산부장관과 협의하여 기금의 수입과 지출을 명확히 하기 위하여 한국은행에 기금계정을 설치하여야 한다.

(2) 기금의 조성 재원

① 재보험료

② 정부, 정부 외의 자 및 다른 기금으로부터 받은 출연금

③ 재보험금의 회수 자금

④ 기금의 운용수익금과 그 밖의 수입금

⑤ 차입금(농림축산식품부장관은 기금의 운용에 필요하다고 인정되는 경우에는 해양수산부장관과 협의하여 기금의 부담으로 금융기관, 다른 기금 또는 다른 회계로부터 자금을 차입할 수 있다)

⑥ 「농어촌구조개선 특별회계법」에 따라 농어촌구조개선 특별회계의 농어촌특별세사업계정으로부터 받은 전입금

(3) 기금의 용도

① 재보험금의 지급

② 차입금의 원리금 상환

③ 기금의 관리·운용에 필요한 경비(위탁경비 포함)의 지출

④ 그 밖에 농림축산식품부장관이 해양수산부장관과 협의하여 재보험사업을 유지·개선하는 데에 필요하다고 인정하는 경비의 지출

(4) 기금의 관리·운용

① 기금은 농림축산식품부장관이 해양수산부장관과 협의하여 관리·운용한다.

② 농림축산식품부장관은 해양수산부장관과 협의를 거쳐 기금의 관리·운용에 관한 사무를 농업정책보험금융원(이하 '기금수탁관리자'라 한다)에 위탁할 수 있다.

㉠ 위탁사무

> 1. 기금의 관리·운용에 관한 회계업무
> 2. 재보험료를 납입받는 업무
> 3. 재보험금을 지급하는 업무
> 4. 여유자금의 운용업무
> 5. 그 밖에 기금의 관리·운용에 관하여 농림축산식품부장관이 해양수산부장관과 협의를 거쳐 지정하여 고시하는 업무

㉡ 기금수탁관리자는 기금의 관리 및 운용을 명확히 하기 위하여 기금을 다른 회계와 구분하여 회계처리하여야 한다.

㉢ 위탁사무 처리에 드는 경비는 기금의 부담으로 한다.

③ 기금의 결산

㉠ 기금수탁관리자는 회계연도마다 기금결산보고서를 작성하여 다음 회계연도 2월 15일까지 농림축산식품부장관 및 해양수산부장관에게 제출하여야 한다.

㉡ 농림축산식품부장관은 해양수산부장관과 협의하여 기금수탁관리자로부터 제출받은 기금결산보고서를 검토한 후 심의회의 심의를 거쳐 다음 회계연도 2월 말일까지 기획재정부장관에게 제출하여야 한다.

㉢ 기금결산보고서 첨부서류

> 1. 결산 개요
> 2. 수입지출결산
> 3. 재무제표
> 4. 성과보고서
> 5. 그 밖에 결산의 내용을 명확하게 하기 위하여 필요한 서류

④ 여유자금의 운용

농림축산식품부장관은 해양수산부장관과 협의하여 기금의 여유자금을 다음의 방법으로 운용할 수 있다.

㉠ 「은행법」에 따른 은행에의 예치

㉡ 국채, 공채 또는 그 밖에 「자본시장과 금융투자업에 관한 법률」에 따른 증권의 매입

(5) 기금의 회계기관

① 기금공무원의 임명

농림축산식품부장관은 해양수산부장관과 협의하여 기금의 수입과 지출에 관한 사무를 수행하게 하기 위하여 소속 공무원 중에서 기금수입징수관, 기금재무관, 기금지출관 및 기금출납공무원을 임명한다.

② 사무위탁기관의 임직원 임명

㉠ 업무담당자 임명 : 농림축산식품부장관은 기금의 관리·운용에 관한 사무를 위탁한 경우에는 해양수산부장관과 협의하여 농업정책보험금융원의 임원 중에서 기금수입 담당임원과 기금지출원인행위담당임원을, 그 직원 중에서 기금지출원과 기금출납 원을 각각 임명하여야 한다.

㉡ 임직원의 담당업무

임원	기금수입담당임원 : 기금수입징수관의 업무
	기금지출원인행위담당임원 : 기금재무관의 업무
직원	기금지출원 : 기금지출관의 업무
	기금출납원 : 기금출납공무원의 업무

CHAPTER 04 재해보험사업의 관리

1 농어업재해보험사업의 관리

(1) 업무의 수행

농림축산식품부장관 또는 해양수산부장관은 재해보험사업을 효율적으로 추진하기 위하여 다음의 업무를 수행한다.

① 재해보험사업의 관리·감독

② 재해보험 상품의 연구 및 보급

③ 재해 관련 통계 생산 및 데이터베이스 구축·분석

④ 손해평가인력의 육성

⑤ 손해평가기법의 연구·개발 및 보급

(2) 업무의 위탁

농림축산식품부장관 또는 해양수산부장관은 다음의 업무를 농업정책보험금융원에 위탁할 수 있다.

① 위 (1)의 ①부터 ⑤까지의 업무

② 재해보험사업의 약정 체결 관련 업무

③ 손해평가사 제도 운용 관련 업무

④ 그 밖에 재해보험사업과 관련하여 농림축산식품부장관 또는 해양수산부장관이 위탁하는 업무

(3) 보고 등

농림축산식품부장관 또는 해양수산부장관은 재해보험의 건전한 운영과 재해보험가입자의 보호를 위하여 필요하다고 인정되는 경우에는 재해보험사업자에게 재해보험사업에 관한 업무처리 상황을 보고하게 하거나 관계 서류의 제출을 요구할 수 있다.

2 통계의 수집·관리 등

(1) 통계의 수집·관리

① 농림축산식품부장관 또는 해양수산부장관은 보험상품의 운영 및 개발에 필요한 다음의 지역별, 재해별 통계자료를 수집·관리하여야 한다.

> ㉠ 보험대상의 현황
> ㉡ 보험확대 예비품목(보험목적물 도입예정 품목)의 현황
> ㉢ 피해 원인 및 규모
> ㉣ 품목별 재배 또는 양식 면적과 생산량 및 가격
> ㉤ 그 밖에 농림축산식품부장관 또는 해양수산부장관이 필요하다고 인정하는 통계자료

② 농림축산식품부장관 또는 해양수산부장관은 관계 중앙행정기관 및 지방자치단체의 장에게 필요한 자료를 요청할 수 있으며, 자료를 요청받은 관계 중앙행정기관 및 지방자치단체의 장은 특별한 사유가 없으면 요청에 따라야 한다.

③ 농림축산식품부장관 또는 해양수산부장관은 재해보험사업의 건전한 운영을 위하여 재해보험 제도 및 상품 개발 등을 위한 조사·연구, 관련 기술의 개발 및 전문인력 양성 등의 진흥 시책을 마련하여야 한다.

(2) 업무의 위탁

① 농림축산식품부장관 또는 해양수산부장관은 통계의 수집·관리, 조사·연구 등에 관한 업무를 다음에 해당하는 자에게 위탁할 수 있다.

> ㉠ 「농업협동조합법」에 따른 농업협동조합중앙회
> ㉡ 「산림조합법」에 따른 산림조합중앙회
> ㉢ 「수산업협동조합법」에 따른 수산업협동조합중앙회 및 수협은행
> ㉣ 「정부출연연구기관 등의 설립·운영 및 육성에 관한 법률」에 따라 설립된 연구기관
> ㉤ 「보험업법」에 따른 보험회사, 보험료율산출기관 또는 보험계리를 업으로 하는 자
> ㉥ 「민법」에 따라 농림축산식품부장관 또는 해양수산부장관의 허가를 받아 설립된 비영리 법인
> ㉦ 「공익법인의 설립·운영에 관한 법률」에 따라 농림축산식품부장관 또는 해양수산부장관의 허가를 받아 설립된 공익법인
> ㉧ 농업정책보험금융원(현 수탁기관)

② 농림축산식품부장관 또는 해양수산부장관은 업무를 위탁한 때에는 위탁받은 자 및 위탁업무의 내용 등을 고시하여야 한다.

3 시범사업

(1) 시범사업의 실시

① 재해보험사업자는 신규 보험상품을 도입하려는 경우 등 필요한 경우에는 농림축산식품부장관 또는 해양수산부장관과 협의하여 시범사업을 할 수 있다.

② 재해보험사업자는 시범사업을 하려면 다음 사항이 포함된 사업계획서를 농림축산식품부장관 또는 해양수산부장관에게 제출하고 협의하여야 한다.

> ㉠ 대상목적물, 사업지역 및 사업기간에 관한 사항
> ㉡ 보험상품에 관한 사항
> ㉢ 정부의 재정지원에 관한 사항
> ㉣ 그 밖에 농림축산식품부장관 또는 해양수산부장관이 필요하다고 인정하는 사항

③ 재해보험사업자는 시범사업이 끝나면 지체 없이 다음 사항이 포함된 사업결과보고서를 작성하여 농림축산식품부장관 또는 해양수산부장관에게 제출하여야 한다.

> ㉠ 보험계약사항, 보험금 지급 등 전반적인 사업운영 실적에 관한 사항
> ㉡ 사업 운영과정에서 나타난 문제점 및 제도개선에 관한 사항
> ㉢ 사업의 중단·연장 및 확대 등에 관한 사항

④ 농림축산식품부장관 또는 해양수산부장관은 사업결과보고서를 받으면 그 사업결과를 바탕으로 신규 보험상품의 도입 가능성 등을 검토·평가하여야 한다.

(2) 운영 지원

정부는 시범사업의 원활한 운영을 위하여 필요한 지원을 할 수 있다.

4 보험가입의 촉진 등

(1) 보험가입의 촉진

정부는 농어업인의 재해대비의식을 고양하고 재해보험의 가입을 촉진하기 위하여 교육·
홍보 및 보험가입자에 대한 정책자금 지원, 신용보증 지원 등을 할 수 있다.

(2) 보험가입촉진계획

① 보험가입촉진계획의 수립

재해보험사업자는 농어업재해보험 가입촉진을 위하여 보험가입촉진계획을 매년 수립
하여 농림축산식품부장관 또는 해양수산부장관에게 제출하여야 한다.

② 보험가입촉진계획에 포함될 사항

> ㉠ 전년도의 성과분석 및 해당 연도의 사업계획
> ㉡ 해당 연도의 보험상품 운영계획
> ㉢ 농어업재해보험 교육 및 홍보계획
> ㉣ 보험상품의 개선·개발계획
> ㉤ 그 밖에 농어업재해보험 가입 촉진을 위하여 필요한 사항

③ 보험가입촉진계획의 제출

재해보험사업자는 수립한 보험가입촉진계획을 해당 연도 1월 31일까지 농림축산식품
부장관 또는 해양수산부장관에게 제출하여야 한다.

CHAPTER 05 벌칙 및 과태료

1 벌칙

(1) 벌칙규정

구분	대상자
3년 이하의 징역 또는 3천만원 이하의 벌금	「보험업법」 제98조에 따른 금품 등을 제공(같은 조 제3호의 경우에는 보험금 지급의 약속을 말한다)한 자 또는 이를 요구하여 받은 보험가입자
1년 이하의 징역 또는 1천만원 이하의 벌금	1. 재해보험 모집 자격이 없으면서 모집을 한 자 2. 고의로 진실을 숨기거나 거짓으로 손해평가를 한 자 3. 다른 사람에게 손해평가사의 명의를 사용하게 하거나 그 자격증을 대여한 자 4. 손해평가사의 명의를 사용하거나 그 자격증을 대여 받은 자 또는 명의의 사용이나 자격증의 대여를 알선한 자
500만원 이하의 벌금	재해보험사업 회계를 다른 회계와 구분하지 않고 회계 처리한 자

(2) 양벌규정

① 법인의 대표자나 법인 또는 개인의 대리인, 사용인, 그 밖의 종업원이 그 법인 또는 개인의 업무에 관하여 벌칙규정 위반행위를 하면 그 행위자를 벌하는 외에 그 법인 또는 개인에게도 해당 조문의 벌금형을 과한다.

② 다만, 법인 또는 개인이 그 위반행위를 방지하기 위하여 해당 업무에 관하여 상당한 주의와 감독을 게을리하지 아니한 경우에는 그러하지 아니하다.

2 과태료

(1) 과태료 부과금액, 대상자 및 부과·징수권자

과태료 부과금액	대상자		과태료 부과·징수
1천만원 이하	재해보험사업자가 「보험업법」 제95조(보험안내자료)를 위반하여 보험안내를 한 경우		농림축산 식품부장관 또는 해양 수산부장관
500만원 이하	1. 재해보험사업자가 아닌 자가 「보험업법」 제95조(보험안내자료)를 위반하여 보험안내를 한 경우 2. 「보험업법」 제97조제1항(보험계약의 체결 또는 모집에 관한 금지행위) 또는 「금융소비자 보호에 관한 법률」 제21조(부당권유행위 금지)를 위반하여 보험계약의 체결 또는 모집에 관한 금지행위를 한 경우 3. 재해보험사업자가 제29조에 따른 보고 또는 관계 서류 제출을 하지 아니하거나 거짓으로 한 경우		
	재해보험사업자의 발기인, 설립위원, 임원, 집행간부, 일반간부직원, 파산관재인 및 청산인이 다음의 행위를 한 경우	1. 「보험업법」 제120조(책임준비금 등의 적립)에 따른 책임준비금과 비상위험준비금을 계상하지 아니하거나 이를 따로 작성한 장부에 각각 기재하지 아니한 경우	
		2. 「보험업법」에 따른 명령(공익 또는 보험계약자 등의 보호 및 보험회사의 건전한 운영을 위한 명령)을 위반한 경우 3. 「보험업법」 제133조(업무 및 자산상황에 관하여 금융감독원의 검사)에 따른 검사를 거부·방해 또는 기피한 경우	금융위원회

(2) 과태료의 부과기준

① 일반기준

농림축산식품부장관, 해양수산부장관 또는 금융위원회는 위반행위의 정도, 위반횟수, 위반행위의 동기와 그 결과 등을 고려하여 개별기준에 따른 해당 과태료 금액을 2분의 1의 범위에서 줄이거나 늘릴 수 있다. 다만, 늘리는 경우에도 과태료 금액의 상한을 초과할 수 없다.

② 개별기준

위반행위		과태료
㉠ 재해보험사업자가 「보험업법」 제95조를 위반하여 보험안내를 한 경우		1,000만원
㉡ 재해보험사업자가 아닌 자로서 「보험업법」 제95조를 위반하여 보험안내를 한 경우		500만원
㉢ 「보험업법」 또는 「금융소비자 보호에 관한 법률」 을 위반하여 보험계약의 체결 또는 모집에 관한 금지행위를 한 경우		300만원
재해보험사업자의 발기인, 설립위원, 임원, 집행간부, 일반간부직원, 파산관재인 및 청산인으로서	㉣ 「보험업법」에 따른 책임준비금 또는 비상위험준비금을 계상하지 아니하거나 이를 따로 작성한 장부에 각각 기재하지 아니한 경우	500만원
	㉤ 「보험업법」에 따른 명령을 위반한 경우	300만원
	㉥ 「보험업법」에 따른 검사를 거부·방해 또는 기피한 경우	200만원
㉦ 재해보험사업자가 법 제29조에 따른 보고 또는 관계 서류 제출을 하지 아니하거나 보고 또는 관계 서류 제출을 거짓으로 한 경우		300만원

CHAPTER 01 손해평가의 기초

1 제정목적 및 용어의 정의

(1) 제정목적

이 요령은 「농어업재해보험법」(이하 '법'이라 한다) 제11조제2항에 따른 손해평가에 필요한 세부사항을 규정함을 목적으로 한다.

(2) 용어의 정의

① "손해평가"라 함은 농업재해(법 제2조 제1호)에 따른 피해가 발생한 경우 법(제11조 및 제1조의3)에 따라 손해평가인, 손해평가사 또는 손해사정사가 그 피해사실을 확인하고 평가하는 일련의 과정을 말한다.

② "손해평가인"이라 함은 법(제11조 제1항)과 시행령(제12조 제1항)에서 정한 자 중에서 재해보험사업자가 위촉하여 손해평가업무를 담당하는 자를 말한다.

③ "손해평가사"라 함은 법에 따른 자격시험에 합격한 자를 말한다.

④ "손해평가보조인"이라 함은 손해평가 업무를 보조하는 자를 말한다.

⑤ "농업재해보험"이란 법(제4조)에 따른 농작물재해보험, 임산물재해보험 및 가축재해보험을 말한다.

2 손해평가 업무

(1) 수행 업무

① 피해사실 확인

② 보험가액 및 손해액 평가

③ 그 밖에 손해평가에 관하여 필요한 사항

(2) 증표 제시

손해평가인, 손해평가사, 손해사정사는 손해평가 업무를 수행하기 전에 보험가입자("피보험자"를 포함)에게 손해평가인증, 손해평가사자격증, 손해사정사등록증 등 신분을 확인할 수 있는 서류를 제시하여야 한다(제3조 제2항).

3 손해평가인

(1) 손해평가인 위촉

① 재해보험사업자는 피해 발생 시 원활한 손해평가가 이루어지도록 농업재해보험이 실시되는 시·군·자치구별 보험가입자의 수 등을 고려하여 적정 규모의 손해평가인을 위촉할 수 있다.

② 재해보험사업자는 손해평가인을 위촉한 경우에는 그 자격을 표시할 수 있는 손해평가인증을 발급하여야 한다.

③ 재해보험사업자 및 재해보험사업자로부터 손해평가 업무를 위탁받은 자는 손해평가 업무를 원활히 수행하기 위하여 손해평가보조인을 운용할 수 있다.

(2) 손해평가인 실무교육

① 재해보험사업자는 위촉된 손해평가인을 대상으로 농업재해보험에 관한 기초지식, 보험상품 및 약관, 손해평가의 방법 및 절차 등 손해평가에 필요한 실무교육을 실시하여야 한다.

② 실무교육 대상자인 손해평가인에 대하여 재해보험사업자는 소정의 교육비를 지급할 수 있다.

(3) 손해평가인 정기교육

① 농림축산식품부장관 또는 해양수산부장관은 손해평가인이 공정하고 객관적인 손해평가를 수행할 수 있도록 연 1회 이상 정기교육을 실시하여야 한다.

② 정기교육 세부내용

> ㉠ 농업재해보험에 관한 기초지식: 농어업재해보험법 제정 배경·구성 및 조문별 주요 내용,
> 농업재해보험 사업현황
> ㉡ 농업재해보험의 종류별 약관: 농업재해보험 상품 주요내용 및 약관 일반 사항
> ㉢ 손해평가의 절차 및 방법: 농업재해보험 손해평가 개요, 보험목적물별 손해평가기준 및
> 피해유형별 보상사례
> ㉣ 피해유형별 현지조사표 작성 실습

③ 재해보험사업자는 정기교육 대상자에게 소정의 교육비를 지급할 수 있다.

(4) 손해평가인 위촉의 취소 및 해지 등

① 위촉의 취소

재해보험사업자는 손해평가인이 다음 어느 하나에 해당하게 되거나 위촉당시에 해당하는 자이었음이 판명된 때에는 그 위촉을 취소하여야 한다.

> ㉠ 피성년후견인
> ㉡ 파산선고를 받은 자로서 복권되지 아니한 자
> ㉢ 법 제30조에 의하여 벌금 이상의 형을 선고받고 그 집행이 종료(집행이 종료된 것으로 보는 경우를 포함)되거나 집행이 면제된 날로부터 2년이 경과되지 아니한 자
> ㉣ 위촉이 취소된 후 2년이 경과하지 아니한 자
> ㉤ 거짓 그 밖의 부정한 방법으로 손해평가인으로 위촉된 자
> ㉥ 업무정지 기간 중에 손해평가업무를 수행한 자

② 위촉의 해지 또는 업무정지

재해보험사업자는 손해평가인이 다음 어느 하나에 해당하는 때에는 6개월 이내의 기간을 정하여 그 업무의 정지를 명하거나 위촉 해지 등을 할 수 있다.

> ㉠ 법 및 이 요령의 규정을 위반한 때
> ㉡ 법 및 이 요령에 의한 명령이나 처분을 위반한 때
> ㉢ 업무수행과 관련하여 「개인정보보호법」, 「신용정보의 이용 및 보호에 관한 법률」 등 정보보호와 관련된 법령을 위반한 때

[업무정지와 위촉 해지 등의 세부기준]

1. 일반기준
    ① 위반행위가 둘 이상인 경우로서 각각의 처분기준이 다른 경우에는 그 중 무거운 처분기준을 적용한다. 다만, 각각의 처분기준이 업무정지인 경우에는 무거운 처분기준의 2분의 1까지 가중할 수 있으며, 이 경우 업무정지 기간은 6개월을 초과할 수 없다.
    ② 위반행위의 횟수에 따른 제재조치의 기준은 최근 1년간 같은 위반행위로 제재조치를 받는 경우에 적용한다. 이 경우 제재조치 기준의 적용은 같은 위반행위에 대하여 최초로 제재조치를 한 날과 다시 같은 위반행위로 적발한 날을 기준으로 한다.
    ③ 위반행위의 내용으로 보아 고의성이 없거나 특별한 사유가 인정되는 경우에는 그 처분을 업무정지의 경우에는 2분의 1의 범위에서 경감할 수 있고, 위촉해지인 경우에는 업무정지 6개월로, 경고인 경우에는 주의 처분으로 경감할 수 있다.

2. 개별기준

위반행위		처분기준		
		1차	2차	3차
1. 법 령 규정 위반	① 고의 또는 중대한 과실로 손해평가의 신뢰성을 크게 악화 시킨 경우	위촉해지	-	-
	② 고의로 진실을 숨기거나 거짓으로 손해평가를 한 경우			
	③ 정당한 사유없이 손해평가반 구성을 거부하는 경우			
	④ 현장조사 없이 보험금 산정을 위해 손해평가행위를 한 경우			
	⑤ 현지조사서를 허위로 작성한 경우			
	⑥ 검증조사 결과 부당·부실 손해평가로 확인된 경우	경고	업무정지 3개월	위촉해지
	⑦ 기타 업무수행상 과실로 손해평가의 신뢰성을 약화시킨 경우	주의	경고	업무정지 3개월
2. 법 및 이 요령에 의한 명령이나 처분을 위반한 때		업무정지 6개월	위촉 해지	
3. 업무수행과 관련하여 「개인정보보호법」, 「신용정보의 이용 및 보호에 관한 법률」 등 정보보호와 관련된 법령을 위반한 때		위촉해지		

③ 청문의 실시

재해보험사업자는 위촉을 취소하거나 업무의 정지를 명하고자 하는 때에는 손해평가인에게 청문을 실시하여야 한다. 다만, 손해평가인이 청문에 응하지 아니할 경우에는 서면으로 위촉을 취소하거나 업무의 정지를 통보할 수 있다.

④ 해촉 및 업무정지의 통지

재해보험사업자는 손해평가인을 해촉하거나 손해평가인에게 업무의 정지를 명한 때에는 지체 없이 이유를 기재한 문서로 그 뜻을 손해평가인에게 통지하여야 한다.

(5) 손해사정사 제재의 구체적 기준 마련

재해보험사업자는 「보험업법」에 따른 손해사정사가 법 등 관련 규정을 위반한 경우 적정한 제재가 가능하도록 각 제재의 구체적 적용기준을 마련하여 시행하여야 한다.

CHAPTER 02 손해평가 업무 실무

1 손해평가반

(1) 손해평가반 구성

① 재해보험사업자는 손해평가를 하는 경우에는 손해평가반을 구성하고 손해평가반별로 평가일정계획을 수립하여야 한다.

② 손해평가반은 다음 어느 하나에 해당하는 자로 구성하며, 5인 이내로 한다.

> ㉠ 손해평가인
> ㉡ 손해평가사
> ㉢ 「보험업법」에 따른 손해사정사

(2) 손해평가반 구성에서 배제되는 자

다음 어느 하나에 해당하는 손해평가에 대하여는 해당자를 손해평가반 구성에서 배제하여야 한다.

① 자기 또는 자기와 생계를 같이 하는 친족(이하 "이해관계자"라 한다)이 가입한 보험계약에 관한 손해평가

② 자기 또는 이해관계자가 모집한 보험계약에 관한 손해평가

③ 직전 손해평가일로부터 30일 이내의 보험가입자 간 상호 손해평가

④ 자기가 실시한 손해평가에 대한 검증조사 및 재조사

2 교차손해평가

(1) 교차손해평가 대상 선정

재해보험사업자는 공정하고 객관적인 손해평가를 위하여 교차손해평가가 필요한 경우 재해보험 가입규모, 가입분포 등을 고려하여 교차손해평가 대상 시·군·자치구를 선정하여야 한다.

(2) 지역손해평가인 선발

재해보험사업자는 교차손해평가 대상 시·군·자치구 내에서 손해평가 경력, 타지역 조사 가능여부 등을 고려하여 교차손해평가를 담당할 지역손해평가인을 선발하여야 한다.

(3) 교차손해평가반 구성

교차손해평가를 위해 손해평가반을 구성할 경우에는 지역손해평가인 1인 이상이 포함되어야 한다. 다만, 거대재해 발생, 평가인력 부족 등으로 신속한 손해평가가 불가피하다고 판단되는 경우 그러하지 아니할 수 있다.

3 손해평가 실무

(1) 피해사실 확인

① 보험가입자가 보험책임기간 중에 피해발생 통지를 한 때에는 재해보험사업자는 손해

평가반으로 하여금 지체 없이 보험목적물의 피해사실을 확인하고 손해평가를 실시하게 하여야 한다.

② 손해평가반이 손해평가를 실시할 때에는 재해보험사업자가 해당 보험가입자의 보험계약사항 중 손해평가와 관련된 사항을 손해평가반에게 통보하여야 한다.

(2) 손해평가 준비

① 재해보험사업자는 손해평가반이 실시한 손해평가결과와 손해평가업무를 수행한 손해평가반 구성원을 기록할 수 있도록 현지조사서를 마련하여야 한다.

② 재해보험사업자는 손해평가를 실시하기 전에 현지조사서를 손해평가반에 배부하고 손해평가시의 주의사항을 숙지시킨 후 손해평가에 임하도록 하여야 한다.

(3) 손해평가결과 제출

① 손해평가반은 현지조사서에 손해평가 결과를 정확하게 작성하여 보험가입자에게 이를 설명한 후 서명을 받아 재해보험사업자에게 최종 조사일로부터 7영업일 이내에 제출하여야 한다. (다만, 하우스 등 원예시설과 축사 건물은 7영업일을 초과하여 제출할 수 있다.) 또한 보험가입자가 정당한 사유 없이 서명을 거부하는 경우 손해평가반은 보험가입자에게 손해평가 결과를 통지한 후 서명없이 현지조사서를 재해보험사업자에게 제출하여야 한다.

② 손해평가반은 보험가입자가 정당한 사유없이 손해평가를 거부하여 손해평가를 실시하지 못한 경우에는 그 피해를 인정할 수 없는 것으로 평가한다는 사실을 보험가입자에게 통지한 후 현지조사서를 재해보험사업자에게 제출하여야 한다.

③ 재해보험사업자는 보험가입자가 손해평가반의 손해평가결과에 대하여 설명 또는 통지를 받은 날로부터 7일 이내에 손해평가가 잘못되었음을 증빙하는 서류 또는 사진 등을 제출하는 경우 재해보험사업자는 다른 손해평가반으로 하여금 재조사를 실시하게 할 수 있다.

(4) 손해평가결과 검증

① 검증조사

㉠ 재해보험사업자 및 농어업재해보험사업의 관리를 위탁받은 기관(이하 "사업관리 위탁기관"이라 한다)은 손해평가반이 실시한 손해평가결과를 확인하기 위하여 손해평가를 실시한 보험목적물 중에서 일정수를 임의 추출하여 검증조사를 할 수 있다.

㉡ 농림축산식품부장관은 재해보험사업자로 하여금 검증조사를 하게 할 수 있으며, 재해보험사업자는 특별한 사유가 없는 한 이에 응하여야 하고, 그 결과를 농림축산식품부장관에게 제출하여야 한다.

㉢ 보험가입자가 정당한 사유없이 검증조사를 거부하는 경우 검증조사반은 검증조사가 불가능하여 손해평가 결과를 확인할 수 없다는 사실을 보험가입자에게 통지한 후 검증조사결과를 작성하여 재해보험사업자에게 제출하여야 한다.

㉣ 사업관리 위탁기관이 검증조사를 실시한 경우 그 결과를 재해보험사업자에게 통보하고 필요에 따라 결과에 대한 조치를 요구할 수 있으며, 재해보험사업자는 특별한 사유가 없는 한 그에 따른 조치를 실시해야 한다.

② 재조사

검증조사결과 현저한 차이가 발생되어 재조사가 불가피하다고 판단될 경우에는 해당 손해평가반이 조사한 전체 보험목적물에 대하여 재조사를 할 수 있다.

(5) 손해평가 단위

① 보험목적물별 손해평가 단위

㉠ 농작물 : 농지별

㉡ 가축 : 개별가축별(단, 벌은 벌통 단위)

㉢ 농업시설물 : 보험가입 목적물별

② 농지

㉠ 하나의 보험가입금액에 해당하는 토지로 필지(지번) 등과 관계없이 농작물을 재배하는 하나의 경작지를 말한다.

ⓛ 방풍림, 돌담, 도로(농로 제외) 등에 의해 구획된 것 또는 동일한 울타리, 시설 등에 의해 구획된 것을 하나의 농지로 한다.

ⓒ 다만, 경사지에서 보이는 돌담 등으로 구획되어 있는 면적이 극히 작은 것은 동일 작업 단위 등으로 정리하여 하나의 농지에 포함할 수 있다.

4 농작물의 보험가액 및 보험금 산정

(1) 농작물에 대한 보험가액 산정

구분	산정방법
특정위험 방식	인삼은 가입면적에 보험가입 당시의 단위당 가입가격을 곱하여 산정하되, 보험가액에 영향을 미치는 가입면적, 연근 등이 가입당시와 다를 경우 변경할 수 있다.
적과전 종합위험 방식	적과후 착과수(달린 열매 수)조사를 통해 산정한 기준수확량에 보험가입 당시의 단위당 가입가격을 곱하여 산정한다.
종합위험 방식	보험증권에 기재된 보험목적물의 평년수확량에 보험가입 당시의 단위당 가입가격을 곱하여 산정한다. 다만, 보험가액에 영향을 미치는 가입면적, 주수, 수령, 품종 등이 가입당시와 다를 경우 변경할 수 있다.
생산비 보장	작물별로 보험가입 당시 정한 보험가액을 기준으로 산정한다. 다만, 보험가액에 영향을 미치는 가입면적 등이 가입당시와 다를 경우 변경할 수 있다.
나무손해 보장	기재된 보험목적물이 나무인 경우로 최초 보험사고 발생 시의 해당 농지 내에 심어져 있는 과실생산이 가능한 나무 수(피해 나무 수 포함)에 보험가입 당시의 나무 당 가입가격을 곱하여 산정한다.

(2) 농작물의 보험금 산정

구분	보장 범위	산정내용	비고
특정위험 방식	작물 특정위험보장	보험가입금액 × (피해율 - 자기부담비율) ※ 피해율 = $(1 - \dfrac{수확량}{연근별기준수확량}) \times \dfrac{피해면적}{재배면적}$	인삼
적과전 종합위험 방식	착과감소	(착과감소량 -미보상감수량 -자기부담감수량)×가입가격× 보장수준(50%, 70%)	
	과실손해	(적과종료 이후 누적감수량 - 자기부담감수량) × 가입가격	
	나무손해	보험가입금액 × (피해율 - 자기부담비율) ※ 피해율 = 피해주수 (고사된 나무) ÷ 실제결과주수	
종합위험 방식	해가림 시설	※ 보험가입금액이 보험가액과 같거나 클 때: 보험가입금액을 한도로 손해액에서 자기부담금을 차감한 금액 ※ 보험가입금액이 보험가액보다 작을 때 : (손해액 - 자기부담금) × (보험가입금액 ÷ 보험가액)	인삼
	비가림 시설	MIN(손해액 - 자기부담금, 보험가입금액)	

	수확감소	보험가입금액 × (피해율 - 자기부담비율)
		
		※ 피해율 (감자·복숭아 제외)
		   = (평년수확량 - 수확량 - 미보상감수량) ÷ 평년수확량
		
		※ 피해율(감자·복숭아)
		   = {(평년수확량 - 수확량 - 미보상감수량) + 병충해감수량}
		     ÷ 평년수확량
			옥수수 외

	수확감소	MIN(보험가입금액, 손해액) - 자기부담금 ※ 손해액 = 피해수확량 × 가입가격 ※ 자기부담금 = 보험가입금액 × 자기부담비율	옥수수
	수확량감소 추가보장	보험가입금액 × (피해율 × 10%) 단, 피해율이 자기부담비율을 초과하는 경우에 한함 ※ 피해율 = (평년수확량 - 수확량 - 미보상감수량) ÷ 평년수확량	
	나무손해	보험가입금액 × (피해율 - 자기부담비율) ※ 피해율 = 피해주수(고사된 나무) ÷ 실제결과주수	
	이앙·직파 불능	보험가입금액 × 15%	벼
	재이앙·재직파	보험가입금액 × 25% × 면적피해율 단, 면적피해율이 10%를 초과하고 재이앙 (재직파) 한 경우 ※ 면적피해율 = 피해면적 ÷ 보험가입면적	벼

		내용	품목
종합위험 방식	**조기파종**	보험가입금액 × 35% × 표준출현피해율 단, 10a당 출현주수가 30,000주보다 작고, 10a당 30,000주 이상으로 재파종한 경우에 한함 ※ 표준출현피해율(10a기준) = (30,000 - 출현주수) ÷ 30,000	마늘
	재정식·재파종	보험가입금액 × 20% × 면적피해율 단, 면적피해율이 자기부담비율을 초과하는 경우에 한함 ※ 면적피해율 = 피해면적 ÷ 보험가입면적	마늘 외
	경작불능	보험가입금액 × 일정비율 단, 식물체 피해율이 65%(가루쌀 60%) 이상이고, 계약자가 경작불능보험금을 신청한 경우에 한함 ※ 자기부담비율에 따라 적용비율 상이	사료용 옥수수 조사료용벼 외
		보험가입금액 × 보장비율 × 경과비율 단, 식물체 피해율이 65% 이상이고, 계약자가 경작불능보험금을 신청한 경우에 한함 ※ 경과비율은 사고발생일이 속한 월에 따라 다름	사료용 옥수수 조사료용벼
	수확불능	보험가입금액 × 일정비율 단, 제현율이 65%(가루쌀 70%) 미만으로 떨어져 정상벼로써 출하가 불가능하게 되고, 계약자가 수확불능보험금을 신청한 경우에 한함 ※ 자기부담비율에 따라 적용비율 상이	벼
	생산비 보장	(잔존보험가입금액 × 경과비율 × 피해율) - 자기부담금 ※ 잔존보험가입금액 　= 보험가입금액 - 보상액(기발생 생산비보장보험금 합계액) ※ 자기부담금 = 잔존보험가입금액 × 계약시 선택한 비율	브로콜리

경작불능 (사료용 옥수수·조사료용벼 외) 표:

자기부담비율별	10%형	15%형	20%형	30%형	40%형
보험가입금액대비 비율	45%	42%	40%	35%	30%

경작불능 (사료용 옥수수·조사료용벼) 표:

월별	5월	6월	7월	8월
벼	80%	85%	90%	100%
옥수수	80%	80%	90%	100%

수확불능 표:

자기부담비율별	10%형	15%형	20%형	30%형	40%형
보험가입금액대비 비율	60%	57%	55%	50%	45%

종합위험 방식	생산비 보장	- 병충해가 없는 경우 (잔존보험가입금액×경과비율× 피해율) - 자기부담금 - 병충해가 있는 경우 (잔존보험가입금액 × 경과비율 × 피해율 × 병충해 등급별 인정비율) - 자기부담금 ※ 피해율 = 피해비율 × 손해정도비율 × (1 - 미보상비율) ※ 자기부담금 = 잔존보험가입금액 × 계약시 선택한 비율	고추 (시설 고추 제외)
		보험가입금액 × (피해율 - 자기부담비율) ※ 피해율 = 피해비율 × 손해정도비율	
		보험가입금액 × (피해율 - 자기부담비율) ※ 피해율(단호박, 당근, 양상추) = 피해비율 × 손해정도비율 × (1 - 미보상비율) ※ 피해율(배추, 무, 파, 시금치) = 면적피해율 × 평균손해정도비율 × (1 - 미보상비율) ※ 피해율(메밀) = 면적피해율 × (1 - 미보상비율) - 면적피해율 = 피해면적(m^2)÷재배면적(m^2) - 피해면적 = (도복으로 인한 피해면적×70%) + (도복 이외 피해면적×평균 손해정도비율)	배추, 파, 무, 단호박, 당근 (시설 무제외), 메밀
		피해작물 재배면적 × 단위면적당 보장생산비 × 경과비율 × 피해율 ※ 피해율 = 피해비율 × 손해정도비율 × (1 - 미보상비율) ※ 단, 장미, 부추, 시금치, 파, 무, 쑥갓, 버섯은 별도로 구분하여 산출	시설작물
	농업시설물 · 버섯재배사 · 부대시설	한 사고마다 재조달가액(재조달가액보장 특약 미가입시 시가) 기준으로 계산한 손해액에서 자기부담금을 차감한 금액을 보험가입금액 내에서 보상 ※ 단, 수리, 복구를 하지 않은 경우 시가로 손해액 계산	
	과실손해 보장	보험가입금액 × (피해율 - 자기부담비율) ※ 피해율(7월 31일 이전에 사고가 발생한 경우) = (평년수확량 - 수확량 - 미보상감수량) ÷ 평년수확량 ※ 피해율(8월 1일 이후에 사고가 발생한 경우) = (1 - 수확전사고 피해율) × 경과비율 × 결과지 피해율	무화과
		보험가입금액 × (피해율 - 자기부담비율) ※ 피해율 = 고사결과모지수 ÷ 평년결과모지수	복분자
		보험가입금액 × (피해율 - 자기부담비율) ※ 피해율 = (평년결실수 - 조사결실수 -미보상감수결실 수) ÷ 평년결실수	오디

종합위험 방식	과실손해 보장	과실손해보험금 = 손해액 - 자기부담금 ※ 손해액 = 보험가입금액 × 피해율 ※ 자기부담금 = 보험가입금액 × 자기부담비율 ※ 피해율 　 = {(등급 내 피해 과실수 + 등급 외 피해 과실수×50%) 　　 ÷ 기준과실수} × (1 - 미보상비율)	감귤 (온주 밀감류)
		동상해손해보험금 = 손해액 - 자기부담금 ※ 손해액 = 보험가입금액 - (보험가입금액 × 기사고피해율)} 　　 × 수확기 잔존비율 × 동상해피해율 × (1 - 미보상비율) ※ 자기부담금 　 = ㅣ보험가입금액 × min(주계약피해율 - 자기부담비율, 0) ㅣ ※ 동상해 피해율 　 = {(동상해 80%형 피해과실수 합계×80%) 　　 + (동상해 100%형 피해과실수 합계×100%)} ÷ 기준과실수}	
	과실손해 추가보장	보험가입금액 × (주계약 피해율 × 10%) 단, 손해액이 자기부담금을 초과하는 경우에 한함 ※ 피해율 　 = {(등급 내 피해 과실수 + 등급 외 피해 과실수×50%) 　　 ÷ 기준과실수} × (1 - 미보상비율)	
	농업수입 감소	보험가입금액 × (피해율 - 자기부담비율) ※ 피해율 = (기준수입 - 실제수입) ÷ 기준수입	

* 다만, 보험가액이 보험가입금액보다 적을 경우에는 보험가액에 의하며, 기타 세부적인 내용은 재해보험사업
　자가 작성한 손해평가 업무방법서에 따름

(3) 농작물의 품목별·재해별·시기별 손해수량 조사방법

① 특정위험방식 상품(인삼)

생육 시기	재해	조사내용	조사시기	조사방법	비고
보험 기간	태풍(강풍)·폭설 • 집중호우·침수 • 화재·우박 • 냉해·폭염	수확량 조사	피해 확인이 가능한 시기	• 보상하는 재해로 인하여 　 감소된 수확량 조사 • 조사방법 　 전수조사 또는 표본조사	

② 적과전종합위험방식 상품(사과, 배, 단감, 떫은감)

생육시기	재해	조사내용	조사시기	조사방법	비고
보험계약 체결일 ~ 적과 전	보상하는 재해 전부	피해사실 확인 조사	사고접수 후 지체 없이	보상하는 재해로 인한 피해발생 여부 조사	피해사실이 명백한 경우 생략 가능
	우박			우박으로 인한 유과(어린과실) 및 꽃(눈)등의 타박비율 조사 • 조사방법 : 표본조사	적과종료 이전 특정위험 5종 한정 보장 특약 가입 건에 한함
6월1일 ~ 적과전	태풍(강풍), 우박, 집중호우, 화재, 지진			보상하는 재해로 발생한 낙엽피해 정도 조사 - 단감·떫은감에 대해서 실시 • 조사방법 : 표본조사	
적과 후	–	적과 후 착과수 조사	적과 종료 후	보험가입금액의 결정 등을 위하여 해당 농지의 적과종료 후 총 착과 수를 조사 • 조사방법 : 표본조사	피해와 관계없이 전 과수원 조사
적과 후 ~ 수확기 종료	보상하는 재해	낙과피해 조사	사고접수 후 지체 없이	재해로 인하여 떨어진 피해 과실 수 조사 - 낙과피해조사는 보험약관에서 정 한 과실피해분류기준에 따라 구분하 여 조사 • 조사방법 전수조사 또는 표본조사	
				낙엽률 조사(우박 및 일소 제외) - 낙엽피해정도 조사 • 조사방법 : 표본조사	단감·떫은감
	우박, 일소, 가을동상해	착과피해 조사	수확 직전	재해로 인하여 달려있는 과실의 피해과실 수 조사 - 착과피해조사는 보험약관에서 정한 과실피해분류기준에 따라 구분하여 조사 • 조사방법 : 표본조사	
수확 완료 후 ~ 보험종기	보상하는 재해 전부	고사나무 조사	수확완료 후 보험 종기 전	보상하는 재해로 고사되거나 또는 회생이 불가능한 나무 수를 조사 - 특약 가입 농지만 해당 • 조사방법 : 전수조사	수확완료 후 추가 고사나무가 없는 경우 생략 가능

* 전수조사는 조사대상 목적물을 전부 조사하는 것을 말하며, 표본조사는 손해평가의 효율성 제고를 위해
재해보험사업자가 통계이론을 기초로 산정한 조사표본에 대해 조사를 실시하는 것을 말함.

③ 종합위험방식 상품(농업수입보장 포함)

㉠ 해가림시설·비가림시설 및 원예시설

생육시기	재 해	조사내용	조사시기	조사방법	비 고
보험 기간 내	보상하는 재해 전부	해가림시설조사	사고접수 후 지체 없이	보상하는 재해로 인하 여 손해를 입은 시설 조사 • 조사방법 : 전수조사	인 삼
		비가림시설조사			
		시설조사			원예시설, 버섯재배사

㉡ 수확감소보장 및 과실손해보장 및 농업수입보장

생육시기	재 해	조사내용	조사시기	조사방법	비 고
수확 전	보상하는 재해전부	피해사실 확인 조사	사고접수 후 지체 없이	보상하는 재해로 인한 피해발생 여부 조 사(피해사실이 명백한 경우 생략 가능)	
		이앙(직파) 불능피해 조사	이앙 한계일 (7.31)이후	이앙(직파)불능 상태 및 통상적인 영농 활동 실시여부조사	벼만 해당
		재이앙 (재직파) 조사	사고접수 후 지체 없이	해당농지에 보상하는 손해로 인하여 재이앙(재직파)이 필요한 면적 또는 면 적비율 조사	벼만 해당
		재파종 조사	사고접수 후 지체 없이	해당농지에 보상하는 손해로 인하여 재 파종이 필요한 면적 또는 면적비율 조사	마늘만 해당
		재정식 조사	사고접수 후 지체 없이	해당농지에 보상하는 손해로 인하여 재 정식이 필요한 면적 또는 면적비율 조사	양배추만 해당
		경작불능조사	사고접수 후 지체 없이	해당 농지의 피해면적비율 또는 보험 목적인 식물체 피해율 조사	벼·밀, 밭작물 (차제외), 복분자만 해당
		과실손해조사	수정완료 후	살아있는 결과모지수 조사 및 수정불 량(송이)피해율 조사 • 조사방법 : 표본조사	복분자만 해당
			결실완료 후	결실수 조사 • 조사방법 : 표본조사	오디만 해당
		수확전 사고조사	사고접수 후 지체 없이	표본주의 과실 구분 • 조사방법 : 표본조사	감귤(온주 밀감)만 해당

생육시기	재 해	조사내용	조사시기	조사방법	비 고
수확 직전	-	착과수조사	수확직전	해당농지의 최초 품종 수확 직전 총 착과 수를 조사 - 피해와 관계없이 전 과수원 조사 • 조사방법 : 표본조사	포도, 복숭아, 자두,감귤 (만감류)만 해당
	보상하는 재해전부	수확량조사	수확직전	사고발생 농지의 수확량 조사 • 조사방법 : 전수조사 또는 표본조사	
		과실 손해조사	수확직전	사고발생 농지의 과실피해조사 • 조사방법 : 표본조사	무화과, 감귤(온주밀 감류)만 해당
수확 시작 후 ~ 수확 종료	보상하는 재해전부	수확량조사	조사 가능일	사고발생농지의 수확량조사 • 조사방법 : 표본조사	차(茶)만 해당
			사고접수 후 지체 없이	사고발생 농지의 수확 중의 수확량 및 감수량의 확인을 통한 수확량조사 • 조사방법 : 전수조사 또는 표본 조사	
		동상해과실 손해조사	사고접수 후 지체 없이	표본주의 착과피해 조사 12월21일 ~ 익년 2월 말일 사고 건 에 한함 • 조사방법 : 표본조사	감귤(온주밀 감류)만 해당
		수확불능 확인 조사	조사 가능일	사고발생 농지의 제현율 및 정상 출 하 불가 확인 조사 • 조사방법 : 전수조사 또는 표본조사	벼만 해당
	태풍 (강풍), 우박	과실 손해조사	사고접수 후 지체 없이	전체 열매수(전체 개화수) 및 수확 가능 열매수 조사 6월1일 ~ 6월20일 사고 건에 한함 • 조사방법 : 표본조사	복분자만 해당
				표본주의 고사 및 정상 결과지수 조사 • 조사방법 : 표본조사	무화과만 해당
수확완료 후 ~ 보험종기	보상하는 재해전부	고사나무 조사	수확완료 후 보험 종기 전	보상하는 재해로 고사되거나 또는 회생이 불가능한 나무 수를 조사 - 특약 가입 농지만 해당 • 조사방법 : 전수조사	수확완료 후 추가고사 나무가 없는 경우 생략 가능

ⓒ 생산비 보장

생육시기	재해	조사내용	조사시기	조사방법	비고
정식 (파종) ~ 수확 종료	보상하는 재해전부	생산비 피해조사	사고발생시 마다	① 재배일정 확인 ② 경과비율 산출 ③ 피해율 산정 ④ 병충해 등급별 인정비율 확인 　　(노지 고추만 해당)	
수확전	보상하는 재해전부	피해사실 확인 조사	사고접수 후 지체 없이	보상하는 재해로 인한 피해발생여부 조사 (피해사실이 명백한 경우 생략 가능)	메밀, 단호박, 시금치, 양상추, 노지 배추, 노지 당근, 노지 파, 노지 무만 해당
		재파종조사	사고접수 후 지체 없이	해당 농지의 보상하는 손해로 인하여 재파종이 필요한 면적 또는 면적비율 조사 ※ 월동무, 쪽파, 시금치, 메밀만 해당	
		재정식조사	사고접수 후 지체 없이	해당 농지의 보상하는 손해로 인하여 재정식이 필요한 면적 또는 면적비율 조사 ※ 가을배추, 월동배추, 브로콜리, 양상추만 해당	
		경작불능 조사	사고접수 후 지체 없이	해당 농지의 피해면적비율 또는 보험목적인 식물체 피해율 조사	
수확 직전		생산비 피해조사	수확직전	사고발생 농지의 피해비율 및 손해정도 비율 확인을 통한 피해율 조사 • 조사방법 : 표본조사	

(4) 생육상황의 조사

재해보험사업자는 손해평가반으로 하여금 재해발생 전부터 보험품목에 대한 평가를 위해 생육상황을 조사하게 할 수 있다. 이때 손해평가반은 조사결과 1부를 재해보험사업자에게 제출하여야 한다.

5 가축의 보험가액 및 손해액 산정

(1) 보험가액의 산정

가축에 대한 보험가액은 보험사고가 발생한 때와 곳에서 평가한 보험목적물의 수량에 적용가격을 곱하여 산정한다.

(2) 손해액 산정

가축에 대한 손해액은 보험사고가 발생한 때와 곳에서 폐사 등 피해를 입은 보험목적물의 수량에 적용가격을 곱하여 산정한다.

(3) 적용가격의 산정

① 적용가격은 보험사고가 발생한 때와 곳에서의 시장가격 등을 감안하여 보험약관에서 정한 방법에 따라 산정한다.

② 다만, 보험가입당시 보험가입자와 재해보험사업자가 보험가액 및 손해액 산정 방식을 별도로 정한 경우에는 그 방법에 따른다.

6 농업시설물의 보험가액 및 손해액 산정

(1) 보험가액의 산정

농업시설물에 대한 보험가액은 보험사고가 발생한 때와 곳에서 평가한 피해목적물의 재조달가액에서 내용연수에 따른 감가상각률을 적용하여 계산한 감가상각액을 차감하여 산정한다.

(2) 손해액

농업시설물에 대한 손해액은 보험사고가 발생한 때와 곳에서 산정한 피해목적물의 원상복구비용을 말한다.

(3) 약정에 의한 산정 우선

보험가입당시 보험가입자와 재해보험사업자가 보험가액 및 손해액 산정 방식을 별도로 정한 경우에는 그 방법에 따른다.

7   그 밖의 사항

(1) 손해평가 업무방법서

재해보험사업자는 이 요령의 효율적인 운용 및 시행을 위하여 필요한 세부적인 사항을 규정한 손해평가 업무방법서를 작성하여야 한다.

(2) 재검토기한

농림축산식품부장관은 이 고시에 대하여 2024년 1월 1일 기준으로 매 3년이 되는 시점(매 3년째의 12월 31일까지를 말한다)마다 그 타당성을 검토하여 개선 등의 조치를 하여야 한다.

2026

손평하나

손해평가사 1차 이론서

제3과목

재배학 및 원예작물학

PART 1   개요

PART 2   재배환경

PART 3   원예·작물의 재배

CHAPTER 01   재배와 작물

1   재배

1. 농업

농업은 식물이나 가축을 이용하여 인간에게 필요한 식량·섬유·원료 등을 생산하는 산업으로서 크게 작물재배와 축산으로 구분할 수 있다.

2. 재배

인간이 경지를 이용하여 작물을 기르고 수확을 올리는 경제적 행위를 재배로 규정할 수 있다.

1) 재배 요소

① 작물생산을 위한 계획적·의도적 행위

② 토양·수분·양분·광·온도 등 환경관리 행위

③ 수량·품질관리 극대화를 위한 생육조절 행위

④ 경제적·식용·약용 목적의 작물 생산

2) 재배과정

① 파종 또는 정식(씨 뿌리기, 모종심기)

② 토양 준비(정지작업)

③ 시료시비 및 양분 관리

④ 관수 및 배수 관리

⑤ 병해충 및 잡초 관리

⑥ 환경관리(온도·광·습도 등)

⑦ 수확 및 저장

> ※ 재배의 특징
> ① 자연환경의 영향을 크게 받고, 생산조절이 자유롭지 못하다.
> ② 유기생명체를 다루며 토지를 생산수단으로 한다.
> ③ 토지를 이용함에 있어서 수확체감의 법칙이 적용된다.
> ④ 분업적으로 생산하기 어렵다.
> ⑤ 자본의 회전이 느리고 노동의 수요가 연중 균일하지 못하다.
> ⑥ 재배의 결과 얻어진 농산물은 변질되기 쉽고 가격변동이 심하며, 가격에 비해 중량이나 용적이 큰 것이 많아 수송비가 많이든다.
> ⑦ 생산이 소규모이고 분산적이기 때문에 유통과정에서 중간상인의 역할이 크다.
> ⑧ 소비면에서 볼 때 농산물은 공산물에 비해 수요의 탄력성이 작고 공급의 탄력성도 작다.

3. 축산

토지의 생산력을 기반으로 가축을 길러서 사람의 생활에 유용한 물질을 생산하는 산업

> • 재배(경종): 식물을 생산
> • 축산(양축): 동물을 생산

2　작물

1. 작물(경작식물)

이용성과 경제성이 높아서 사람의 재배대상이 되는 식물

2. 작물의 특징

① 식용작물은 재배의 목적 부위가 종실, 잎, 과실 등 식물체의 특정 부위인 경우가 대부분이다.

② 특정 수확대상부위의 수확량이 높아야 하며, 이는 일종의 기형식물을 의미한다.

③ 기형으로 발달된 작물은 야생식물보다 생존경쟁력이 약해지면서 자연상태로 방치하면 소멸되기 쉽다.

④ 작물이 안전하게 자라서 충분한 수확을 올리려면 불량환경에 대처하고 야생 동·식물이나 미생물의 침해로부터 막아주는 조치가 필요하다.

3. 작물수량의 삼각형

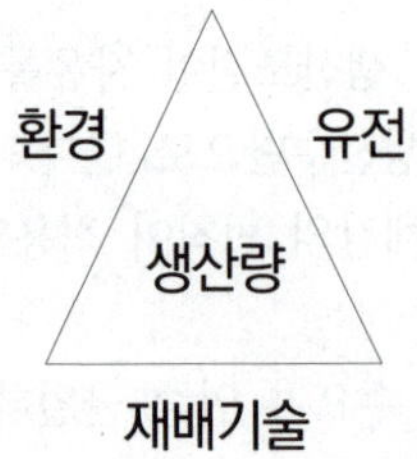

① 작물수량의 3요소는 환경, 유전, 재배기술이다.

② 삼각형의 면적은 생산량을 의미한다(삼각형의 면적이 최대가 되려면 정삼각형이어야 한다).

③ 작물의 최대수량을 얻기 위해서는 3요소가 모두 균일하게 적용되어야 한다. 즉, 좋은 환경에서 우수한 품종을 선택하여 적절한 재배기술을 적용한다.

④ **최소율의 법칙(한정요인설)**: 작물의 성장은 필요 요소들 중 가장 부족한 요소에 의해 제한된다는 이론으로 모든 환경 요소가 충분하더라도 가장 결핍된 요소가 있다면 그로 인하여 생육의 한계가 결정된다는 의미이다.

4. 가축

가축이란 단순히 집에서 기르는 동물이 아니라 이용성과 경제성이 높아서 사람에 의해 사육·관리되는 모든 유용한 동물을 의미한다.

CHAPTER 02 작물의 분류

1 작물학적 분류

1. 식용(식량)작물 (작물의 종류수가 가장 많음)

1) 의의: 식량이나 보조식량으로 사용되는 작물

2) 종류

① 곡숙(穀菽)류

• 화곡(禾穀)류: 알곡을 식용으로 하는 작물

- 미곡: 벼, 밭벼

- 맥류: 보리, 밀, 귀리, 호밀 등

- 잡곡: 조, 피, 기장, 수수, 옥수수, 메밀 등

• 두(豆)류: 종실 안의 수확물을 식용으로 하는 작물

- 콩, 팥, 녹두, 강낭콩, 완두, 땅콩 등

② 서(薯)류: 감자과에 속하는 작물로 주로 괴경(塊莖)이나 괴근(塊根)을 식용으로 하는 작물

- 고구마, 감자, 토란 등

> ※ 우리나라 식용작물 생산
> ① 옥수수, 밀, 콩 등의 국내상산이 크게 부족하여 사료용을 포함한 전체 곡물지급률은 30% 미만으로 매우 낮다.
> ② 사료용을 포함한 곡물의 전체 지급률은 서류 > 보리쌀 > 두류 > 옥수수 순이다.
> ③ 곡물도입량은 옥수수 > 밀 > 콩 > 쌀 순이다.
> ④ 2019 식량작물 생산량(쌀 제외): 서류 > 맥류 > 두류 > 잡곡
> ⑤ 세계 3대 식용작물: 밀 > 벼 > 옥수수

2. 특용(공예)작물

1) 의의: 작물을 가공하여 필요한 용도에 이용하는 원료작물

2) 종류

① **전분작물:** 옥수수, 감자, 고구마

② **유료작물:** 참깨, 들깨, 아주까리, 유채(평지), 해바라기, 땅콩, 콩, 아마, 목화

③ **섬유작물:** 목화, 삼, 모시풀, 아마, 어저귀, 왕골, 수세미, 닥나무, 고리버들

④ **당료작물:** 사탕무무, 사탕수수

⑤ **약료작물(약용작물로 별도 분류되기도 함):** 제충국, 박하, 홉

⑥ **기호작물(동일명칭으로 별도 분류되기도 함):** 차, 담배

⑦ **향료작물:** 박하, 계피, 장미, 라일락

⑧ **향신작물(향신료):** 겨자, 고추냉이

⑨ **염료작물:** 홍화, 치자, 쪽

⑩ **수액작물(수지료):** 고무나무, 옻나무

3. 사료작물

1) 의의: 가축을 사육하는데 사료가 되는 작물

2) 종류

① **볏과(Grasses):** 옥수수, 호밀, 오처드그래스, 티머시, 라이그래스

② **콩과(Legumes):** 앨팰퍼, 화이트클로버, 레드클로버 등

③ **기타:** 사료용 근채류(순무, 루터베이거, 비트, 돼지감자)·호박·해바라기

> ※ **사료작물의 용도에 의한 분류**
> ① 청예작물(풋베기작물): 사료작물 중에서 풋베기하여 생초로 이용하는 작물
> ② 건초작물: 예취 후 건조하여 건초로 이용하기 알맞은 작물이다.
> ③ 사일리지 작물: 예취한 생초를 젖산발효시켜 사일리지 제조에 적합한 작물

4. 녹비(綠肥)작물

1) 의의: 식물의 줄기와 잎 등을 토양의 거름으로 사용하기 위하여 재배하는 작물

2) 종류

① 화본(볏)과: 옥수수, 호밀, 수수 등

② 콩과: 자운영, 헤어리베치, 알파파 등

③ 기타: 유채, 메밀, 해바라기, 코스모스 등

5. 원예작물

1) 의의: 채소, 과일, 화초 등과 같이 필요한 작물을 기르거나, 장식용으로 재배(화훼)하는 작물로서 채소작물, 화훼작물, 과수작물로 구분할 수 있다.

2) 종류

① 채소작물: 과채류, 근채류, 조미채소류, 엽경채류 등

② 과수작물: 인과류, 핵과류, 각과(견과)류, 장과류, 준인과류 등

③ 화훼작물: 다육식물, 난과식물, 화목류 등

2 생태학적 분류

1. 온도적응성에 대한 분류(생육적온에 따른 분류)

① 저온 작물: 저온에서 적응과 생육이 양호한 작물. 맥류, 감자

② 고온 작물: 고온에서 적응과 생육이 양호한 작물. 벼, 콩, 옥수수, 담배

③ 열대 작물: 열대에서 적응과 생육이 양호한 작물. 고무나무, 망고, 카사바

④ 한지형 목초(북방형 목초): 서늘한 환경에서 생육이 양호하고 여름철에 고온기에는 생육이 정지되거나 말라죽는 하고(夏枯)현상을 보이는 목초. 티머시, 알팔파(앨팰퍼)

> ※ 하고현상
> 내한성이 강하여 월동하는 다년생 북방형목초가 여름철에 생장이 쇠퇴하거나 정지하고, 심하면 황화, 고사하여 여름의 목초생산량을 몹시 감소시키는 현상

⑤ **난지형 목초(남방형 목초)**: 따뜻한 지방 및 고온기에 생육이 양호하고 추위에 약한 목초. 버뮤다그래스, 수단그래스, 댈리스그래스, 우산잔디

2. 생존연한에 따른 분류

① **1년생 작물**: 봄에 파종하여 그 해 안에 성숙하는 작물. 벼, 콩, 옥수수 등

② **월년생 작물**: 가을에 파종하여 그 다음해 초여름에 성숙하는 작물. 가을보리, 가을밀

③ **2년생 작물**: 봄에 파종하여 그 다음해 성숙하는 작물. 무, 사탕무

④ **다년생 작물**: 생존연한과 경제적 이용연한이 여러해인 작물. 홉, 아스파라거스, 영년목초류

3. 생육계절에 따른 분류

① **여름 작물**: 봄에 파종하여 여름에 주로 생육하는 1년생 작물

② **겨울 작물**: 가을에 파종하여 가을, 겨울, 봄을 중심으로 생육하는 월년생 작물

4. 생육형에 따른 분류

① **주형 작물**: 식물체가 포기를 형성하는 작물. 벼, 맥류

② **포복형 작물**: 줄기가 땅을 기어 지표를 덮는 작물. 고구마

③ **직립형 목초**: 줄기가 균일하고 곧게 자라는 목초. 오처드그래스, 티머시

④ **포복형 목초**: 줄기가 땅을 기어 지표를 덮는 목초. 화이트클로버

※ 적응성에 따른 분류

1. 내산성

극강	벼, 밭벼, 귀리, 루핀, 토란 아마, 기장, 땅콩, 감자, 봄무, 호밀, 수박
강	메밀, 당근, 옥수수, 목화, 오이, 포도, 수수, 호박, 딸기, 토마토, 밀, 조, 고구마, 베치, 담배
약강	유채, 피, 무
약	클로버, 양배추, 근대, 가지, 삼, 겨자, 고추, 완두, 상추
극약	앨팰퍼, 자운영, 콩, 팥, 시금치, 사탕무, 셀러리, 부추, 양파

2. 내염성

강	사탕무, 유채, 양배추, 목화, 순무, 라이그래스
중	앨팰퍼, 토마토, 올리브, 아스파라거스, 수수, 보리, 호밀, 벼, 시금치, 양파, 고추, 호박, 밀, 포도, 무화과
약	베치, 완두, 셀러리, 고구마, 가지, 사과, 감자, 녹두, 배, 살구, 귤, 복숭아, 레몬

3. 그 밖에

① 내건성이 강한 작물: 수수

② 내습성이 강한 작물: 밭벼

③ 내풍성이 강한 작물: 고구마

5. 재배·이용면에 의한 분류

1) 작부체게에 의한 분류

① 동반(혼작)작물

서로 도움이 되는 특성을 지닌 두 가지 작물을 같이 재배할 때 두 작물

② 대파작물

재해 또는 환경 등의 이유로 본래의 작물을 재배하지 못할 경우 대신 재배하는 작물(메밀, 조 등)

③ 구황작물

기후가 불순한 흉년에도 비교적 안전한 수확을 얻을 수 있는 작물(조, 피, 기장, 메밀, 고구마, 감자 등)

④ 중경작물

생육기간 중에 반드시 중경을 해주어야 하는 작물로, 중경을 통해 잡초를 억제하고 토양을 부드럽게 할 수 있다(옥수수, 수수 등).

⑤ 휴한작물

작부체계에서 휴한하는 대신 작물을 재배를 통해 지력이 더욱 잘 유지되게 해주는 작물(콩과작물, 비트, 클로버 등).

⑥ 앞작물·뒷작물

　간작(전후작, 사이짓기) 시 먼저 심어 수확하는 식물을 앞작물, 뒤에 심어 수확하는 작물을 뒷작물이라 한다.

⑦ 주작물·부작물

　한 포장에 두작물을 동시에 재배할 때 경제적 비중에 따라 주작물과 부작물로 구분한다.

⑧ 흡비작물

　토양에 집적된 과잉 양분을 제거하기 위하여 재배하는 흡비력이 강한 작물이나 유실될 비료분을 잘 포착하여 흡수, 이용하는 효과를 가진 식물

3 식물학적 분류

장미과	사과, 배, 모과, 딸기, 목숭아, 살구, 자두, 매실, 앵두, 나무딸기, 복분자, 체리, 아몬드, 매화, 벚나무, 장미, 찔레꽃
백합과	백합, 파, 양파, 마늘, 부추, 달래, 아스파라거스, 튤립, 히야신스
진달래과	블루베리
벼과(화본과)	벼, 맥류, 잡곡
콩(두)과	콩, 팥, 동부, 자운영, 땅콩
배추과 (십자화과, 겨자과)	(양)배추, (겨자)무, 겨자, 유채, 갓, 케일, 브로콜리, 고추냉이
가지과	감자, 가지, 토마토, 고추, 담배
박과	오이, 참외, 박, 수박, 호박, 멜론, 수세미
꿀풀과	들깨, 박하 민트 로즈마리, 페퍼민트
포도과	포도, 머루
메꽃과	고구마, 나팔꽃, 공심채
아욱과	아욱, 무궁화
마디풀과	메밀, 쪽, 여뀌
천남성과	토란, 안시리움

비름과(명아주과)	비트, 시금치, 근대
미나리과(산형화과)	당근, 고수, 파슬리, 샐러리
참깨과	참깨
초롱꽃과	초롱꽃, 더덕, 도라지
파초과	파초, 바나나, 극락조화
뽕나무과	무화과, 보리수, 벤자민, 고무나무
녹나무과	아보카도, 계피
생강과	생강

CHAPTER 03 원예작물의 분류 (+ 생태학적 분류)

1. 채소

1) 이용부위에 따른 분류

① 과채류(열매채소): 열매를 이용하는 채소

• 이용방법에 따른 분류

완숙에 이용하는 과채류	수박, 토마토, 참외, 멜론, 딸기, 붉은고추, 완숙호박
미숙에 이용하는 과채류	애호박, 풋고추, 오이, 가지, 완두, 강낭콩

• 형태에 의한 분류

두과	완두, 강낭콩, 잠두(누에콩) 등
박과	오이. 호박, 참외, 수박, 멜론 등
가지과	토마토, 가지, 고추 등
기타	옥수수, 딸기 등

② 엽경채류(잎줄기채소): 잎줄기를 이용하는 채소

엽채류(잎채소)	배추, 양배추, 시금치, 상추, 미나리
화채류(꽃채소)	브로콜리, 콜리플라워
경채류(줄기채소)	아스파라거스, 죽순, 땅두릅
인경채류(비닐줄기채소)	마늘, 파, 양파, 쪽파, 부추

③ 근채류(뿌리채소)

직근류(곧은뿌리채소)	무, 당근, 우엉
괴근류(덩이뿌리채소)	고구마, 마
괴경류(덩이줄기채소)	감자, 토란
근경류(뿌리줄기채소)	연근, 생강

2) 온도적응성(광 요구도)에 따른 분류

호광성(± 25℃) (양생채소)	가지, 토마토, 고추, 수박, 참외, 오이, 멜론, 고구마, 토란, 생강
호음성(± 20℃) (음생채소)	배추, 양배추, 시금치, 파, 양파, 마늘, 상추, 무, 다근, 감자, 완두, 딸기

※ 배추: 저온에서 화아분화(꽃눈형성)
　상추: 고온에서 화아분화

3) 저항성에 따른 분류

내산성(耐酸性)	감자, 귀리, 호밀 등
내건성(耐乾性)	조, 수수, 기장, 메밀 등
내습성(耐濕性)	벼, 골풀, 미나리 등
내한성(耐寒性)	호밀, 보리, 밀 등
내열성(耐熱性)	시금치, 무, 배추, 양배추, 옥수수 등

> ※ 새싹(어린잎·줄기)채소
>   ① 종자: 주로 무, 치커리, 브로콜리를 이용
>   ② 재배기간이 짧다.
>   ③ 무공해재배가 가능하다.
>   ④ 이식·정식(옮겨심음) 과정이 필요없다.

> ※ 조미채소
>   음식의 맛을 내는 채소. 고추, 마늘, 양파, 파, 생강

2. 과수

1) 꽃의 발육부위에 따른 분류

① 진과(참열매): 씨방이 발육하는 열매. 감, 감귤, 포도, 복숭아, 자두, 살구, 밤

② 위과(헛열매): 씨방과 꽃받침이 발육하는 열매. 사과, 배, 비파, 무화과

2) 과실구조에 따른 분류

① 인과류: 꽃받기가 과육(실)이 되고, 씨방이 과심이 된다. 사과, 배, 모과, 비파

② 준인과류: 씨방벽이 과육(실)이 된다. 인과류와 모양이 비슷하다. 감, 귤

③ 장과류: 씨방전체가 과육(실)이 되므로, 과즙이 풍부한 다육과의 형태를 띤다. 포도, 딸기, 키위, 무화과, 블루베리, 복분자

④ 핵과류: 씨방이 과육(실)이 된다. 단단한 핵이 씨를 보호하고 있다. 복숭아, 자두, 살구, 앵두, 체리, 매실

⑤ 각과류(견과류): 씨방벽이 단단한 껍질이 된다. 밤, 호두

3) 나무형태에 따른 분류

① 교목성 과수: 곧은 하나의 줄기에서 가지가 자라는 줄기가 곧고 높이자라는 나무

상록과수	감귤류, 레몬, 비파
낙엽과수	사과, 배, 복숭아, 살구, 매실, 자두, 모과, 양앵두

② **관목성 과수**: 줄기가 지표로부터 여러 개가 갈라져 나와 원줄기와 가지의 구별이 분명하지 않고, 키가 작게 나라는 나무로 대개 2미티 이내로 자라는 나무. 나무딸기, 블루베리, 구즈베리

③ **덩굴성 과수**: 다른 물체를 감아 올라가는 과수. 포도, 키위

> • **목본성 식물**: 세포 대부분이 목(木)화되어(목질부가 발달되어) 줄기가 견고한 식물, 감귤류(온주밀감, 레몬, 유자, 금감, 탱자), 비파, 올리브
> • **초본성 식물**: 목질부가 발달하지 않아 지상부에 목본줄기를 가지고 있지 않은 식물, 바나나, 파인애플, 망고, 파파야

4) 기후에 따른 분류

① **온대 과수(낙엽과수)**: 연평균 기온 0~20℃에서 생육하는 과수로 일정한 저온과 휴면기간이 필요하다.

교목성	사과, 배, 모과, 복숭아, 자두, 살구, 매실, 대추, 오두, 밤, 무화과, 딸기
관목성	개암, 나무딸기, 블루베리
덩굴성	포도, 머루, 다래, 키위(참다래)

② **아열대 과수(상록과수)**: 연평균 기온 17~20℃에서 생육하는 과수. 감귤류, 비파, 올리브 등

③ **열대 과수**: 주로 적도, 저위도, 고온 기후에서 생육하는 과수, 바나나, 파인애플, 망고, 파파야

3. 화훼

관상용 식물을 통틀어 이르는 말

1) 형태에 따른 분류

① **목본류**: 철쭉, 동백, 고무나무

② **초본류**: 국화, 코스모스, 난초, 달리아

2) 생존연한에 따른 분류

① 한해살이

춘파(春播) 일년초	• 봄에 파종하여 여름 또는 가을에 개화하는 초 • 온기를 선호하고 냉기에 약하다. • 나팔꽃, 봉선화, 사루비아, 맨드라미, 해바라기
추파(秋播) 일년초	• 가을에 파종하여 봄에 개화하는 초 • 냉기를 선호하고 온기에 약하다. • 팬지, 데이지, 안개꽃

② 두해살이: 주로 추파일년초의 생육기간이 연장된 것. 석죽, 접시꽃, 캄파눌라

③ 여러해살이 (숙근초)

내한성 초 (온대지방)	거베라, 군자란, 극락조화, 안스리움
비내한성 초 (열대지방)	작약, 루드키아, 옥잠화
반내한성 초 (중간)	델피늄, 카네이션, 마거리트

3) 구근(球根)의 형태에 따른 분류

① 인경(鱗莖, 비닐줄기): 줄기가 짧고 잎이 비대한 인편이 모여 구를 형성하는 작물. 튜울립, 백합, 수선화 등

② 구경(地下莖, 땅속줄기): 식물의 땅속 줄기가 짧고 둥글게 비대하여 저장기관이 된 형태의 작물. 글라디올러스, 프리지아, 시클라멘, 크로커스 등

③ 괴경(塊莖, 덩이줄기): 줄기의 밑부분이 비대해져 양분의 저장기관이 된 작물. 아네모네, 칼라디움 등

④ 근경(根莖, 뿌리줄기): 지하줄기로 땅속에서 주로 수평 방향으로 자라는 줄기가 비대해져 저장기관이 된 작물. 아이리스, 칸나 등

⑤ 괴근(塊根, 덩이뿌리): 뿌리가 비대해져 덩이 형태가 된 작물. 달리아, 제비꽃 등

CHAPTER 01 토양

1 토양

1. 토양의 기능

① 식물 생장에 필요한 환경을 제공하는 기능

② 수분과 산소 및 무기양분(N, P, K 등)의 공급 기능

③ 온도조절 기은

④ 토양 미샘물의 활동 공간 제공 기능

⑤ 급속한 환경변화에 식물이 저항하고 적응할 수 있도록 하는 완충기능

2. 토양의 구조

1) 이상적 토양의 3상

① 고상(고체): 약 50%

② 액상(액체): 약 20~30%

③ 기상(기체): 약 30~20%

2) 공극

토양입자 간 공간으로 액상 및 기상으로 채워질 수 있는 부분을 말하며 토양구성에서 약 50%를 차지한다.

3. 토양의 입경 구분

토양을 구성하는 알갱이(입자)의 크기를 기준으로 구분하며 각각 다음과 같은 특징을 가지고 있다.

1) 모래(sand, 0.02mm ~ 2.00mm)

① 통기성 매우 좋음

② 배수성 매우 좋음

③ 보수력 낮음(물이 잘 빠짐)

④ 양분 보유력 낮음

⑤ 온도 변동(變溫)이 큼

2) 미사(silt, 0.002 ~ 0.02mm)

① 보수력: 모래와 점토의 중간

② 통기성: 모래보다 낮고 점토보다 높음

③ 비옥도 중간

④ 표면적이 있어 일정 수준의 양분 보유 가능

⑤ 침식에 매우 약함

3) 점토(clay, 0.002mm 이하)

① 보수력이 매우 좋음

② 통기성 매우 낮음

③ 양분 보유력 높음

④ 수분 이동성이 낮아 물빠짐이 나쁨

⑤ 잘 뭉치고 경화(硬化) 위험

2 지력 향상 요소

① 입단구조: 다양한 토성입자(+물질)들이 구조화를 이루는 입단구조가 형성되어야 한다.

② 토성: 일반적으로 토양의 물리적 성질을 의미하며, 모래, 미사, 점토의 함량비율에 따라 구분되며 작물재배에는 주로 사양토 ~ 식양토가 적당하다.

- 토양에 따른 점토 함량

  - 사토: < 10% 미만

  - 사양토: 10~27% 미만(모래 비율이 높은 토양)

  - 양토: 7~27% 미만(모래 비율이 낮고 모래, 미사, 점토가 균형있게 썩여있는 토양으로 작물 재배에 가장 이상적)

  - 식양토: 27~40% 미만

  - 식토: 40% 이상

③ 토층: 작토(作土)가 깊고 양분의 함량이 많으며, 심토(心土)까지 투수, 통기가 양호해야 좋다.

④ 토양반응: 중성~약산성

⑤ 무기원소: 필수원소를 포함한 무기원소가 풍부하고 균형있게 포함되어 있어야 한다.

⑥ 유기물: 토양 중의 유기물 함량이 많을수록 분해에 의한 양분, 부식질 등을 얻을 수 있다. 그러나 토양의 분해능력을 초과할 정도로 과할 경우 오히려 지력을 떨어뜨린다.

⑦ 토양수분: 부족하면 한해(旱害. 가뭄해), 과하면 습해(濕害)나 수해가 나타난다.

⑧ 토양공기: 산소가 부족할 경우 뿌리의 생장과 기능 장애가 발생한다.

⑨ 토양미생물: 유용한 미생물이 번식하기 좋은 상태여야 하고, 병충해를 유발하는 미생물이 적어야 한다.

⑩ 유해물질: 유해물질이 적고, 잘 분해시킬 수 있는 토양이어야 한다.

3 입단구조

1. 입단구조

다양한 토양입자와 물질이 구조화를 이룬 상태로 재배에 이상적인 토양이다.

2. 기능

① 입단구조가 형성되면 대공극과 소공극이 균형있게 발달하게 되고, 이에 따라 보유력과 통기·수력을 두루 갖추어 지력이 향상된다.

② 소공극(모관공극): 모관현상에 의해 지하수의 상승이 이루어지고, 수분을 머금을 수 있는 공극으로, 소공극이 발달할수록 토양의 보유력이 올라간다.

③ 대공극(비모관공극): 대공극이 발달할수록 통기·통수가 좋아지고, 빗물의 지중침투 증가로 지하수가 발달하고 불필요한 증발도 억제된다.

3. 입단형성 요인

① **다양한 토성**: 재배에 이상적인 토성은 사양토~식양토로 입단은 비교적 입자가 미세할 때 형성된다.

② **유기물, 부식질**: 유기물이 분해되어 부식질이 되고, 이 때 미생물의 활동에 의해 분비되는 점질물질이 토양입자의 결합을 촉진시킨다.

③ **석회(Ca^{2+})**: 유기물의 분해를 촉진하고 Ca^{2+}이 토양입자의 결합을 촉진시킨다.

④ **미생물 활동**

⑤ **식물뿌리활동**: 콩과작물 재배를 통한 뿌리혹박테리아(근류균)의 활동으로 지력을 올릴 수 있다.

⑥ **멀칭(Mulching)**: 토양피복을 통해 토양을 보호하고, 습도를 유지할 수 있다.

⑦ **토양개량제**: 크릴륨, 아크릴소일

4. 입단파괴 요인

① 경운·쇄토

② 입단의 팽창-수축 반복

③ 강력한 비·바람

④ **나트륨이온(Na^+) 작용**: 토양입자의 결합을 떨어뜨린다.

> ※ **토양침식**
> 강우로 표토가 유실되거나 바람에 의하여 표토가 비산되어 지력이 저하하는 현상으로 수식과 풍식으로 구별된다.

4 무기원소

> ※ 필수원소 16
> - 다량원소: 황(S), 인(P), 질소(N), 마그네슘(Mg), 탄소(C), 산소(O), 수소(H), 칼륨(K), 칼슘(Ca)
> - 미량원소: 철(Fe), 구리(Cu), 몰리브덴(Mo), 염소(Cl), 망간(Mn), 아연(Zn), 붕소(B)

1. 탄(C)·산(O)·수(H)

① 식물체의 대부분(90~98%)을 구성

② 광합성에 의하여 생성된 유기조직의 구성원소로 공기 중에서 얻을 수 있으며 이를 제외한 13개 원소들은 토양 중 모암에서 직·간접적으로 얻을 수 있다.

2. 질소(N)

① 조직의 주 구성성분(주로 단백질(효소), 엽록소, 핵산)

② 질소비료와 석회는 같이 사용하지 않는다(질소증발).

③ 질소시비량: 벼과 > 콩과

결핍 (저성장)	과다 (과성장)
• 황(백)화 현상 • 작물의 저성장: 잎이 작다, 조기 낙과, 화곡류 분얼 저해 • 이동성이 높아 결핍증세가 노엽,하위엽에서 먼저발생(노엽, 하위엽에서 단백질이 분해되어 생장이 왕성한 상위엽으로 질소가 이동)	• 잎이 진한 녹색, 두께가 두껍고, 곰보현상 • 줄기·뿌리 활동과 개화·결실 방해 • 저항성·면역력 저하

3. 인(P): 세포성장(특히 뿌리, 줄기)

① 조직, 효소 등의 구성성분

② 광합성, 호흡(에너지 전달)

결핍	과다
• 뿌리·줄기 저성장 (생육초기 뿌리 발육이 저조하고 출수·성숙이 지연) • 암록색, 둘레에 오점(얼룩) • 심하면 황화, 결실 저해	• 뿌리가 옆으로 과성장 • 조기 개화·결실 • 철분, 아연 흡수방해

4. 칼륨(K)·칼슘(Ca): 조직의 합성, 형성, 활성

1) 칼륨(칼리.K_2O = 칼륨화합물)

① 이온화되기 쉬운 형태로 잎, 생장점, 뿌리의 선단에 많이 함유(체내 구성성분은 아님)

② 효소반응의 활성제

③ **결핍**: 생장점 고사, 줄기 연약, 잎의 끝이나 둘레 황화, 하위엽 조기탈락, 결실 저해

2) 칼슘

① 세포 중간막의 주성분으로 잎에 많이 존재

② 체내 이동률이 매우 낮음

③ 체내의 유독한 유기산을 중화

④ 알루미늄 과잉흡수 억제, 중화

결핍	과다
뿌리나 눈의 생장점이 붉게 변하며 죽는다.	타 양이온과의 길항작용을 통해 Mg, Fe, Zn, B, Co(코발트)의 흡수를 억제

📁 **칼슘 결핍으로 나타나는 증상**

잎끝마름(Tip burn)	상추, 배추, 부추, 대파, 양파, 마늘, 백합
황화, 속썩음	배추
배꼽썩음	고추, 수박, 토마토
물참	참외
도복	대파, 양파

5. 마그네슘(Mg)

① 엽록소의 구성성분으로 잎에 많이 존재

② 종자 내 지유(脂油, 종자 속에 에너지형태로 축적된 지방)의 집적을 돕는다.

③ 효소 작용 촉진

④ **결핍**: 황백화 현상, 줄기·뿌리 생장점 발육 저해

⑤ 체내 이동성이 높아 결핍 시 노엽에서 먼저 발생

⑥ 사질토양의 경우 K, NaCl, 석회 등을 과다시용한 토양에서는 결핍현상이 나타나기 쉽다.

6. 황(S)

① 단백질(특히 아미노산), 효소 등의 구성성분

② 엽록소 형성에 관여

③ **결핍**: 황백화, 생육억제(단백질 생성·세포 분열 억제), 콩과작물-뿌리혹박테리아의 질소고정 방해

④ 체내 이동성이 낮아 결핍 시 새 조직에서 나타난다.

> ※ **황 요구도가 큰 작물**
> 양배추, 양파, 파, 마늘, 아스파라거스

7. 철(Fe)

① 호흡효소의 구성성분

② 엽록소 형성에 관여

③ 토양의 pH가 높거나, 토양 중 Ca 및 P 농도가 높으면 불용태가 된다.

④ Ca, Mn, Zn, Cu, Mo, Co, Cr, Ni 등의 과잉은 Fe의 흡수·이동을 방해하여 결핍을 초래

⑤ **결핍**: 체내 이동성이 낮아 유엽부터 황백화하며 엽맥 사이가 퇴색한다.

8. 망간(Mn)

① 호흡, 엽록소 형성, 동화물질 합성(광합성)·분해

② 생리작용이 왕성한 부위에 많이 함유

③ 통기불량에 대한 저항성이 크게 한다.

④ 강알카리성 토양, 과습, Fe 과다 시 결핍 초래

⑤ 체내 이동성이 낮아 결핍증은 유엽부터 나타난다.

결핍	과다
• 엽맥에서 먼저 황백화 • 평행맥엽에서는 조반(갈색 얼룩) • 망상맥엽에서는 점반 • 화곡류에서는 세로 줄무늬	• 잎 황백화 • 뿌리 갈변 • 만곡 • 사과: 적진병

9. 붕소(B)

① 세포벽 유지, 체내 양이온 이동(특히 Ca)

② 촉매, 반응조절물질

③ 석회결핍의 영향 경감

④ 석회 과다, 토양 산성화, 개간지는 결핍 초래

⑤ **결핍**: 분열조직 급성 괴사, 콩과작물-뿌리혹박테리아 형성과 질소고정 방해

⑥ 체내 이동성이 낮아 결핍 시 생장점이나 저장기관에 주로 나타남

> ※ **붕소 결핍으로 나타나는 증상**
> ① 속썩음병: 사탕무
> ② 갈색 속썩음병: 순무
> ③ 줄기쪼김병: 샐러리
> ④ 끝마름병: 담배
> ⑤ 축과병: 사과
> ⑥ 갈색병: 꽃양배추
> ⑦ 황색병: 앨팰퍼

10. 아연(Zn)

① 단백질·탄수화물 대사, 엽록소 형성

② 결핍: 황백화, 괴사, 조기낙엽

③ 감귤류: 잎무늬병, 소엽병, 결실불량

11. 구리(Cu)

① 광합성, 호흡작용, 엽록소 형성

② 결핍: 황백화, 괴사, 조기낙엽, 단백질 생성 억제

12. 몰리브덴(Mo)

① 질소대사

② 결핍: 황백화, 모자이크 병 증세(황색 모자이크 모양 얼룩)

13. 염소(Cl)

① 광합성 시 산소발생

② 결핍: 유엽 황백화, 위조현상

> ※ 비필수원소
>
> **① 규소**
>
> 표피조직의 세포막에 침전해서 규질화를 이루어 병에 대한 저항성을 높이고 경엽이 직립화되어 수광태세가 좋아져서 군락의 동화량을 증대시키는 효과가 있다.
> 증산을 억제하여 한해를 경감시키고, 불량한 환경에 대해 강해지고 도복에 대한 저항성도 강해진다.
>
> **② 코발트**
>
> 콩과작물의 뿌리혹에 비타민 B_{12}가 비교적 많은데, 코발트는 비타민 B_{12}를 구성하는 성분이다. 일반작물에는 필수원소라는 보고가 없으나 콩과식물, 오리나무, 남조류 등의 뿌리혹(근류)발달이나 질소고정에는 필요하다.

③ **나트륨**

필수원소는 아니지만 셀러리, 사탕무, 순무, 목화, 근대, 양배추 등에서는 시용효과가 인정되고 있다.

기능면에서는 칼륨과 배타적인 관계이지만, 제한적으로 칼륨의 기능을 대신할 수 있으며 C_4식물에서 요구도가 높다.

④ **수은**

농약에 주로 쓰이는 중금속으로 과잉축적 시 벼 뿌리의 신장이 현저하게 저해되며, 지상부에서는 과잉해가 잘 나타지 않는다.

5 유기물·미생물

1. 토양 유기물

1) 의의

① 토양중의 유기물 함량은 대체로 증가할수록 지력이 높다. 그러나 습답(濕畓) 등에 있어서는 유기물이 많은 것이 도리어 해가 되기도 한다.

② 토양 중의 유기물(동물이나 식물의 잔재)은 미생물작용이나 화학작용을 받아 분해된다.

③ 분해작용을 받아서 유기물의 원형을 잃은 암갈색 ~ 흑색의 부분을 부식(腐植)이라고 하지만 토양유기물 전체를 부식이라고 부르기도 한다.

2) 토양유기물의 기능

① 양분, CO_2의 공급

다량원소인 인, 칼륨과 미량원소인 망간, 구리 등을 공급하며, 유기물의 분해시 방출되는 CO_2는 작물 주변의 대기중 CO_2 농도를 높혀 광합성을 조장한다.

② 생장촉진물질 생성

호르몬, 비타민, 핵산물질 등 생장촉진물질을 생성한다.

③ 보유력, 완충능 증대

부식콜로이드는 양분과 수분을 흡착하는 힘이 강하여 토양의 보유력을 향상시키고 토양의 완충능을 증대시킨다.

④ 미생물 활동 조장

유기물은 미생물의 영양원으로 작용하여 유용 미생물의 번식과 활동을 조장한다.

⑤ 암석 분해 촉진

산을 생성하여 암석의 분해를 촉진한다.

⑥ 지온 상승

토양색을 짙게하여 지온을 상승시킨다.

⑦ 토양 보호

유기물을 피복하면 토양침식이 방지되고 유기물 사용으로 토양입단이 형성되어 토양이 보호된다.

⑧ 입단 형성

부식콜로이드와 입자가 크고 덜 분해된 형태의 유기물인 조대(粗大)유기물의 경우 토양입단 형성을 조장하며 토양의 물리성을 개선한다.

2. 토양 미생물

1) 의의

토양 중에 서식하며 물질순환과 토양비옥도를 좌우하는 미생물의 총칭

2) 미생물의 기능

① 유기물 분해

미생물은 유기물을 분해하여 불필요한 유기물의 집적을 막고, 무기화작용으로 유리되는 양분을 식물이 이용할 수 있게 하여 양분의 유효도를 높인다.

② 유리질소의 고정

유리상태인 분자질소는 대기 중에 풍부하지만 고등식물이 직접 이용할 수 없으며, 반드시 암모니아와 같은 화합한 형태가 되어야만 양분이 된다. 이 과정을 분자질소의 고정작용이라 한다.

③ 질산화 작용

암모니움(NH_4^+)이 아질산(NO_2^-)과 질산(NO_3^-)으로 산화되는 과정을 말하며, 암모니

아(NH_4^+)를 질산으로 변하게 하여 밭작물에 이롭게 된다.

④ 무기물 산화

토양환경의 산화와 미생물의 활동으로 화학적 형태가 바뀌기 때문에 인산 등의 용해도는 높아진다.

⑤ 무기물 유실 경감

가용성 무기성분을 동화하여 유실을 적게 한다.

⑥ 길항작용

미생물 간의 길항작용은 물질의 유해작용을 경감한다.

⑦ 생장촉진물질

호르몬성의 생장촉진물질을 분비한다.

⑧ 근권(根圈) 형성

근권을 형성하여 뿌리의 양분의 흡수를 촉진하고 뿌리의 신장생장을 억제하며 뿌리의 효소활성을 높인다.

⑨ 균근(菌根) 형성

물과 양분(특히 P)의 흡수가 용이하고, 뿌리의 유효표면이 확장되며 내염성, 내건성, 내병성 등이 강해진다. 또한 토양양분을 유효하게 하여 외생균근(담자류균, 자낭균 등)이 왕성해지면 병원균의 침입을 막는다.

⑩ 입단형성

※ 미생물 활동의 단점

1) 탈질작용

탈질 세균에 의하여 $NO_3^- \rightarrow NO_2^- \rightarrow N_2O$, N_2로 된다.

2) 유해한 물질 생성

환원성(혐기성)세균은 SO_4를 환원하여 H_2S가 되게 한다.

3) 질병 발생

6 토양수분

1. 토양수분장력(pF)

1) 의의

① 토양수분장력은 토양입자가 수분을 흡착하여 유지하려는 힘을 말한다.

② 토양수분장력은 흡착된 수분을 토양입자로부터 분리하여 식물이 이용하는데 필요한 단위 면적당의 기압 또는 해당되는 기압의 수은주 높이를 물기둥(水柱)의 높이로 환산한 다음 그 값의 대수치인 pF로 나타낸다.

③ pF로 표시된 토양수분장력범위

ⓐ 지하수: 지하에 정체하여 모관수의 근원이 되는 물이다.

ⓑ 중력수(pF 0~2.7): 중력에 의하여 비모관공극에 스며 흘러내리는 물. 근권 이하로 내려가면 작물에 직접 이용되지 못한다.

ⓒ 모관수(pF 2.7~4.5): 표면장력 때문에 토양공극 내에서 중력에 저항하여 유지되는 수분이다. 작물이 주로 이용하는 수분이다.

ⓓ 흡습수(pF 4.5~7): 토양입자표면에 피막상으로 흡착된 수분이다. 작물에 흡수, 이용되지 못한다.

ⓔ 결합수(pF 7~): 점토광물에 결합되어 있는 분리시킬 수 없는 수분

2. 수분항수(水分恒水)

1) 의의

토양에 존재하는 수분의 상태를 일정한 기준값으로 구분한 것으로 작물의 수분 이용 가능성을 판단하는 개념

2) 수분항수의 종류

① 최대요수량(pF 0)

모관수가 최대로 포함된 상태로 포화용수량이라고도 한다.

② 포장용수량(pF 2.5~2.7)

수분이 포화된 상태에서 증발을 방지하면서 중력수를 완전히 배제하고 남은 수분상태로 최소용수량이라고도 한다. 중력수로서 토양통기를 저해한다.

③ 초기위조점(pF 3.9)

생육이 정지하고 하엽(下葉)이 위조(萎凋)하기 시작하는 토양의 수분상태이다.

④ 영구위조점(pF 4.2)

위조한 식물을 포화습도의 공기 중에 24시간 방치해도 회복되지 못하는 위조이다. 영구귀조점에서의 토양함수율, 즉 토양건조증에 대한 수분의 중량비를 위조계수라 한다.

⑤ 흡습계수(pF 4.5)

상대습도 98%(25℃)의 공기 중에서 건조토양이 흡수하는 수분상태로서, 흡습수만 남은 수분상태이다. 작물이 이용될 수 없다.

> ※ **풍건상태**: pF 6, **건토상태**: pF 7

3. 유효수분

① 잉여수분

포장용수량 이상의 토양수분으로서 과습상태이다.

② 무효수분

영구위조점 이하의 토양수분으로서 작물이 이용할 수 없는 상태이다.

③ 유효수분

포장용수량과 영구위조점 사이의 수분이다. 작물에 직접적으로 이용되는 유효수분의 범위는 pF 1.8~4.0이며, 작물이 정상적으로 생육하는 유효수분의 범위는 pF 1.8~3.0이다.

4. 식물체내 수분의 기능

1) 유지 및 구성역할

① 식물세포 원형질의 생활 상태를 유지한다.

② 다른 성분들과 함께 식물체 구성물질을 형성한다.

③ 세포의 긴장상태를 유지하여 식물의 체제유지를 가능하게 한다.

④ 외부온도변화에 대처하여 식물의 체온을 유지할 수 있게 해준다.

2) 용매 및 매개역할

① 필요한 양분을 녹여 식물이 쉽게 흡수할 수 있게 용매 역할을 하는 것이다.

② 식물체 내의 물질분포를 고르게 하는 매개체가 된다.

③ 식물체가 필요로 하는 물질의 합성과 분해과정의 매개체가 된다.

5. 내건성 작물의 특징

1) 의의

내건성 작물이란 건조한 환경에서도 생장에 지장을 많이 받지 않는 작물로 대표적인 작물이 다육식물과 선인장 등이다.

2) 특징

① 표면적/체적의 비가 작으며 왜소하고 잎이 작다.

② 뿌리가 깊고 지상부에 비해 뿌리의 발달이 좋다.

③ 잎조직이 치밀하고 잎맥과 울타리조직이 발달되어 있다.

④ 표피에 각피가 잘 발달하며 기공이 작고 수효가 많다.

⑤ 저수능력이 크고 다육화의 경향이 있다.

⑥ 기동세포가 발달하여 탈수되면 잎이 말려서 표면적이 축소된다.

⑦ 세포가 작아서 함수량이 감소되어도 원형질의 변형이 적다.

6. 토양수분부족 및 수분과다와 작물생리

1) 수분부족시의 작물생리

① 앱시스산(ABA) 식물호르몬은 추위, 염, 수분이 부족할 때에 합성이 촉진되어, 식물이 물을 보존하는데 중요한 역할을 한다

② 특히 수분부족에는 그 함량이 40배까지 늘어난다.

③ 앱시스산(ABA)는 수분스트레스를 감지하여, 기공을 폐쇄하는 역할을 한다.

④ 기공폐쇄는 공급량을 감소시켜 광합성의 저하를 일으킨다,

⑤ 또한 수분의 부족은 엽면적을 감소시키고, 원형질 분리를 일으킬 수도 있다.

2) 수분과다시의 작물생리

① 토양수분이 과다하게 되면 생장이 저해되고, 수량이 저하한다.

② 토양최적함수량은 최대용수량의 60~80% 범위이고, 이 함수량을 넘어 과습 상태가 지속되면 토양산소가 결핍되고, 각종 환원성 유해물질이 생성되는 습해가 발생한다. 습해란 토양이 수분과다로 인해 발생할 수 있는 각종 피해를 말한다.

③ 과실비대 후기에 건조 후 수분이 과다공급되면 열과(裂果)가 발생한다.

7 토양공기

1. 개요

토양공기는 대기공기에 비하여 산소의 농도가 낮고, 이산화탄소의 농도가 높다. 토양중에 공기가 적거나 또는 산소가 부족하고 이산화탄소 등 유해가스가 많아지면 작물뿌리의 기능을 저해하여 생장이 불량해진다. 산소는 대기에서 토양으로 이동하며, 이산화탄소는 토양에서 대기 중으로 이동한다.

2. 용기량

1) 의의

토양공기의 용적은 전 공극용적에서 토양수분의 용적을 감한 것인데, 토양 중에서 공기로 차 있는 공극량을 토양의 용기량이라 한다.

2) 최소용기량과 최대용기량

토양의 용적에 대한 공기로 차 있는 공극용적의 비율로 표시한다. 모관공극에는 수분이 차 있고, 비모관공극에는 공기가 차 있으므로, 용기량은 비모관공극량과 비슷하다.

① **최소용기량**: 토양수분함량이 최대용수량에 달했을 때의 용기량

② **최대용기량**: 토양이 풍건(風乾)상태에서의 용기량

③ **최적용기량**: 작물이 생장할 수 있는 용기량으로 대체적으로 10~25% 범위의 용기량

3. 토양공기의 조성

토양공기는 대기보다 이산화탄소의 농도가 몇 배나 높으나, 산소의 농도는 훨씬 낮다. 토양 속 깊이 들어갈수록 점점 산소의 농도가 낮아지고 이산화탄소의 농도가 높아지며, 약 120cm 이하로 가면 이산화탄소의 농도가 산소의 농도보다 높아진다.

4. 토양공기에 영향을 미치는 요인

① **토성**

사질인 토양이 비모관공극이 많고, 토양의 용기량이 증대한다. 토양의 용기량이 증대하면 산소의 농도도 증대한다.

② **토양구조**

식질토양에서 입단형성이 촉진되면 비모관공극이 증대하여 용기량이 증대한다.

③ **경운**

경운을 하면 토양의 깊은 곳까지 용기량이 증대한다.

④ **토양수분**

토양의 함수량이 증대하면 용기량이 적어지고, 산소의 농도가 낮아지며, 이산화탄소의 농도가 높아진다.

⑤ **유기물**

미숙유기물을 시용하며 산소의 농도가 낮아지고, 이산화탄소의 농도가 증대한다. 그러나 부숙유기물을 사용하면 이산화탄소의 농도가 별로 증대하지 않는다.

⑥ 식생

식물이 생육하고 있는 토양은 뿌리가 호흡하므로 이산화탄소의 농도가 나지(裸地)보다 높다.

5. 토양공기와 작물생육

1) 토양 중 산소 농도가 높아질 경우

작물 생육에 이롭다.

2) 토양 중 산소 농도가 낮아질 경우(이산화탄소 농도가 높아질 경우)

① 탄산이 생성되어 토양이 산성화된다.

② 산소의 부족으로 수분과 무기염류(N, P, K, Ca, Mg)의 흡수가 저해된다.

③ 뿌리의 호흡과 생리작용이 저해된다.

④ 환원성 유해물질(H_2S)이 생성되어 뿌리가 상한다.

⑤ 유용한 호기성 토양미생물의 활동이 저해되어 유효태의 식물양분이 감소한다.

6. 토양통기의 촉진

1) 토양적 조치

① 배수(암거배수 또는 명거배수)

땅 속이나 지표에 있는 물을 지하에 관로를 매설하거나 투수성 있는 수로를 통해 배수하는 방법을 암거배수, 땅 위에 도랑을 파서 배수하는 방법을 명거배수라고 한다.

② 토양입단 조성

③ 심경

④ 객토: 객토를 하여 배수가 불량한 식질토성을 개량하고 습지의 지반을 높임

2) 재배적 조치

① 답전윤환(畓田輪換)재배

답전윤환재배는 지력을 향상시키고 답(畓)작물과 전(田)작물 모두 수량을 증대시킬 수 있다.

② 답리작(畓裏作), 답전작(畓轉作) 실시

③ 논에서는 휴립(畦立)재배를 한다.

④ 물걸러대기

⑤ 밭에서는 휴립휴파(畦立畦播)를 한다.

⑥ 중경

⑦ 파종할 때 미숙퇴비를 종자 위에 두껍게 덮지 않는다.

⑧ 물못자리에서는 아건(亞乾, 건조 직전의 토양수분 상태)을 한다.

※ 아건: 적당한 량의 유아(幼芽)가 출현한 후 일시적으로 물못자리의 물을 완전히 빼내어 종자에 산소를 공급하여 유근출현을 유도하는 작업
※ 토양수분 상태의 단계: 습윤(濕潤) → 반습(半濕) → 아건(亞乾) → 건조(乾燥)

8 토양 산성화

1. 작물생육과의 관계

① 토양 중의 작물양분의 가급도(可給度)는 토양의 pH에 따라 다르며, 중성-미산성에서 가장 높다.

② 강산성이 되면 P, Ca, Mg, B, Mo 등의 가급도가 감소되어 작물생육에 불리하고, Al, Cu, Zn, Mn 등은 용해도가 증대하여 그 독성 때문에 작물생육이 저해된다.

③ 강알칼리성이 되면 N, B, Fe, Mn 등의 용해도가 감소되어 작물생육에 불리하다. 그러나 B는 pH 8.5 이상에서는 용해도가 커지는 특징이 있다.

④ 곰팡이는 넓은 범위의 토양반응에 적응하고 산상토양에서 잘 번식한다.

⑤ 강산성, 강알카리성은 점토와 부식을 분산하여 토양입단의 생성을 방해한다.

⑥ 산성토양에서 과다한 수소이온(H^+)은 그 자체가 작물의 양분흡수와 생리작용을 방해한다.

⑦ 종합적으로 작물의 생육에는 pH 6~7 범위가 알맞다.

⑧ 알카리성 토양에 대해서는 사탕무, 수수, 유채(평지), 양배추, 목화, 보리, 버뮤다그래스 등이 적응성이 높다.

2. 토양산성화의 원인

① 토양 중에 미포화교질이 많은 경우에 중성염이 들어가면 H^+이 생성되어 산성을 나타낸다.

② 토양 중의 Ca^{2+}, Mg^{2+}, K^+ 등의 치환성 염기가 용탈되어 미포화교질이 늘어나는 경우가 토양산성화의 보편적인 원인이다.

③ 강우량이 많거나 관개를 하면 토양은 점점 산성으로 진행된다.

④ 유기물이 분해할 때 생기는 각종 유기산이 토양염기의 용탈을 조장한다.

⑤ 토양 중의 탄산, 유기산은 그 자체가 산성의 원인이다.

⑥ 토양 중의 질소나 황이 산화되면 질산 또는 황산으로 됨에 따라 토양이 산성화되고 염기의 용탈을 조장한다.

⑦ 토양염기가 줄어들면 토양광물 중의 Al^{3+}이 용출되고, 물과 만나면 다량의 H^+을 생성한다.

⑧ 황산암모늄, 염화칼륨, 황산칼륨, 인분뇨, 녹비 등을 연용(連用)하면 토양이 산성화된다.

3. 산성토량의 개량과 재배대책

① 산성토양에는 석회화 유기물을 넉넉히 주어서 토양반응과 토양구조를 개선하는 것이 개량의 근본대책이다.

② 석회만 주어도 반응은 조정되지만, 유기물을 함께 주는 것이 석회의 지중침투성을 높여서 석회의 중화효과를 더욱 깊은 토층까지 미치게 할 수 있다.

③ 유기물의 시용으로 토양구조가 개선되고, 부족한 미량요소들이 공급되면, 완충능이 증대되어 알루미늄이온 등의 독성이 경감된다.

④ 용성인비(熔成燐肥)는 산성토양에서도 유효태인 구용성 인산(枸熔成燐酸)을 함유하고, 마그네슘의 함량도 많으므로 효과가 크다.

⑤ 붕소는 10a당 0.5~1.3kg 붕사를 주어 보급한다.

※ 붕소, 붕사, 붕산
- 붕소: 원소
- 붕사: 천연에서 채취할 수 있는 광물
- 붕산: 붕사를 정제하여 만든 것

※ 알카리성 토양의 생성
- 간척지, 바닷물 침입지대
- 강우량이 적은 건조지대에서는 규산염광물이 가수분해하여 방출된 강염기가 알칼리성으 토양을 만든다.

---

9 논토양

1. 특성

1) 토층분화

① 표층 수 mm에서 1~2cm의 층의 산화제 2철로 적갈색을 띤 산화층이 된다. 그 이하의 작토층은 산화제 1철로 청회색을 띤 환원층이 된다.

② 심토(心土)는 유기물이 극히 적어서 산화층을 형성한다.

2) 탈질현상

암모니아태 질소를 산화층에 주면 질화균이 질화작용을 일으켜 질산으로 된다. 질산은 토양입자에서 흡착되지 않고 아래의 환원층으로 씻겨 내려가면 탈질균의 작용으로 환원되어 가스태질소로 바뀌어 대기 중으로 나간다($NO_3 \rightarrow NO \rightarrow N_2O \rightarrow N_2$). 질산태질소를 논에 주면 탈질현상과 용탈이 심해서 비효가 암모니아태질소보다 떨어지므로, 논에서는 질산태질소를 사용하지 않는다.

① 심층시비

암모니아태 질소를 환원층에 주면 절대적 호기균인 질화균이 작용을 받지 않으며, 암모니아는 토양에 잘 흡착되므로 비효가 오래 지속된다.

② 전층시비

심층시비의 실제적 방법으로서 암모니아태질소를 논을 갈기 전에 논 전면에 미리 뿌린 다음에 갈고 써려서 작토의 전층(대부부이 환원층)에 섞이도록 하는 것이다. 누수가 심한 논에 심층시비를 하면 오히려 질소의 용탈을 크게 해서 불리하다.

3) 유기태질소의 무기화

논토양에는 벼가 그대로 이용할 수 없는 유기태질소가 많으며, 적당한 처리를 하면 유기태질소의 무기화가 촉진되어 다량의 암모니아가 생성되므로 이를 잠재지력이라 하기도 한다.

① 건토효과

토양이 건조하면 토양유기물은 그 성질이 변하여 미생물이 분해하기 쉬운 상태로 된다. 여기에 가수(加水)하면 미생물의 활동이 촉진되어 다량의 암모니아가 생성되는데, 이를 건토효과라 한다.

- 토양이 얼 때에도 건조와 같은 탈수효과로 담수 혹 암모니아가 생성된다.

- 건토효과는 유기물 함량이 많을수록 크며, 건조가 충분해야 효과가 크다.

- 건토효과로 생성되는 암모니아는 벼에 일시에 과다하게 흡수되지 않고, 뿌리의 발육에 따라 서서히 충분히 이용되므로 비효가 높다.

- 벼 재배기간 중에도 심한 가뭄으로 논에 균열이 졌다가 비가 와서 담수상태가 되면 건토효과가 나타난다.

② 지온상승효과

한여름 논토양의 지온이 높아지면 유기태질소의 무기화가 촉진되어 암모니아가 생성된다.

※ 우리나라 논토양의 함량
- **유효규산**: 126mg/kg으로 적정기준에 다소 미달한다.
- **유효인산**: 논 132mg/kg, 밭 679mg/kg으로 적정기준보다 많으며, 특히 과수원과 시설재배지는 각각 696mg/kg, 1,072mg/kg으로 지나치게 함량이 높다.
- **치환성 양이온(칼륨, 칼슘, 마그네슘 등)**: 논과 밭에서는 대체로 적정범위이나 시설재배지와 과수원 토양은 함량이 과다하게 높다.

2. 노후답

1) 노후화

① Fe, Mn, K, Ca, Mg, Si, P 등이 작토에서 용탈되어 결핍된 논토양을 노후답이라 한다.

② 특수성분결핍토나 퇴화염토 등은 노후답에 속하는 것으로 볼 수 있다.

③ 담수조건에서 작토의 환원층에서는 철분, 망간이 환원되어 녹기 쉬운 형태로 되는데 ($Fe^{+++} \rightarrow Fe^{++}$, $Mn^{+++} \rightarrow Mn^{++}$), 이들이 침투수를 따라 내려가 심토의 산화층에 도달하면 다시 산화상태가 되어 축적된다. 이러한 작용으로 논의 작토층에는 철, 망간, 그 밖의 성분이 점차 결핍되어 가는데, 이를 논토양의 노후화라 한다.

④ 토양모재가 철, 마그네슘 등의 함량이 적고 투수가 잘되는 특성을 지닌 경우, 작토에서 철 등의 용탈이 일어나면 철의 심한 부족이 나타나는 노후답이 된다.

⑤ 담수조건에서 작토의 환원층에서는 황산염이 환원되어 황화수소(H_2S)가 생성되는데, 여름철 유기물 분해가 왕성할 때 많이 발생한다.

> **※ 추락현상**
> 토양에 철분이 부족하여 늦여름~초가을부터 벼의 잎이 아래서부터 위로 마르고, 깨씨무늬병 등이 발생하여 추해져서 끝내 수량이 떨어지는 현상

2) 개량 및 대책

① 객토

② 심경: 심토층까지 심경

③ 함철자재 시용: 갈철광의 분말, 비철토, 퇴비철 등

④ 규산질 비료 시용: 규산석회, 규회석 등은 규산과 석회뿐만 아니라 철, 망간, 마그네슘도 함유하고 있다.

⑤ 무황산근비료 시용

⑥ 엽면시비

⑦ 황화수소에 저항성이 강한 품종 선택

⑧ 조기재배

⑨ 덧거름 강화, 완효성 비료의 시용, 입상 및 고형비료의 시용 등

3. 간척지 답

1) 특징

높은 염분농도 때문에 벼의 생육이 저해된다. 토양의 염분농도가 염화나트륨($NaCl$)으로서 0.3% 이하이면 벼의 재배가 가능하지만, 0.1% 이상이면 염해의 우려가 있다.

2) 개량

① 관·배수시설을 하여 염분과 황산을 제거하고, 이상적 환원상태의 발달을 방지한다.

② 석회를 시용하여 산성을 중화한다.

③ 토양이 물리성을 개량한다.

④ 염생식물을 심어 염분을 흡수하게 한 다음 제거한다.

3) 내염재배

① 내염성이 강한 작물, 품종 선택

② 조기재배, 휴립재배

③ 논물을 말리지 않으며 자주 환수(換水)한다.

④ 석회, 규산석회, 규회석을 시용하고 황산근을 가진 비료를 시용하지 않는다.

📁 작물의 내염성

강	사탕무, 유채, 양배추, 목화, 순무, 라이그래스
중	앨팰퍼, 토마토, 올리브, 아스파라거스, 수수, 보리, 호밀, 벼, 시금치, 양파, 고추, 호박, 밀, 포도, 무화과
약	베치, 완두, 셀러리, 고구마, 가지, 사과, 감자, 녹두, 배, 살구, 귤, 복숭아, 레몬

> ※ **염류장해**
>
> 토양용액이 작물의 세포액 농도보다 높아서 작물이 양분과 수분을 흡수하지 못하고, 어린 뿌리의 세포가 장해를 받아 지상부가 생육하지 못하여 고사한다.

4. 습답

1) 습답

① 습답은 지하수위가 높고, 1년 중 건조하지 않으며, 침투되는 수분의 양이 적어서 유기물 분해도 적다.

② 습답에는 미숙유기물이 집적되는데, 환원상태이므로 유기물이 혐기적으로 분해하여 유기산(의산, 초산, 낙산)을 생성하나, 투수가 적으므로 작토 중에 유기산이 집적되어 뿌리의 생장과 흡수작용에 장해를 준다.

③ 습답에서도 추락현상이 유발된다.

2) 개량

① 암거배수

② 철분 등의 성분을 보급하기 위해 객토

③ 석회, 규산석회 등을 주어서 산성의 중화와 부족성분의 보급을 꾀하고, 이랑재배를 하며, 질소의 시용량을 줄인다.

5. 중점토답

1) 중점토답

중점토로 된 논으로 젖으면 끈기가 많고, 마르면 단단해서 경운이 힘들고 천경이 되기 쉽다. 작토 바로 밑에 점토의 경반(硬盤)이 형성되어 배수가 불량할 경우가 많다.

2) 개량

① 심경: 경반층 파쇄, 뿌리신장 촉진, 배수효과 증가

② 배수: 암거배수, 명거배수

③ 규산질 비료 사용: 벼 도복방지, 통기성 개선

④ 입단형성

⑤ 답전윤환, 이랑재배 등

📁 논토양 vs 밭토양

	논토양	밭토양
상태	담수상태이기 때문에 산소의 공급이 매우 적은 상태에서 미생물의 유기물 분해 활동으로 인한 산소 소비로 환원상태가 조장된다.	표면이 항상 대기와 접촉하고 있기 때문에 산화상태에 있다.
생성물질	혐기성 균의 활동으로 ① 질산(NO_3) → 질소가스(N_2) ② 철(Fe^{3+}) → 철(Fe^{2+}) ③ 황산(SO_4^{2-}) → 황(S) 또는 황화수소 (H_2S) ※ NO_3는 탈질된다.	호기성 균의 활동으로 ① 암모니아(NH_3) → 질산(NO_3) ② Fe^{2+} → Fe^{3+} ③ S → SO_4^{2-}
토양 색	청·회 색	황·적 갈색
양분	관개수에 녹아 들어오는 양분의 (천연)공급량이 많다.	강우 등으로 인한 양분의 유실이 많다.
토양 pH	담수상태에서 일반적으로 중성을 띄게 되지만 낮과 밤, 담수기간과 낙수기간에 따라 차이가 발생한다.	보통 산성이고, 차이가 없다.
Eh	토양이 산화될수록 Eh 높아지고, 환원될수록 Eh 낮아진다.	논보다 Eh가 높다.

* Eh(산화환원전위, mV.밀리볼트): 산화 또는 환원 되려는 경향

* 낙수기간: 물을 빼어(물떼기) 토양을 건조시키는 것

CHAPTER 02 온도

1 유효온도

1. 개요

1) 온도는 식물체내에서 일어나는 모든 대사활동(광합성과 호흡, 양분과 수분의 흡수, 증산작용 등)에 영향을 미친다.

2) 작물의 생리작용은 일정 한계까지는 온도가 높아질수록 그 속도가 증대하지만 그 이상이 되면 생육효과가 나타나지 않는다.

2. 주요온도

1) 유효온도

작물의 생육기 가능한 범위의 온도

2) 기본온도

작물의 생육은 멈추지만 죽지는 않는 최저온도

3) 한계온도

일정 수준 이상으로 온도가 올라가면 생육효과가 나타나지 않는 온도이며 유효고온이라고도 한다.

4) 최저온도

작물의 생육이 가능한 가장 낮은 온도

5) 최고온도

작물의 생육이 가능한 가장 높은 온도

6) 최적온도

생육이 가장 왕성한 온도

작물의 주요온도

	최저온도	최적온도	최고온도
밀	3~4.5	25	30~32
호밀	1~2	25	30
보리	3~4.5	20	28~30
귀리	4~5	25	30
옥수수	8~10	30~32	40~44
벼	10~12	30~32	36~38
담배	13~14	28	35
삼	1~2	35	45
사탕무	4~5	25	28~30
완두	1~2	30	35
멜론	12~15	35	40
오이	12	33~34	40

3. 온도에 따른 작물의 생리작용

호흡, 수분흡수, 양분흡수, 동화물질의 전류와 같은 생리작용에 대한 주요온도는 각각 다르기 때문에 생장의 최적온도가 모든 생리작용의 최적온도로 볼 수는 없다. 최적온도에 이르기까지는 온도의 상승에 따라 작용속도가 모두 빨리진다.

1) 온도계수

① 온도가 10℃ 상승하는데 따르는 이화학적 반응이나 생리작용의 증가배수를 온도계수 또는 Q_{10}이라 한다.

② 고온에서는 광합성에 의한 유기물의 생성은 저하되는 반면, 호흡에 의한 유기물의 소모는 급증하게 되는 것이다. 따라서, 유기물의 축적은 그리 높지 않은 온도에서 최대로 된다.

2) 광합성

① 이산화탄소 농도, 광의 강도, 수분 등이 제한요소로 작용하지 않는 한 $30 \sim 35℃$에 이르기까지 광합성의 Q_{10}은 2내외이고, 광합성의 Q_{10}은 고온보다 저온에서 크다.

② 외견상광합성은 진정광합성보다 온도상승에 따른 속도 증가가 고온까지 계속되기 힘들다.

③ 외견상광합성은 적온 이상에서는 급격히 감소하고, 온도상승에 따라 생장속도는 적온까지 증가한다.

3) 호흡

적온을 넘어 고온이 되며 체내의 효소계가 파괴되므로 호흡속도가 오히려 감소한다.

4) 동화물질의 전류

동화물질이 잎에서 생장점 또는 곡실로 전류되는 속도는 적온까지는 온도가 높을수록 빠르고, 그보다 저온이나 고온이면 그 차이만큼 느려진다.

5) 수분·양분의 흡수

① 온도상승에 따라 세포의 투과성과 호흡에너지의 방출 및 증산작용이 증대하고 수분의 점성도 감소하므로 수분흡수가 증대한다.

② 온도의 상승과 함께 양분의 흡수와 이동도 증가하지만, 적온 이상으로 온도가 상승하게 되면 호흡작용에 필요한 산소의 공급량이 줄어들어 탄수화물의 소모가 많아짐에 따라 오히려 양분의 흡수가 감퇴한다.

6) 증산

온도가 상승하면 수분의 흡수와 이동이 증대되고 엽내 수증기압이 상대적으로 증가하며 공기 중의 포화부족량도 증가하게 되므로 온도가 과도하게 높아져서 식물체에 이상이 생기지 않는 한 증산량도 증가한다.

4. 적산온도

1) 작물이 일생을 마치는데 소요되는 총온량을 표시한 것이 적산온도이다. 즉 작물이 생육하는 동안에 유효한 온도를 누적한 값으로 작물의 생육, 성숙, 개화 시기 예측에 사용하는 온도의 개념이다.

2) 적산온도를 계산할 때 일평균기온은 작물이 활동할 수 있는 최저온도(기준온도라고도 함) 이상의 것만 계산하고 기준온도 이하의 온도는 제외한다.

3) 기준온도(유효적산온도의 기준)

① 저온작물(가을채소 등): 5℃

② 온대지방의 여름철 작물: 10℃

③ 고온작물: 15℃

4) 주요 작물의 적산온도

봄작물	아마(1,600~1,850℃), 봄보리(1,600~1,900℃)
여름작물	벼(3,500~4,500℃), 담배(3,200~3,600℃), 메밀(1,000~1,200℃), 조(1,800~3,000℃)
겨울작물	추파맥류(1,700~2,300℃)

5. 유효적산온도

유효온도를 작물의 발아 이후 일정한 생육단계(생식생장기, 출수기 증)까지 적산한 것이다.

$$GDD(℃) = \Sigma \{ (일최고기온 + 일최저기온) / 2 - 기본온도 \}$$

6. 호온성 작물과 호냉성 작물

1) 호온성 작물

① 의의: 난온(18~24℃)에서 잘 자라는 식물

② 주요작물

- 과수: 복숭아, 살구, 무화과 등

- 채소: 고추, 고구마, 토마토, 가지, 수박, 호박 등

2) 호냉성 작물

① 냉온(7~15℃)에서 잘 자라는 식물

② 주요작물

- 과수: 사과, 배, 자두 등

- 채소: 시금치, 상추, 양배추, 당근, 감자, 딸기, 마늘, 양파 등

2 일변화(變溫)

1. 의의

기온이 하루 중 변화하는 정도를 변온 또는 기온의 일변화라고 하며 작물의 생리작용에 큰 영향을 끼친다.

2. 작물에서의 변온의 작용

1) 발아

변온은 작물의 발아를 촉진하는 경우가 있다.

2) 동화물질의 축적

① 낮의 기온이 높으면 광합성과 합성물질의 전류가 촉진된다.

② 밤의 기온은 비교적 낮아야 호흡소모가 적다.

③ 변온이 어느 정도 큰 것이 동화물질의 축적이 많아진다.

④ 밤의 기온이 너무 내려가도 장해가 생긴다.

3) 생장

밤의 기온이 어느 정도 높아서 변온이 작을 때 대체로 생장이 빠른데, 이는 무기성분의 흡수와 동화양분의 소모가 왕성하기 때문이다.

4) 괴경(塊莖)과 괴근(塊根)의 발달

① 변온에 의해 동화물질의 축적이 증가하기 때문에 덩이줄기와 덩이뿌리의 발달을 촉진한다.

② 대표적 덩이뿌리 작물인 고구마는 29℃의 향온보다도 20~29℃의 변온에서 덩이뿌리의 발달이 촉진된다.

③ 덩이굴지 작물인 감자도 밤의 기온이 10~14℃로 저하하는 변온이 덩이줄기의 발달에
이롭다. 이는 동화물질의 축적이 양호하기 때문이다.

5) 개화

맥류에서는 밤의 기온이 높아서 변온이 작은 것이 생장이 빨라 출수·개화를 촉진한다고
하지만, 일반적으로 작물은 변온이 커서 밤의 기온이 비교적 낮은 것이 동화물질의 전류와
축적이 활발하여 개화가 촉진되고 화기도 커진다.

6) 결실

① 대부분의 작물은 변온에 의해서 결실이 조장되며 특히 가을작물은 대체적으로 변온의
정도가 큰 조건에서 결실이 좋아진다.

② 벼는 평야지보다 산간지에서 등숙이 좋은 경향이 있은데, 산간지는 변온이 커서 동화
물질의 축적에 이롭고, 등숙기의 평균기온이 낮아서 동화물질의 전류가 완만하여 등숙
기간이 길어지기는 하지만, 전분을 합성하는 포스포릴라아제(Pgospgorylase)의 활력이
고온인 경우보다 늦게까지 지속되어 전분축적의 기간이 길어지므로 등숙이 양호해져
서 입중이 증대한다.

3 열해(熱害, 고온해)

작물이 과도한 고온으로 인하여 받는 피해를 말한다. 열해에 의해서 작물이 단시간 내에 고사하는
것을 열사(Heat killing)라고 하고 열사를 초래하는 온도를 열사온도 또는 열사점이라 한다.

1. 열해(熱害)와 작물 생리

1) 유기물의 과잉 소모

고온에서는 광합성보다 호흡작용이 우세해지며, 고온이 오래 지속되면 유기물의 소모가
많아진다. 고온이 지속되면 당분이 감소한다.

2) 질소대상의 이상

고온에서 단백질의 합성이 저해되고, 암모니아의 축적이 많아지며 축적된 암모니아가 유
해물질로 작용하여 질소대사의 이상 현상을 초래하게 된다.

3) 철분의 침전

고온 때문에 철분이 침전되면 황백화 현상이 발생한다.

4) 증산과다

고온에서는 수분흡수보다도 증산이 과다하여 위조(萎凋)를 유발한다.

5) 일소피해

여름철 직사광선에 노출된 원줄기나 원가지의 수피(樹皮) 조직에 생기는 고온장해나 과실 또는 잎이 갈변되거나 위조되는 피해를 유발한다.

2. 대책

① 월하(越夏) 가능한 내열성이 강한 작물 선택

② 재배시기를 조절하여 혹서기의 열해피해를 줄인다.

③ 그늘을 설치하여 광선을 약하게 한다.

④ 관개를 실시하여 지온을 낮춘다.

⑤ 밀식, 질소과용 등을 피해야 한다.

⑥ 시설재배시에는 환기를 조절하여 지나친 고온은 피한다.

3. 작물의 내열성(耐熱性)

① 내건성이 큰 것은 내열성도 크다.

② 세포내의 결합수가 많고, 유리수가 적으면 내열성이 커진다.

③ 세포의 점성, 염류농도, 단백질 함량, 유지함량, 당분함량 등이 증가하면 대체로 내열성은 증대한다.

④ 작물체의 연령이 높아지면 내열성이 증대한다. 기관별로 보면 주피와 늙은잎이 가장 내열성이 크고, 눈과 어린잎이 그 다음이며, 미성엽과 중심주가 가장 약하다.

⑤ 고온, 건조 환경에서 오래 생육한 것은 경화되어 내열성이 증대한다.

4. 하고(夏枯)현상

내한성이 강하여 잘 월동하는 다년생인 한지형(북방형) 목초는 여름철에 접어들면서 생장이 쇠퇴, 정지하고 심하면 황화, 고사하여 여름철의 목초생산량이 몹시 감소시킨다.

1) 원인

① 고온

북방형 목초는 내열성이 약하며 생육온도가 낮다. 때문에 18~24℃에서 생육이 감퇴하고 24℃ 이상이면 생육이 정지상태에 이르고 하고현상이 심해진다.

② 건조: 한지형 목초(앨펠퍼, 브롬그래스, 스위트클로버, 레드클로버 등)는 대체로 요수량이 크다. 따라서 여름철의 고온뿐만 아니라, 건조도 하고의 큰 원인이 된다.

③ 장일: 월동하는 북방형 목초는 대부분 장일식물로, 초여름의 장일조건에 놓이면 생식생장으로 전환되어 하고현상을 조장한다.

④ 잡초: 여름철에 들어 목초는 쇠약해지는 반면, 고온을 좋아하는 잡초는 무성하여 목초의 생육을 더욱 억제하여 하고현상을 조장한다.

⑤ 병충해: 봄철에 무성하게 자란 목초가 여름철 고온다습한 상태가 되면 병충해 발생이 심해지고 하고현상을 조장한다.

2) 발생

① 여름철 기온이 높고 건조가 심할수록 심하다.

② 티머시는 중남부 평지에서는 격심한 하고현상을 보이나, 산간부 높은 지대에서는 하고현상이 경미하다.

③ 티머시, 켄터키블루그래스, 레드클로버 등은 하고가 심하다.

④ 오처드그래스, 퍼레니얼라이그래스, 화이트클로버 등은 하고가 조금 덜 하다.

3) 대책

① 스프링플러시 억제

- 스프링플러시의 경향이 심할수록 하고현상도 심해진다.

- 봄철 일찍부터 방목하거나 채초(採草)를 하고, 덧거름을 늦게 여름철에 주면 스프링플러시의 정도가 완화되며, 하고현상도 완화된다.

② 관개

고온건조기에 관개를 하면 수분을 공급하고 지온을 낮추어서 하고현상을 줄인다.

③ 초종의 선태

고랭지에서는 티머시가 많이 재배되나, 평지에서는 티머시보다 하고현상이 덜한 오처드그래스가 많이 재배된다.

④ 혼파

하고현상이 덜한 초종이나 하고현상이 없는 난지형 목초를 혼파하여 하고현상에 따른 목초 생산량의 감소를 완화한다.

> ※ **난지형 목초**: 수단그래스, 수수 등

⑤ 방목채초의 조절

약한 정도의 방목과 채초가 하고현상을 경감한다.

4 저온해(冷害)

1. 의의

저온해는 낮은 기온으로 인해 작물이 받는 피해를 말히며 여름작물에 대해서는 냉해(冷害)라고 하고 겨울작물에 대해서는 동해(凍害)라고 한다.

2. 냉해의 구분

① **지연형 냉해**: 생육기간 중 저온에 의하여 생육 진전 및 어린 이삭의 발육이 늦어져 이삭수가 감소하고 출수가 지연되는 형태의 냉해 → 청고현상(靑枯現象, 잎과 줄기가 푸른상태로 시드는 현상) 발생

② **장해형 냉해**: 생식생장기(유수형성기 및 출수기)에 일시적 또는 지속적으로 저온이 찾아와 수정이 불량해져 불임이 발생하는 형태의 냉해

③ **병해형 냉해**: 냉온 조건 하에서 생육이 저조하기 때문에 규산의 흡수도 적어져 조직의 규질화가 저하되면 도열병 등의 병균 침입에 대한 저항성이 작아지고 광합성 속도가 떨어져서 체내의 암모니아 축적이 늘어남으로써 입게 되는 저온장해

④ **혼합형 냉해**: 여러 장해가 동시에 복합적으로 발생하는 장해로 장기적으로 저온이 계속되는 해에 발생하는 것으로 피해가 치명적인 냉해

3. 냉해의 원인

① **증산과잉**: 저온으로 인하여 뿌리에서 수분 및 양분의 흡수기능이 감퇴되는 반면 증산기능은 증대되어 체내 수분 부족으로 위조(잎이 시듦)되고 심하면 건조 고사하게 된다.

② **호흡과다 및 이상호흡**: 작물이 저온에 노출되면 호흡 과다로 인하여 체내물질의 소모가 증가하고, 호흡 과정에 이상이 생겨서 유독물질이 집적된다.

③ **생리기능의 저하**: 원형질의 유동이 순조롭지 못하여 동화물질의 전류와 식물호르몬의 이동, 광합성 능력 등이 저해된다.

④ **양분의 전류 및 축적 장해**: 저온에 의하여 생장점으로의 양분집적이 감소 되며, 등숙기의 지나친 저온은 광합성 산물인 탄수화물의 전류를 저해한다.

⑤ **꽃밥 및 화분의 세포학적 이상**: 벼의 감수분열기의 저온은 꽃밥(꽃가루주머니)이나 화분의 이상발육을 초래하여 불임현상을 초래한다.

4. 냉해대책

① **내냉성 품종의 선택**: 냉해에 강한 품종을 선택하여야 한다. 벼의 경우 조생종 품종이 내냉성 품종이 많다.

② **입지 조건의 개선**

- 지력 배양

- 객토와 땅 다지기로 누수방지

- 암거배수: 습답의 경우 땅 속이나 구조물 밑으로 도랑을 내어 물을 대거나 물을 빼내는 시설을 설치

• 방풍시설 설치: 방풍림 등을 조성하여 냉기 차단

③ 파종, 육묘, 이식 시기 조정: 영양생장량을 증대하고 등숙기를 단축하여 냉해방지와 증수를 기할 수 있는 조파, 조식, 조기재배 실시

④ 냉온기 심수관개 담수: 찬 기온이 찾아온 시기 수온이 19~20℃ 이상인 물을 15~20㎝ 깊이로 담수하면 냉해가 경감된다.

⑤ 천식 및 소주밀식 재배: 작물을 얇게 심고 모를 낼 때, 모 한포기의 모수를 적게 하고 전체 면적에 심는 포기 수를 많게 하면 작물의 건실한 생육을 꾀하고 냉해가 경감된다.

⑥ 적정시비 및 균형시비: 질소비료의 과용은 피하고 가리, 인산, 규산질비료를 증시한다.

5 동상해(凍霜害)

1. 의의

1) 동해(凍害)

월동작물이 흔히 입는 피해를 말하며 기온이 영하로 떨어져 작물 조직내에 결빙이 생겨 받는 피해를 말한다.

2) 상해(霜害)

봄에 일찍 파종하는 작물이나 봄에 일찍 꽃이 피는 과수에 많은 피해를 주는 것으로 늦서리로 인하여 작물 조직이 얼어서 입는 피해를 말한다.

3) 상주해(霜柱害)

서릿발로 인한 피해를 말하며 서릿발이 서면 뿌리가 약한 작물은 뿌리가 상하고 식물체가 솟구쳐 올라와 받는 피해를 말한다.

※ 서릿발: 토양 중 수분이 땅 위로 솟구쳐 올라와 가늘고 긴 빙주(氷柱)가 표면에 솟아난 현상

2. 작물의 내동성

1) 생리적 요인

① 원형질의 수분투과성이 크면 세포내 결빙을 적게하여 내동성을 증대시킨다.

② 원형질의 점도가 낮고 연도가 높은 것이 기계적 견인력을 적게 받아서 내동성이 크다.

③ 원형질의 친수성 콜로이드가 많으면 세포내의 결합수가 많아지고 자유수가 적어져서 원형질의 탈수저항성이 커지며, 세포의 결빙이 경감되므로 내동성이 커진다.

④ 당분함량이 많으면 세포의 삼투압이 높아지고 원형질 단백의 변성을 막아서 내동성이 크다.

⑤ 전분함량이 많으면 당분함량이 저하된다. 따라서, 전분함량이 많으면 내동성은 저하된다.

⑥ 친수성 콜로이드가 많고 세포액의 농도가 높으면 광에 대한 굴절률이 커지고 내동성이 증대된다.

⑦ 세포의 수분함량이 높아서 자유수가 많아지면 세포의 결빙을 조장하여 내동성이 저하된다.

⑧ 칼슘이온(Ca^{2+})은 세포내 결빙을 억제하는 작용이 크고, 마그네슘이온(Mg^{2+})도 억제작용이 있다.

2) 형태적 요인

① 포복성인 것이 직립성인 것보다 내동성이 강하다.

② 파종을 깊이 하였거나 중경(中莖)이 신장되지 않아서 생장점이 깊게 놓이면 내동성이 강하다.

③ 엽색이 진한 것이 내동성이 강한 경향이 있다.

3) 생식기관은 영양기관보다 내동성이 극히 약하다.

4) 경화(Hardening)

월동작물이 5℃ 이하의 기온에 계속 처하게 되면 내동성이 증대되는 것을 말한다. 경화된 것이라도 다시 높은 온도에 처리하며 내동성이 약해지는데, 이것을 내동성 상실이라 한다.

5) 추파성

맥류의 추파성은 생식생장을 억제하는 성질이다. 따라서 저온 처리하여 추파성이 소거되면 생식성장이 유도되어 내동성이 약해진다.

3. 동상해 대책

1) 내동성 작물의 선택

월동에 안전한 작물을 선택하고 늦서리에 의한 동상해를 피할 수 있는 품종을 선택한다.

※ 과수의 내동성 크기: 사과 > 배 > 복숭아, 포도 > 감

※ 맥류의 내동성 크기: 호밀 > 밀 > 보리 > 귀리

2) 방풍림 조성 및 방풍울타리 설치

찬바람이 강한 지대에서는 방풍림이나 방풍울타리를 조성하여 동해를 경감할 수 있다.

3) 보온재배

비닐, 폴리에틸렌 등의 보온재료를 이용하여 보온재배을 하면 동해를 경감할 수 있다.

4) 적기 파종하고 추운 지역에서는 파종량을 늘린다.

5) 인산·가리비료를 증시하여 작물 체내 당함량을 높힌다.

6) 답압(踏壓)은 상주해 및 동상해를 경감시킨다.

4. 동상해 응급대책

① **관개법**: 저녁에 관개하면 물이 가진 열이 토양에 보급되어 동상해를 방지할 수 있다.

② **송풍법**: 송풍을 통하여 상공의 따뜻한 공기를 지면으로 보내 주면 작물 부근의 온도를 높여서 상해를 방지할 수가 있다.

③ **피복법**: 멀칭재료(비닐·폴리에틸렌 등)나 이엉 또는 거적 등으로 작물체를 직접 피복하는 동상해를 방지하는 방법이다.

④ **발연법**: 불을 피우고 연기를 발산하면 약 2℃ 정도 온도가 상승하여 동상해를 경감할 수 있다.

⑤ **연소법**: 가장 적극적인 방법으로 나뭇가지나 폐유 등을 태워서 그 열을 작물에 보내 동상해를 경감하는 방법이다.

⑥ **살수 빙결법**: 바람이 약할 때 스프링쿨러 등의 시설로써 작물체의 표면에 물을 뿌려 주는 방법으로 물이 얼 때 나오는 잠열을 이용하여 작물 체온을 0℃부근으로 유지하는 방법의

응급대책이다. 다만 살수 중단시 급격한 피해를 입을 수 있으므로 연속 살수하여야 하며 강풍 시에는 효과가 경감된다.

CHAPTER 03 광

1 광과 생리작용

1. 광합성

1) 빛 에너지를 에너지원으로하여 이산화탄소와 물을 재료로 포도당을 합성하여 부산물로 산소를 생산하는 과정이다.

2) 녹색식물은 광을 받아서 엽록소를 형성하고 광합성을 수행하여 유기물을 생성한다.

3) 광합성에는 광선의 파장이 675mm를 중심으로 한 610~700mm의 적색부분과 450mm를 중심으로 한 400~510mm의 청색부분에서 가장 활발하게 일어난다.

4) 빛의 파장이 500mm~600mm인 황색광과 녹색광은 녹색식물의 잎에서 반사되거나 투과되어 광합성에 이용되지 못한다.

📁 **광선의 파장 구분 및 작물생육에 미치는 영향**

구분	파장(nm)	작용
적외선	700이상	식물체에 흡수되면 열로 변함
가시광선	600~700(적색)	광합성에 가장 유효하고, 식물의 개화 촉진
	570~590(황색)	광합성에 영향을 거의 미치지 못함
	500~570(녹색)	반사가 많고 광합성에 영향을 미치지 못함
	450~500(청색)	광합성에 가장 유효하고, 엽록소형성과 기공개폐 도움
	400~450(보라)	광합성에 영향을 거의 미치지 못함
자외선	400이하	식물의 생장을 억제하고 낮은 파장의 자외선은 식물을 고사시킴

2. 호흡작용

① 식물체가 생명활동을 하기 위해 포도당을 분해하여 필요한 에너지를 얻는 과정을 호흡작용이라

② 호흡작용은 빛이 있을 때 발생한다.

③ Rubisco(광합성에서 CO_2를 고정하는 핵심효소)가 O_2와 반응하여 광호흡을 유발한다.

④ 강광이고, 고온이며 CO_2 농도가 낮고 O_2 농도가 높을 때 광호흡이 높다.

3. 굴광현상

① 식물의 한쪽에 광을 조사하면 조사된 쪽의 옥신(Auxin)농도가 낮아지고, 반대쪽의 옥신농도가 높아진다.

② 줄기나 초엽에서는 광이 조사된 옥신의 농도가 낮은 쪽의 생장속도가 반대쪽보다 낮아져서 광을 향하여 구부러지는 향광성(향일성, 굴광성)을 나타내지만, 뿌리에서는 그 반대로 되는 배광성(배일성, 굴지성)을 나타낸다.

③ 굴광현상에는 400~500nm, 특히 440~480nm의 청색광이 가장 유효하다.

④ 덩굴손이 감는 운동은 굴광성으로 설명할 수 없다.

4. 착색

① 광이 없을 때에는 엽록소의 형성이 저해되고, 에티올린(Etiolin)이란 담황색 색소가 형성되어 황백화 현상을 일으킨다.

② 엽록소의 형성에는 450nm를 중심으로 한 430~470nm의 청색광역과 650nm를 중심으로 한 620~670nm의 적색광역이 가장 효과적이다.

③ 사과, 포도, 딸기, 순무 등의 착색에 관여하는 안토시안의 생성은 비교적 저온에서 촉진된다.

5. 신장·개화

① 자외선 같은 단파장의 광은 신장을 억제한다.

② 자외선의 투과가 적은 그늘조건에서는 도장(徒長)하기 쉽다.

③ 광조사가 높으면 광합성이 촉진되어 탄수화물의 축적이 많아지고, 이에 따라 C/N률이 높아져서 화아형성이 촉진된다.

6. 식물별 광합성 등 비교

	C_3식물	C_4식물	CAM식물
CO_2 고정계	칼빈회로	C_4회로 + 칼빈회로	C_4회로 + 칼빈회로
최대광합성능력 ($mgCO_2/cm^2$/시간)	15~40	35~80	1~4
CO_2 보상점(ppm)	30~70	0~10	0~5(암중)
21% O_2에 의한 광합성 억제	있음	없음	있음
광호흡	있음	유관속초세포에만 있음	정오 후 측정가능
광포화점	최대일사의 1/4~1/2	최대일사 이상으로 강과조건에서 높은 광합성률을 보인다.	부정
광합성 적정온도(℃)	13~30	30~47	≈ 35 (점근적으로 같음)
내건성	약	강	극강
광합성산물 전류속도	소	대	
최대건물생장률 (g/m^2/일)	19.5 ± 1.9	30.3 ± 13.8	
건물생산량 (ton/ha/년)	22 ± 3.3	38 ± 16.9	낮고 변화가 심함
작물	벼, 보리, 밀, 담배 등	옥수수, 수수, 수단그래스, 사탕수수, 기장, 진주조, 명아주, 버뮤다그래스 등	파인애플 등

2 광보상점·광포화점

1. 의의

1) 진정광합성

호흡을 무시하고 본 절대적인 광합성

2) 외견상광합성

호흡으로 소모된 유기물(이산화탄소 방출)을 빼고 외견상으로 나타난 광합성이다. 어느 정도 낮은 조사광량에서는 진정광합성속도와 호흡속도가 같아서 외견상광합성속도가 0이 되는 상태에 도달하여 유기물의 증감이 없고 이산화탄소의 흡수, 방출이 없게 된다.

3) 광보상점

외견상광합성 속도가 0이 되는 조사광량

4) 광포화

조사광량이 보상점을 넘어서 커짐에 따라 광합성속도가 증대하나 어느 한계에 이르면 그 이상 조사광량이 높아도 광합성속도는 증대하지 않게 되는 상태

5) 광포화점

광포화가 개시되는 조사광량

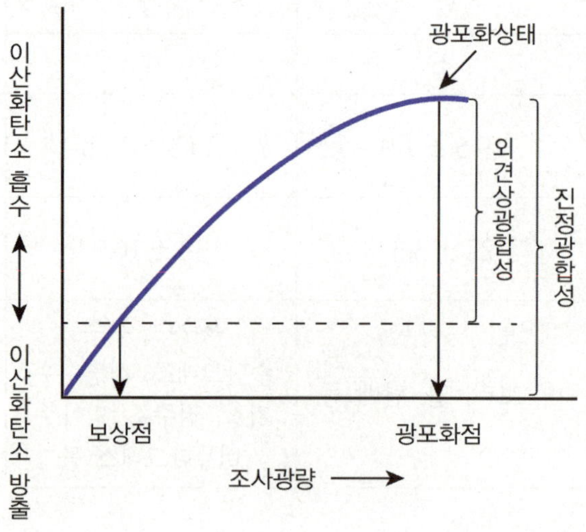

[과보상점-광포화점]

2. 광보상점과 내음성

① 식물은 보상점 이상의 광을 받아야 지속적인 생육이 가능하다.

② 보상점이 낮은 식물은 그늘에 견딜 수 있어 내음성이 강하다.

③ 보상점이 높아서 그늘에 적응하지 못하고 햇볕 쪼이는 곳에서만 잘 자라는 식물을 양생식물이라 한다.

3. 고립상태

① 포장에서는 극히 생육 초기에 여러 개체의 잎들이 서로 중첩되기 전의 상태가 고립상태에 해당한다.

② 광포화점은 온도와 이산화탄소 농도에 따라 변화한다.

③ 생육적온까지 온도가 높아질수록 광합성속도는 높아지나 광포화점은 낮아진다.

④ 이산화탄소포화점까지 공기 중의 이산화탄소 농도가 높아질수록 광합성속도와 광포화점이 높아진다.

⑤ 온난한 지대보다는 냉량한 지대에서 더욱 강한 일사가 요구된다.

3 포장(圃場)광합성

1. 군락상태

① 포장에서 작물이 밀생하고 크게 자라며 잎이 서로 포개져서 많은 수의 잎이 직사광을 받지 못하고 그늘에 있는 상태이다.

② 군락이 우거져서 그늘의 잎이 많아지면 포화광을 받지 못하는 잎들이 증가하고 이들이 충분한 광을 받으려면 더욱 강한 광이 군락에 투사되어야 하므로 군락의 광포화점은 높아지게 된다.

③ 군락의 광포화점은 군락의 형성도가 높을수록 높아지게 된다.

④ 고립상태에 가까운 벼 생육 초기에는 낮은 조도에서 광포화를 이루지만 군락이 무성한 출수기 전후에는 전광에 가까운 높은 조도에서도 광포화가 보이지 않는다. 때문에 군락이 무성한 시기일수록 더욱 강한 일사가 필요하다.

2. 포장동화능력

① 포장동화능력은 포장군락의 단위면적당 동화능력(광합성능력)이며, 수량을 직접 지배한다.

② 포장동화능력은 총엽면적, 수광능률, 평균동화능력 3자의 곱으로 표시된다.
(P = AfP$_0$. P: 포장동화능력, A: 총엽면적, f: 수광능률, P$_0$: 평균동화능력)

③ 수광능률은 군락의 잎들이 어느 정도 광을 효율적으로 받아서 광합성에 이용하는가 하는 표시이며, 주로 총엽면적과 군락의 수광태세에 지배된다.

④ 수광능률을 높이려면 총엽면적을 알맞은 한도로 조절하고 군락 내부로 광투사를 좋게 하는 방향으로 수광태세를 개선해야 한다.

⑤ 평균동화능력은 잎의 단위면적 당 동화능력, 즉 단위동화능력을 총엽면적에 대해 평균한 것으로 일반적으로는 단위동화능력이 평균동화능력과 같은 뜻으로 많이 사용되며 시비, 물관리 등을 잘하여 무기영양상태를 좋게 하였을 때 높아진다.

3. 최적엽면적

① 식물의 건물생산은 진정광합성량과 호흡량의 차이, 즉 외견상광합성량이 결정한다.

② 군락의 엽면적이 증대함에 따라 그늘의 잎이 많아지므로 엽면적이 어느 정도 이상으로 커지면 엽면적 증대에 비례하여 진정광합성량은 증가하지 않지만 호흡량은 엽면적증대에 비례하여 증가한다.

③ 외견상의 광합성량, 즉 건물생산량은 어느 한계까지는 군락의 엽면적이 커지는데 따라 증가하지만 그 이상 엽면적이 증대하면 엽면적이 커지는데 따라 오히려 감소하게 된다.

④ 건물생산이 최대로 되는 단위면적당 군락엽면적을 최적엽면적이라 한다.

⑤ 군락의 엽면적을 토지면적에 대한 배수치로 표시한 것을 엽면적지수라 한다.

⑥ 최적엽면적일 때의 엽면적지수를 최적엽면적지수라 한다.

⑦ 최적엽면적지수를 크게 하면 군락의 건물생산을 크게 하여 수량을 증대시킬 수 있다.

4. 군락의 수광태세

군락의 최적엽면적지수는 군락의 수광태세가 좋을 때 커진다. 동일엽면적이라도 군락의 수광능률은 수광태세가 좋을 때 높아진다.

1) 벼의 초형

① 앞이 가히 얇지 않고 약간 좁으며 상위엽이 직립한다.

② 키가 너무 크거나 작지 않다.

③ 분얼이 조금 개산형(Gathered type)인 것이 좋다.

④ 각 잎이 공간적으로 되도록 균일하게 분포한다.

2) 옥수수의 초형

① 상위엽이 직립하고 아래로 갈수록 약간씩 기울어 하위엽은 수평이 된다.

② 수(♂)이삭이 작고 잎혀가 없다.

③ 암(♀)이삭은 1개인 것보다 2개인 것이 더욱 밀식에 적응한다.

3) 콩의 초형

① 키가 크고, 도복이 안되며, 가지를 적게 치고, 가지가 짧다.

② 꼬투리가 원줄기에 많이 달리고, 밑에까지 착생한다.

③ 잎자루가 짧고 일어선다.

④ 잎이 작고 가늘다.

5. 수광태세의 개선

① 벼나 콩에서 밀식 시에는 줄사이를 넓히고 포기사이를 좁히는 것이 파상군락을 형성케 하여 군락 하부로의 광투사를 좋게 한다.

② 맥류에서는 광파재배보다 드릴파재배를 하는 것이 잎이 조기에 포장 전면을 덮어서 수광 상태가 좋아지고 포장의 지면증발량도 적어진다.

③ 벼에서 규산과 가리를 넉넉히 주어 잎을 직립화 시킨다.

④ 무효분얼기에 질소를 적게 주어 상위엽을 직립화한다. 질소 과용은 작물의 과번무를 조장하고 잎도 늘어지게 한다.

CHAPTER 04 공기

1 이산화탄소와 생리작용

1. 호흡작용

① 대기 중의 이산화탄소 농도가 높아지면 일반적으로 호흡속도는 감소한다.

② 탄산가스에 의한 호흡의 억제는 과실이나 채소의 저장에 이용될 수 있다.

③ 광선이 있을 때 1% 이상의 이산화탄소는 호흡을 멎게 한다.

2. 광합성

① CO_2농도가 높아지면 어느 한계까지는 광합성의 속도가 증대한다. 광이 약할 때에는 CO_2 보상점이 높아지고, CO_2포화점은 낮아지며 광이 강할 때에는 그 반대이다.

② 광합성은 어느 한계까지는 온도, 광도, CO_2농도의 증대에 따라 증대한다.

③ C_4식물은 C_3식물보다 CO_2보상점이 낮아서 낮은 농도의 CO_2조건에서도 적응할 수 있으며, CO_2포화점은 높아서 광합성효율이 뛰어나다.

1) CO_2보상점

① 광합성에 의한 유기물의 생성속도와 호흡에 의한 유기물의 소모속도가 같아지는 CO_2 농도이다.

② 작물이 생장을 계속하기 위해서는 CO_2보상점 이상의 CO_2농도가 필요하다.

③ 대체로 작물의 CO_2보상점은 대기 중 농도의 1/10~1/3 (0.003~0.01%) 정도이다.

2) CO_2포화점

① CO_2농도가 어느 한계까지 높아지면 그 이상 높아져도 광합성속도는 그 이상 증대하지 않는 상태에 도달하게 되는데 이 한계점의 CO_2농도이다.

② 작물의 CO_2포화점은 대기 중 농도의 7~10배(0.21~0.3%)가 된다.

③ CO_2농도가 높아지면 온도가 높아질수록 동화량이 증가한다.

3. 이산화탄소 시비

이산화탄소시비의 경우 보통은 이산화탄소의 농도를 0.15%~0.3%로 조절한다.

1) 탄산가스 시용시기

① 하루 중 탄산가스 시용시각은 일출 30분 후부터 환기할 때까지 2~3시간이지만, 환기를 하지 않을 때에도 3~4시간 이내로 제한한다.

② 오후에는 광합성능력이 저하하므로 CO_2를 시용할 필요가 없고 전류를 촉진하도록 유도한다.

③ 일출과 함께 시설 내 기온이 높아지고 광의 강도가 강해지면서 식물의 광합성활동이 증가하면 CO_2함량은 급격히 감소하는데 이 때 CO_2시비가 필요하다.

2) 탄산가스 시용효과

① 목화, 담배, 사탕무, 양배추 등에서는 2% 농도에서는 광합성속도가 10배로 증가되었다.

② 토마토는 엽폭이 커지고 건물생산이 증가하여 개화와 과실의 성숙이 지연되고 착과율은 증가한다. 총수량은 20~40% 증수하나 조기(早期, 생육 초기) 수량은 감소한다. 과실이 커지면 상대적으로 당도가 저하하는 경향도 있다.

③ 멜론은 1주1과 착과이므로 증수효과보다는 품질이 향상되었는데, CO_2시용으로 과실비대가 현저하고 네트발현이 양호하며 당도가 높아진다. 그러나 과실이 너무 커져 열과가 되거나 발효과가 될 수 있다.

④ 콩에서 CO_2농도를 0.3~0.1%로 증가시킬 경우 떡잎에서의 엽록소 함량의 증가를 볼 수 있으나 탄산가스처리와 함께 조명시간을 길게 하는 경우에는 생장한 잎의 엽록소 및 카로티노이드 함량이 감소한다.

4. 이산화탄소 농도에 관여하는 요인

1) 계절

① 지상의 식물의 잎이 무성한 공기층은 여름철에 광합성이 왕성하여 CO_2 농도가 낮고, 가을철에는 다시 높아진다.

② 지표면과 접한 공기층은 여름철에 토양유기물의 분해와 뿌리의 호흡이 왕성하여 오히려 CO_2 농도가 높다.

2) 지면과의 거리

지표로부터 멀어짐에 따라 CO_2 농도는 낮아지는 경향이 있는데, CO_2는 무거워서 가라앉는 경향이 있기 때문이다.

3) 식생

식생이 무성하면 뿌리의 호흡이 왕성하고, 바람을 막아서 지면에 가까운 공기층의 CO_2 농도를 높게 하지만, 지표에서 떨어진 공기층 잎의 왕성한 광합성 때문에 CO_2 농도가 낮아진다.

4) 바람

바람은 공기 중의 CO_2 농도의 불균형 상태를 완화한다.

5) 미숙유기물의 시용

미숙퇴비, 낙엽, 구비, 녹비를 시용하면 CO_2의 발생이 많으며, 작물 주변 공기층의 CO_2 농도를 높여서 일종의 탄산시비효과를 발생시킨다.

2 풍해

1. 의의

풍해(風害)는 풍속이 크고 공기습도가 낮을 때 심하며 풍속이 6~7m/sec 이상의 강풍에 의한 피해를 말한다.

2. 생리적 장해

① 바람에 의하여 상처가 나면 호흡이 증대하여 체내 양분의 소모가 증가하고 상처난 곳을 통해 병해충 감염 위험이 높아진다.
② 풍속이 강하고 공기가 건조하면 증산이 커져서 식물체가 건조해진다.
③ 풍속이 강해지면(2~4 m/s 이상) 기공이 닫혀 CO_2흡수가 감소되므로 광합성이 감퇴한다.
④ 작물 체온을 저하시킨다.
⑤ 매개곤충의 활동저하로 수정율이 감소한다.

3. 기계적 장해

① 강한 바람에는 절상(折傷), 열상(熱傷), 낙과(落果), 도복(倒伏), 탈립(脫粒) 등의 피해를 초래하며 2차적으로 병해와 부패 등이 유발된다.

② 화곡류에서는 도복하여 수발아(穗發芽)와 부패립(腐敗粒)이 발생하고 수분과 수정의 장해로 인하여 불임립 등이 발생한다.

③ 벼의 경우 습도가 높은 경우에는 강한 바람에도 백수(白穗)가 생기지 않지만 습도가 낮은 경우 약한 바람에도 백수 피해가 초래된다.

4. 풍해의 재배적 대책

① 내풍성 작물 선택

풍해가 심한 지역에서는 목초나 포복형 작물인 고구마와 같은 내풍성 작물을 선택한다.

② 내도복성 작물의 선택

키가 작고 줄기가 강한 내도복성 품종을 선택하여 도복을 방지한다.

③ 작기이동

벼에서는 출수 2~3일 후의 태풍이 가장 피해가 심한데, 작기를 이동하여 위험기의 출수를 피하도록 한다. 조기재배를 하여 8월 중·하순에 수확하면 8월 하순~9월 상순의 위험한 태풍기를 피할 수 있다.

④ 담수

태풍이 올 때 논물을 깊이 대어(심수관계) 담수조치하면 도복과 건조가 경감된다.

⑤ 배토·지주 및 결속

맥류의 배토, 토마토나 가지의 지주, 수수나 옥수수의 몇 개체씩의 결속은 센 바람이 불 때 도복을 방지하거나 줄일 수 있다.

⑥ 칼리질 비료의 증시, 질소질 비료의 과용회피, 밀식의 회피 등으로 생육을 건실하게 하면 센 바람이 불 때 도복이 경감되고, 기계적 피해나 병해도 덜하다.

⑦ 낙과방지제 살포

사과에서는 태풍 전이나 수확 25일~30일 전에 낙과방지제를 물에 타서 고루 뿌려주면 낙과를 경감시킬 수 있다.

CHAPTER 05 수분

1 식물 체내 수분의 기능

식물체내 수분은 광합성의 원료, 대사 용매, 양분 이동 수단, 팽압유지 및 온도 조절 기능을 한다.

1. 생리·화확적 기능

① 광합성의 원료: CO_2와 함께 포도당 합성에 사용된다.

② 대사 반응의 매개체: 효소반응이 일어나는 용매역할을 한다.

③ 가수분해(물이 반응에 참여하여 화합물이 분해되는 화학 반응): 전분 → 당, 단백질 → 아미노산 등

2. 물질의 이동 경로

① 무기양분 용해 및 흡수: 토양 중 양분을 용해하여 뿌리로 흡수

② 양분 등의 체내 이동 수단: 물관을 통해 무기양분을 상향 이동시키고 체관에서 동화산물(광합성에 의해 식물체 내에서 합성된 유기물) 이동의 보조수단

3. 형태, 구조적 기능

① 팽압 유지: 세포 형태를 유지하고 잎과 줄기의 직립성 유지 기능

② 생장 촉진: 세포 신장(세포 팽압)에 필수 요소로 작용

4. 온도조절

① 증산작용을 통해 얻어진 증산열로 식물체 온도 조절

② 고온기 수분으로 인한 온도조절로 고온피해 완화

5. 생리 조절기능

① 기공 개폐조절: 수분 상태에 따라 기공 개폐

② 생리장해 예방: 수분 부족 시 위조, 생육 저해현상 예방

6. 종자·번식 관련 기능

① 발아유도: 효소 활성화와 저장 양분의 분해 촉진으로 발아를 유도

② 화분 발아 및 수정 보조

2 토양수분장력

1. 의의

① 토양수가 토양입자에 결합된 정도를 말하는 것으로 토양입자가 수분을 흡착하여 유지하려는 힘을 말한다.

② 흡착된 수분을 토양입자로부터 분리하여 식물이 이용하는데 필요한 단위면적당 기압 또는 수은주 높이를 수주(水柱)의 높이로 환산한 다음 그 값을 pF로 나타낸다.

③ 장력이 클수록 토양과 수분의 흡착력이 강하여 작물이 흡수되기 어렵고 장력이 작을수록 흡수가 쉽다.

④ 그러나 장력이 너무 작으면 비모관공극에 스며 지하로 흘러내리게 되어 작물이 직접 이용하지 못한다.

2. pF로 나타낸 토양수분장력 범위

① 중력수(pF 0~1.0)

중력에 의해 비모관공극에 스며들어 지하로 흘러내리는 물로서 작물이 이용하지 못한다.

② 유효수분(pF 1.0~4.2): 식물 이용가능

- 최대용수량(pF 2.0): 생육 최적

- 위조점(pF 4.2): 이용 한계

③ 흡착수(pF 4.2 이상): 토양입자에 응축된 수분으로 작물 이용 불가

3. 토성별 수분특성 차이

구분	사질토	양토	식토
입자크기	큼	중간	작음
공극	대공극 많음	균형	소공극 많음
배수성	매우 좋음	적당	불량
보수력	매우 낮음	중간	매우 높음
유효수분량	적음	가장 많음	적음
pF증가속도	빠름	중간	느림
위조위험	큼(수분부족)	적음	큼(공기부족)

4. 위조점

① 초기위조점(pF 4.2)

토양의 수분 함유량이 점차 감소함에 따라 작물의 지상부가 시들기 시작하는 단계로 식물 생육억제의 초기단계이다.

② 영구위조점(pF 4.5)

토양이 초기위조점을 지나 수분이 계속 부족하게 되면 뿌리는 수분흡수가 곤란해져 회복 이 불가능해지는 상태이며 영구위조 상태의 수분함수량을 위조계수라고 한다.

5. 흡습계수

① 정의: 토양입자가 공기 중 수증기를 흡수하여 보유하는 수분량

② 특징

- pF 4.5 이상

- 흡습수

- 식물 이용 불가

- 주로 점토질 토양에서 많음

6. 토양수분스트레스

1) 의의: 토양 수분의 과부족으로 인한 생육저해 상태

2) 종류

① 건조 스트레스: 위조, 광합성 감소

② 과습 스트레스: 뿌리호흡 저해, 근부병 발생

3 수분포텐셜

1. 수분포텐셜

1) 수분포텐셜이란 물이 이동하려는 에너지 상태를 말한다.

2) 물은 삼투압이 낮은 곳에서 높은 곳으로, 수분포텐셜이 높은 곳(물의 비율이 높은곳)에서 낮은 곳으로 이동한다.

3) 수분포텐셜은 토양에서 가장 높고, 대기에서 가장 낮으며, 식물체 내에서는 중간의 값을 나타낸다.

2. 수분포텐셜의 구성

1) 삼투포텐셜(Ψ_s)

용질의 농도에 따라 영향을 받는 물의 포텐셜에너지로 용질이 첨가될수록 감소하며 항상 음(-)의 값을 가진다.

2) 압력포텐셜(Ψ_p)

식물세포 내에서 벽압이나 팽압의 결과로 생기는 정수압에 따른 포텐셜에너지로, 식물세포에서는 일반적으로 양(+)의 값을 가진다.

3) 매트릭포텐셜(Ψ_m)

교질물질과 식물세포의 표면에 대한 물의 흡착친화력에 의하여 나타나는 포텐셜에너지로 항상 음(-)의 값을 가지고, 토양의 수분포텐셜의 결정에 매우 중요하다.

4) 식물체 내의 수분포텐셜

① 식물체 내의 수분포텐셜에는 매트릭포텐셜은 거의 영향을 미치지 않고 삼투포텐셜과 압력포텐셜이 좌우한다.

② 압력포텐셜과 삼투포텐셜이 같으면 세포의 수분포텐셜이 0이 되므로 팽만상태가 된다.

③ 수분포텐셜과 삼투포텐셜이 같으면 압력포텐셜이 0이 되므로 원형질분리가 일어난다.

3. 흡수

1) 삼투압

삼투압을 일으키는 압력으로, 세포 내로 수분이 들어가는 압력이다.

2) 팽압

삼투로 세포 내에 수분이 많아지면 세포의 크기를 키우려는 압력으로, 식물의 체제유지를 가능하게 한다.

3) 막압

팽압 때문에 세포막이 늘어나면 세포막에 탄력이 생겨 다시 안쪽으로 수축하려는 압력이 생기는데 이를 막압이라 한다.

4) 흡수압

실제의 흡수는 삼투압이 막압보다 높을 때 이루어지는데, 이를 흡수압 또는 DPD(Diffusion Pressure Deficit. 확산압차)라 한다.

5) 팽만상태

세포가 최대로 수분을 흡수하면 삼투압과 막압이 같아서 흡수압이 0이 되는 상태에 도달하게 되는데 이 상태를 팽만상태라 한다.

6) 원형질 분리

외액의 농도가 세포액보다 높아질 때에는(세포액의 수분농도가 외액보다 높아질 때) 세포액의 수분이 외액으로 스며나가 원형질이 수축되고 세포막에서 분리한다.

7) 수동적 흡수

증산이 왕성할 때에는 물관내의 DPD가 주위의 세포보다 극히 커지고, 따라서 조직 내의 DPDD(Diffusion Pressure Deficit Difference. 확산압차구배)를 극히 크게 하여 흡수를 왕성하게 하며, 증산이 활발하지 않을 때보다 10~100배의 흡수를 한다. 물관 내의 부압에 의한 흡수를 수동적 흡수라 한다.

8) 적극적 흡수

세포의 삼투압에 기인하는 흡수

① 일비현성(Exudation)

뿌리세포의 흡수압, 즉 근압(Root pressure)에 의하여 생기며, 적극적 흡수의 일종

② 비삼투적 흡수

대사에너지를 소비하여 물관 주위의 세포들로부터 물관으로 수분이 비삼투적으로 배출되는 현상

4 작물의 요수량

1. 요수량

작물의 건물(작물이 생산한 유기물 중에서 수분을 제외한 물질) 1g을 생산하는데 소비된 수분량(g)이다. 대체로 요수량이 작은 작물이 건조한 토양과 가뭄(旱魃)에 대한 저항성이 강하다.

2. 증산계수

건물 1g을 생산하는데 소비된 증산량이다. 수분소비량은 거의 증산량이므로 요수량과 증산계수는 같은 뜻으로 사용되고 있다.

3. 증산능률

일정량의 수분을 증산하여 축적된 건물량으로 요수량과 증산계수의 반대되는 개념이다.

※ 건물생산의 속도가 낮은 생육 초기에 요수량이 크다.

> ※ 습도
> - 대기의 습도가 높지 않고 적당히 건조해야 증산이 활발하며, 양분흡수가 촉진되어 생육이 좋다.
> - 동화양분의 전류도 공기가 다소 건조할 때 촉진된다.

4. 작물의 요수량

1) 옥수수, 수수, 기장 등은 요수량이 작고 벼의 요수량은 1,200mm 이상으로 가장 크며 명아주, 호박, 알팔파 등도 요수량이 크다

2) 요수량이 큰 작물은 토양수분을 많이 수탈한다.

3) 요수량의 지배요인

① 요수량이 작은 작물은 건조한 토양과 한발(旱魃)에 대한 저항성, 즉 내건성이 크다.

② 건물생산의 속도가 낮은 생육 초기에 요수량이 크다.

③ 일반적으로 광부족, 척박한 토양 등 작물 생장의 불량 환경에서 요수량이 증가한다.

5   한해(旱害, 건조해)

1. 의의

① 토양이 건조하면 식물체 내의 수분함량도 감소되어 생육이 나빠지고, 심하면 위조, 고사하게 된다.

② 작물의 세포에 수분이 감소하면 수분이 제한인자가 되어 광합성이 감퇴되고, 양분흡수, 물질전류 등의 여러 생리작용도 저해된다.

③ 효소의 활력이 떨어지고 교란되어 합성작용은 감퇴하고, 분해작용이 우세하여 단백질과 당분이 소진되어 피해를 받는다.

2. 작물의 내건성(耐乾性)

내건성이 강한 작물은 일반적으로 체내 수분의 상실이 적고, 수분의 흡수능이 크며, 체내의 수분보유력이 크고, 수분함량이 낮은 상태에서도 생리기능이 높다.

1) 형태적 특징

① 표면적/체적의 비가 작으며, 왜소하고 잎이 작다.

② 뿌리가 깊고, 지상부보다 근군의 발달이 좋다.

③ 잎조직이 치밀하며, 엽맥과 울타리조직이 발달하고, 표피에는 각피가 잘 발달되어 있으며, 기공이 작거나 적다.

④ 저수능력이 크고, 다육화의 경향이 있다.

⑤ 기동세포가 발달하여 탈수되면 잎이 말려서 표면적이 축소된다.

2) 세포적 특성

① 세포가 작아서 수분이 감소해도 원형질의 변형이 적다.

② 세포 중에 원형질이나 저장양분이 차지하는 비율이 높아서 수분보유력이 강하다.

③ 원형질의 점성이 높고, 세포액의 삼투압이 높아서 수분보유력이 강하다.

④ 탈수될 때 원형질의 응집이 덜 하다.

⑤ 원형질막의 수분, 요소, 글리세린 등에 대한 투과성이 크다.

3) 물질 대사적 특성

① 건조할 때 증산이 억제되고, 급수할 때 수분을 흡수하는 기능이 크다.

② 건조할 때 호흡이 낮아지는 정도가 크고 광합성이 감퇴하는 정도가 낮다.

③ 건조할 때 단백질, 당분의 소실이 늦다.

> ※ 재배와 내건성
> - 내건성은 생식생장기에 가장 약하다.
> - 화곡류는 생식세포의 감수분열기에 가장 약하고 출수개화기와 유숙기에 그 다음으로 약하며, 분얼기에는 비교적 강하다.

3. 대책

1) 관개

한해의 근본적인 대책은 관개이다.

2) 내건성이 강한 작물 재배

수수, 조, 기장, 호밀, 밀, 앨팰퍼, 베치, 동부, 나지형 목초 등

3) 수분보유력 증대

① 토양입단 조성

② 드라이파밍(Dry Farming - 건조농법)

③ 피복

④ 중경제초

4) 밭작물 재배적 대책

① 뿌림골을 낮게 한다.

② 뿌림골을 좁히거나 재식밀도를 성기게 한다.

③ 질소의 다용을 피하고 퇴비, 인산, 칼리를 증시한다.

④ 봄철 보리나 밀맡이 건조할 때에는 답압을 한다.

⑤ 내건성 작물과 품종을 선택하고, 토양수분의 보유력을 높이며, 증발을 억제하는 조처를 취한다.

5) 논벼 재배적 대책

① 건답직파

② 만식적응재배

③ 밭못자리모, 박파묘

④ 모솎음, 못자리가식, 본답가식, 저묘

⑤ 대파

6 습해(濕害)

1. 습해

밭토양의 토양최적함수량(최대용수량의 70~80%)을 넘어 과습상태가 지속되어 토양산소가 부족해지면 작물의 뿌리가 상하게 되고 심한 경우에는 부패하여 지상부가 황화한 후 위조, 고사하는 피해를 입는다.

2. 발생

① 과습하여 토양산소가 부족하면 직접피해로서 호흡장해가 발생한다.

② 토양미생물의 활동이 억제된 동기습해(冬期濕害)는 주로 강우·적설 후 배수불량이나 해방과 결빙의 반복으로 인한 직접적인 피해에 의하여 발생한다.

③ 호흡장해가 생기면 무기성분(N, P, K, Ca, Mg 등)의 흡수가 저해되고 광합성도 저하되어 생장이 쇠퇴하고 감수가 초래된다.

④ 봄과 여름철에 지온이 높을 때 토양이 과습하게 되면 직접적인 한해 피해 뿐만 아니라, 토양미생물의 활동으로 환원성 유해물질이 생성되어 피해가 더욱 커진다.

⑤ 환원성인 철(Fe^{2+}), 망간(Mn^{2+})등도 유해하며, 황화수소(H_2S)까지 생성되면 피해가 더 심해진다.

⑥ 습해는 생육 초기보다 생육 후기(盛期)에 더 심하게 나타난다.

> ※ 황화수소가 나오는 습해
> - 맥류의 뿌리에서 종자근이 암회색으로 되어 쇠약해진다.
> - 관근의 선단이 진한 갈색으로 변하여 생장이 정지된다.
> - 목화(木化), 괴사도 보이고, 황화철과 아산화철의 침입도 보인다.

3. 작물의 내습성

1) 내습성에 영향을 주는 요인

① 산소공급능력

- 벼는 밭작물인 보리와 비교하면 잎, 줄기, 뿌리에 통기계(通氣系, 뿌리에 산소를 공급하

기 위해 발달한 식물의 통기 구조)가 잘 발달하여 지상부에서 뿌리로 산소를 공급할 수 있으므로 담수조건에서도 잘 생육한다.

- 뿌리의 피층세포가 직렬로 되어 있는 것은 사열로 되어 있는 것보다 세포의 간극이 커서 뿌리에 산소를 공급하는 능력이 크기 때문에 내습성이 강하다.

- 생육 초기의 맥류처럼 잎이 지하의 줄기에 착생하고 있는 것은 뿌리에 산소를 공급하는 능력이 크다.

② 뿌리 목화

뿌리가 목화한 것은 환원성 유해물질의 침입을 막아서 내습성을 강하게 한다.

③ 뿌리의 발달 습성

근계가 얕게 발달하거나, 습해를 받았을 때 부정근의 발생력이 큰 것은 내습성을 강하게 한다.

④ 유해물질 저항성

뿌리가 황화수소, 아산화철 등에 대하여 저항성이 큰 것은 내습성을 강하게 한다.

4. 대책

① 정지

휴립휴파, 휴립재배

② 토양개량

토양 통기를 조장하기 위하여 세사를 객토하거나 중경을 실시하고 토양입단을 조성한다.

③ 내습성 작물, 품종 선택

④ 시비

미숙유기물과 황산근 비료의 시용을 피하고, 표층시비를 하여 뿌리를 지표면 가까이 유도하며, 뿌리의 흡수장해가 보이면 엽면시비를 한다.

⑤ 과산화석회의 시용

과산화석회(CaO_2)를 종자에 분의해서 파종하거나 토양에 혼입하면 (4~8kg/10a) 상당한 기간 산소를 방출하므로 습지에서 발아 및 생육이 촉진된다.

⑥ 배수

토양 습해를 방지하는데 가장 효과적이고 적극적인 방법으로 객토를 실시하여 지반을 높혀 배수를 꾀하거나 명거배수나 암거배수 등 자연배수(토지의 지면 경사를 이용하여 배수로를 만들어 배수하는 방법)를 함으로써 토양 습해를 예방할 수 있다. 또한 자연배수가 곤란할 때에는 인력이나 기계력을 이용하는 기계적 배수 방법 등도 고려하여야 한다.

7 수해(水害)

1. 의의

① 강우나 집중호우 등의 이유로 작물이 침관수피해를 입게 되는 것을 수해라고 한다.

② 침수는 식물체 일부가 물에 잠기는 것을 말하고 관수는 식물체 전체가 물에 잠기는 상태를 말한다.

③ 수해는 식물체의 손상, 도복이나 매몰, 병충해 발생, 표토유실이나 토양붕괴, 사력침전(유수로 표토가 유실되고 모래와 자갈만 남는 상태) 등의 피해를 유발한다.

2. 수해에 영향을 미치는 요인

1) 생육단계

벼의 침수피해는 분얼초기에는 작지만, 수잉기~출수개화기에는 커진다.

2) 침수요인

① 수온

수온이 높으면 호흡기질의 소모가 빨라 피해가 크다.

② 수질

탁수는 청수보다, 정체수는 유수보다 수온이 높고, 물속의 산소도 적으므로 피해가 크다.

③ 침수기간

벼의 관수피해는 생육단계가 진전될수록 크다.

3) 재배적 요인

질소질 비료를 많이 주면 탄수화물 함량이 줄고, 호흡작용이 왕성해지며, 내병성이 약해져서 관수해가 커진다.

3. 대책

1) 사전적 대책

① 경지정리를 통한 양호한 배수환경 조성

② 상습침수지역에서 작물의 종류나 품종선택 유의(내습성이 강한 작물 및 품종 선택)

③ 파종과 이식 시기를 조절하여 수해를 경감시킬 수 있다.

④ 밀식재배와 질소 과용을 피한다.

2) 침수시 대책

① 배수

② 결속(키가 큰 작물은 결속을 통하여 도복 방지)

3) 사후 대책

① 도복된 표기는 땅이 굳기 전 일으켜 세운다.

② 물이 빠지게 되면 표토 유실로 뿌리가 노출된 곳은 배토(복주기)를 실시하고 작물에 묻어 있는 이물질(흙앙금 등)을 씻어준다.

③ 표토 유출이 심한 경우 신근발생 후 추비 실시

④ 병해충 방제

⑤ 피해가 심한 경우 추파(追播, 발아가 불량한 곳에 추가 파종), 보식(補植, 식물이 죽거나 상한 곳에 보충하여 심는 것), 개식(改植, 식물이 죽은 자리에 다시 심는 것), 대파(代播, 주작물의 피해가 심해 수확이 불가능하다고 판단 될 때 대용작물을 재배하는 것) 등을 고려한다.

⑥ 못자리때 관수피해를 입은 경우에는 뿌리가 상한 경우가 많기 때문에 퇴수후 1주일 정도가 지난 후 신근이 발생한 다음 이앙한다.

※ 암거배수 유의점
① 습답 등에 암거배수시설을 한 당년에는 미숙유기물이 한꺼번에 분해하여 암모니아가 많이 생성된다. 그 결과 벼가 과도하게 자라 도복, 병해의 우려가 있으므로 질소질비료의 시용량을 줄이도록 한다.
② 벼의 생육초기에는 지온이 낮아서 토양의 환원상태가 심하지 않고 벼 뿌리의 산소요구량도 적으므로 이 시기에 암거를 개방하여 배수가 많아지면 토양 중의 산소공급효과보다는 비료분 유실의 피해가 더 크기 때문에 벼의 생육 초기에는 암거를 막는 것이 유리하다.

---

8 관개(灌漑)

1. 의의

1) 작물생육에 필요한 물을 인위적으로 농지에 공급하는 것을 말한다.

2) 벼의 경우 물을 가장 많이 필요로 하는 시기는 생육 초기이며(수잉기 > 활착기 > 유수발육 전기 > 출수기) 생육중기인 무효분얼기에는 관개할 필요가 없다.

3) 유효분얼기와 등숙기에는 적은 양의 관개가 필요하다.

2. 관개의 효과

① 토양 수분 보충(한해 방지)

② 작물의 정상생육

③ 비료성분의 용해, 흡수

④ 유해물질 제거(염류 희석 등)

⑤ 토양 온도 조절

⑥ 병충해 경감

⑦ 풍식과 동상해 방지

3. 관개 방법

1) 지표(地表)관개: 담수, 구거관개(개거법), 살수관개

2) 지중(地中)관개: 배관을 통한 암거관개

3) 국부(局部)관개: 스프링클러나 작은 구멍이 뚫린 파이프 등을 이용한 점적관개, 미세살수관개

9 수질오염

1. 유기물

유기물 함량이 높은 폐수를 논에 관개하면 혐기조건에서는 메탄가스, 유기산, 알콜류 등의 중간대사물이 생성되는데 이 분해과정에서 토양은 환원상태가 되고, 황화수소는 유기산과 함께 벼의 뿌리를 해치며 심한 경우에는 근부현상을 일으키고 칼리, 인산, 규산 및 질소의 흡수가 저해되어 수량이 감소한다.

2. 세제

합성세제의 주성분인 ABS(Alkyl Benzene Sulphonate)가 20ppm 이상되는 농도에서는 뿌리의 노화현상이 빨리 일어난다.

3. 수질등급

수질은 여러등급으로 구분되어 용도에 알맞게 쓰이는데, 이에는 생물화학적 산소요구량(BOD. Biochemical Oxygen Demand), 화학적 산소요구량(COD. Chemical Oxygen Demand), 용존산소량(DO. Dissolved Oxygen), 대장균 수, pH 등이 참작된다.

1) BOD

수중의 오탁유기물을 호기성균이 생물화학적으로 산화분해하여 무기성 산화물과 가스체로 안정화하는 과정에 필요한 총산소량을 ppm(또는 mg/l)의 단위로 표신한 것이다.

2) COD

오수 중의 전체 유기물이 화학적으로 산화되는데 필요한 산소량을 측정하여, 이로부터 산출한 오탁유기물의 양을 ppm으로 나타낸 것이다.

3) DO

물에 녹아 있는 산소의 양을 나타낸 것으로, 수온이 높아질수록 용존산소량은 낮아진다. 용존산소량이 낮아지면 생물화학적 산소요구량이나 화학적 산소요구량이 높아지게 된다.

CHAPTER 06 　상적발육

※ 용어
- **신장**: 키가 크는 것
- **생장**: 양적으로 증대하는 것
- **발육**: 아생, 분얼, 화성, 등숙 등의 과정을 거치면서 체내에 질적인 재조정작용이 생기는 것
- **발육상**: 단계적 양상

1 상적발육·화성

1. 상적발육

① 상적발육

작물이 화아, 분얼, 개화,등숙 등의 생육단계를 거치면서 여러 발육상을 차례로 완성해 가는 과정

② 작물의 상적 발육에는 초기의 특정온도가 필요한 단계인 감온상(Thermo-phase) 또는 감온기(요열기, 요온기. Thermo stage)가 있고, 그 뒤에 특정 일장이 필요한 단계인 감광상(Photo - phase) 또는 감광기(요광기. Photo stage)가 있다.

③ 개개의 발육상은 서로 경과 과정들이 접속해서 성립되며, 전 단계의 발육상을 경과하지 못하면 다음의 발육상으로 이행할 수 없다.

2. 화성(化成)

1) 화성

화성이란 동화작물이 작물체 내에서 각종 유기물로 전환되어 건물로 축적되는 과정을 말한다. 즉, 영양적 발육 또는 영양생장을 거쳐 생식기관의 발육단계인 생식적 발육 또는 생식생장으로 이행하는 것을 뜻한다.

2) 화성유도 요인

① 질소(N) 공급

  - 단백질 합성 촉진하여 화성 작용 활성화

  - 과다시 영양생장에 치우치게 되어 화성에 불리

  - C/N율: 잎에서 만들어진 탄수화물과 뿌리에서 흡수한 질소(N) 성분의 비율에 의하여 가지생장, 꽃눈형성 및 결실에 영향을 준다는 이론으로 C/N율이 높을 때 식물의 영양생장은 억제되고 생식생장이 촉진된다.

② 적정온도

  - 효소활동 최적화

  - 저온 환경에서는 화성이 둔화

  - 고온 환경에서는 호흡 증가로 화성 저하

③ 동화산물 축적: 광합성 산물이 충분할수록 화성이 촉진됨

④ 낮은 호흡 소모: 호흡량이 감소했을 때 화성 산물을 보존하기가 용이하여 화성이 촉진된다. 따라서 호흡이 소모되는 야간 고온은 화성에 불리하다.

⑤ 양분 균형

  - 인산과 가리가 충분할 때 전분과 당으로의 전환이 용이하여 화성이 촉진된다.

  - 미량요소 결핍시 화성이 저해된다.

⑥ 적정 수분 상태 유지: 적정한 수분은 효소작용을 원활하게 하여 화성을 촉진하지만 과습 상태의 토양은 호흡 장애를 초래해 화성이 저하된다.

2 버널리제이션(춘화)

식물체가 생육의 일정시기(주로 초기)에 저온을 경과함으로써 화성, 즉 꽃눈의 분화와 발육이 유도, 촉진되거나 생육의 일정시기(주로 초기)에 일정기간 인위적인 저온을 주어서 화성을 유도, 촉진하는 것으로 일정한 저온조건에서 식물의 감온상을 경과하도록 하는 것이다.

1. 구분

1) 처리온도에 따른 구분

일반적으로 고온버널리제이션(고온처리, 고온춘화)보다 저온버널리제이션(저온처리, 저온춘화)의 효과가 결정적이며, 버널리제이션이라고 하면 보통 저온버널리제이션을 의미한다.

※ 저온처리의 감응부위는 생장점이다.

① 저온버널리제이션

- 일반적으로 월년생 장일식물은 비교적 저온인 0~10℃의 처리가 유효하다.

- 저온춘화형 식물: 월년생(越年生 두해살이) 장일식물(추파맥류, 무, 배추, 딸기, 유채 등)

② 고온버널리제이션

- 단일식물은 비교적 고온인 10~30℃의 처리가 유효하다. 저온버널리제이션에서 고온은 버널리제이션효과를 감쇄한다.

- 고온춘화형 식물: 단일식물(콩, 상추, 조, 벼, 국화 등)

2) 처리시기에 따른 구분

① 종자버널리제이션

- 종자가 물을 흡수하여 배(胚)가 활동을 개시한 후에는 언제든지 전온에 감응하는 식물

- 최아(催芽)종자(파종 전 인위적으로 발아를 촉진시켜 배가 막 자리기 시작한 종자) 시기에 실시

- 종자춘화형 식물: 종자버널리제이션을 하는 것이 가장 효과가 큰 식물로 추파맥류, 완두, 잠두, 무, 배추, 봄올무 등이 있다.

② 녹체버널리제이션

- 식물체가 어느 정도 영양생장을 한 다음 저온을 받아야 다음 단계로의 생육상 전환이 일어나는 식물

- 녹체기에 실시

- 녹체춘화형 식물: 녹체버널리제이션을 하는 것이 가장 효과가 큰 식물로 양배추, 당근, 양파,국화, 사리풀 등이 있다.

※ 비춘화형 식물: 저온처리의 효과가 뚜렷하지 않은 식물

3) 그 밖의 구분

① 단일 춘화: 추파맥류는 종자춘화형 식물이며, 최아종자를 저온처리하면 봄에 파종해도 좌지현상이 방지되고 정상적으로 출수하게 된다. 그런데 저온처리를 하지 않더라도 본엽 1매 정도의 녹체기에 약 한달 동안의 단일처리를 하되 명기에 적외선이 많은 광(비타룩스 A 등의 조명)을 조명하면(온도는 18~22℃가 양호함) 버널리제이션을 한 것과 같은 효과가 나타는데 이를 단일춘화라 한다.

> ※ **좌지현상(Rosette현상)**
> 추파맥류에 있어서 춘화를 하지 않으면 출수할 수 없는 성질을 추파성이라고 한다. 이러한 추파맥류를 춘화처리를 하지 않고 파종할 경우 영양생장만 하고 생식생장을 하지 못해 잎만 무성하게 자라다가 결국 열매나 이삭이 생기지 못하는 현상이 일어나게 되는데 이를 좌지현상(로제트현상)이라고 한다.

② 화학적 춘화: 지베렐린 같은 화학물질을 처리해도 버널리제이션과 같은 효과를 나타내는 경우가 많은데, 이를 화학적 춘화라 한다.

2. 온도 이외의 조건

① 산소: 산소의 공급이 절대로 필요하다.

② 광: 최아종자의 저온처리의 경우에는 광의 유무가 버널리제이션에 관계하지 않으나, 고온처리의 경우에는 암조건이 필요하다.

③ 건조: 처리 중에 종자가 건조하면 버널리제이션효과가 감쇄된다.

④ 탄수화물: 배나 생장점에 당과 같은 탄수화물이 공급되지 않으면 버널리제이션효과가 나타나기 힘들다.

> ※ 이춘화(Devernalization)
>
> 밀에서 저온버널리제이션을 실시한 직후에 35℃ 정도의 고온처리를 하면 버널리제이션효과를 상실한다.

> ※ 재춘화(Revernalization)
>
> 가을호밀에서는 이춘화 후에 다시 저온처리를 하면 다시 완전한 버널리제이션이 된다.

3. 화학적 춘화

화학물질의 처리로 버널리제이션의 효과가 완전히 대체되거나 또는 크게 보강되는 것을 화학적 춘화라 한다. 지베렐린, IAA, IBA, β-naphthoxyacetic acid, 2,4-dichlorophenoxyacetic acid 등이 화학적 춘화에 효과가 있다는 보고가 있다.

1) 지베렐린의 버널리제이션 대체효과

국화과, 배추과(십자화과), 볏과 등 여러 과의 저온요구식물을 버널리제이션처리를 하지 않고 장일조건에서 재배하면서 지베렐린처리를 하면 그 가운데서 많은 식물의 화성이 유도된다.

2) 옥신의 화아분화효과

옥신도 휴면종자를 NAA용액에 침지하면 화성이 촉진되고, 가을보리에 옥신을 주입하면 착화수가 증대한다.

3) 화학적 이춘화

화학물질의 처리에 의하여 버널리제이션효과가 소실 또는 감쇄되는 것이다.

4. 춘화처리의 농업적 이용

① 생육기간 단축(조기 개화 및 조기 출수 유도): 종자나 유묘(幼苗)를 저온 처리하면 생육기간 단축을 통한 조기수확 가능

② 월동작물의 안정적 개화: 월동 작물의 경우 춘화처리를 하면 겨울을 거치지 않아도 개화가 가능하다. 시설재배나 온실재배에서 활용된다.

③ 개화불량 방지: 춘화요구 작물에서 화아분화를 촉진하여 추대 및 불개화를 예방한다.

④ 채종·육종에 활용: 개화를 유도하여 교배나 채종 시기를 단축함으로서 세대 촉진이 가능

⑤ 재배시기 조절: 춘화처리를 이용하여 파종이나 정식시기를 조절 할 수 있다.

> ※ 온욕법
>
> 11월에 개나리를 30℃ 온탕에 9~12시간 담갔다가 따뜻한 곳에 보관함으로써 개화를 유도하는 것을 말하다. 버널리제이션과는 성질이 다르다.

3 일장효과

- 일장(광주기): 1일 24시간 중의 명기(明期)의 길이
- 장일: 일장이 12~14시간 이상인 것
- 단일: 일장이 12~14시간 이하인 것
- 일장효과: 일장이 식물의 화성 및 그 박의 여러면에 영향을 끼치는 현상
- 유도일장: 식물의 화성을 유도할 수 있는 일장
- 일장유도(온도유도): 온도처리나 일장처리의 후작용으로써 화성이 유도되는 현상
- 유도기간: 화성 유도에 필요한 온도나 일장의 처리기간
- 일장온도유도: 일장과 온도가 결합되어 화성을 유도한는 것
- 비유도일장: 화성을 유도할 수 없는 일장
- 한계일장: 우도일장과 비유도일장의 경계가 되는 일장 즉 화성유도의 한계가 되는 일장
- 최적일장: 화성을 가장 일찍 유도하는 일장
- 일장적응: 일정한 일장이나 위도에 대한 식물의 적응성

1. 식물의 일장형

1) 장일식물

① 장일상태(보통 16~18시간 조명)에 화성이 유도, 촉진되며 단일상태는 이를 저해한다.

② 최적일장과 유도일장의 주체가 장일측에 있고 한계일장은 보통 단일측에 있다.

③ 맥류, 양귀비, 시금치, 양파, 상추, 아마, 티머시, 아주까리, 감자 등

2) 단일식물

① 단일상태(보통 8~10시간 조명)에서 화성이 유도, 촉진되며 장일상태는 이를 저해한다.

② 암기가 일정 시간 지속되어야 한다.

③ 최적일정과 유도일장의 주체가 단일측에 있고 한계일장은 보통 장일측에 있다.

④ 국화, 콩, 담배, 들깨, 샐비어, 도꼬마리, 코스모스, 목화, 벼, 나팔꽃

3) 중성식물

① 일정한 한계일장이 없고, 대단히 넓은 범위의 일장에서 화성이 유도되며, 화성이 일장의 영향을 받지 않는다고 할 수도 있다.

② 강낭콩, 고추, 토마토, 당근, 셀러리 등

4) 정일식물

어떤 좁은 범위의 특정한 일장에서만 화성이 유도된다.

2. 일장효과에 영향을 주는 요인

1) 발육단계

본엽이 나온 뒤 어느 정도 발육한 후에 감응하다.

2) 광의 강도

① 명기가 약광이라도 일장효과는 발생한다.

② 착화수는 명기의 광이 어느 정도 강해야 증대한다.

3) 광의 파장

600~680nm의 적색광이 가장 효과가 크며, 다음이 400nm 부근의 자색광이고, 480nm 부근의 청색광은 가장 효과가 적다.

4) 연속암기·야간조파

① 장일식물은 24시간 주기가 아니더라도 명암의 주기에서 상대적으로 명기가 암기보다 길면 장일효과가 나타난다.

② 단일식물에서는 보통 일정기간 이상의 연속암기가 있어야만 단일효과가 나타난다.

③ 단일식물은 연속암기가 극히 중요하므로 장야식물 또는 장암기식물이라 한다.

④ 장일식물은 단야식물 또는 단암기식물이라 한다.

⑤ 단일식물의 연속암기의 중간에 광을 조사하여 연속암기를 소정 이하의 길이로 분단하면, 암기의 합계가 명기보다 길다고 하더라도 단일효과는 발생하지 않는다. 이를 야간조파 또는 광중단이라 한다.

⑥ 야간조파에 가장 효과가 큰 광의 파장은 600~680nm의 적색광이다.

5) 처리일수

도꼬마리나 나팔꽃은 1회의 단일처리로도 개화한다.

6) 온도의 영향

일장효과의 발현에는 어느 한계의 온도가 필요하다.

7) 질소시용의 영향

① 장일식물은 질소가 적을 때 영양생장이 억제되어 장일효과가 더욱 잘 나타난다.

② 단일식물은 질소요구도가 커서 질소가 충분해야 생육이 빠르고, 단일효과도 더욱 잘 나타난다.

3. 효과

① 일장처리에 감응하는 부분은 잎, 어린잎이나 늙은잎보다 성엽이 더 잘 감응한다.

② 장일식물은 옥신처리로 화성이 촉진되는 경향이 있다.

③ 지베렐린은 저온, 장일이 화성에 필요한 식물의 저온이나 장일을 대신하는 탁월한 효과가 있다.

④ 일장처리를 하면 잎에 호르몬성 개화유도물질이 형성되어 이것이 줄기의 생장점으로 이동해서 화성을 유도하는데, 이 개화유도물질을 플로리겐 또는 개화호르몬이라 한다.

4. 개화 이외의 일장효과

1) 성의 표현

① 모시풀(저마), 스위트콘은 자웅동주식물인데 14시간 일장에서는 완전웅성, 13~14시간 일장에서는 완전한 자웅동주, 12시간 이하의 일장에서는 불완전자성, 8시간 일장에서는 와전자성이 된다.

② 오이, 호박 등은 단일 하에서 암꽃이 많아지고, 장일 하에서 수꽃이 많아진다. 그런데 장일 하에서는 이들 식물의 C/N율이 높아진다.

③ 삼(대마)은 자웅이주식물인데 단일 하에서 성전환이 이루어진다.

2) 형태적 변화

① 콩 등의 단일식물이 장일조건에 놓이면 영양생장이 계속되어 거대형이 되고 때로는 만화한다.

② 배추, 양배추 등과 같은 장일식물을 단일조건에 두며 추대가 되지 않고 땅가에서 잎만 출현하는 방사엽식물이 된다.

3) 저장기관의 발육

① 고구마의 덩이뿌리, 봄무나 마의 비대근, 달리아의 알뿌리, 감자나 뚱딴지의 덩이줄기 등은 단일조건에서 발육이 촉진된다.

② 양파의 비늘줄기는 16시간 이상의 장일에서 발육이 촉진된다.

4) 결협 및 등숙: 단일식물인 콩이나 땅콩에서는 결협, 등숙도 단일에서 촉진된다.

5) 나무의 휴면: 저온에서는 일장과 무관하게 휴면이 유도된다.

5. 농업적 이용

1) 자연일장에 대한 적응

① 벼의 만생종은 단일식물이고 한계일장이 뚜렷하여 조파조식을 하면 영양생장량이 증대하여 증수할 수 있다.

② 시금치는 봄철 장일에서 추대가 유도되는데, 추대 전에 생장량이 증대되도록 하기 위해서 추파를 하고 있다.

2) 수량 증대

홉(Hop)은 단일식물인데, 개화 전에 보광을 하여 장일상태로 하면 영양생장을 계속하며 알맞은 때 보광을 정지하여 자연의 단일상태로 두면 개화하게 된다. 이렇게 하면 꽃은 작으나 수효가 많아져서 수량이 상당히 증대한다.

3) 개화기 조절

① 국화는 조생국을 단일처리하면 촉성재배가 가능하고, 단일처리의 시기를 조금 늦추면 반촉성재배가 된다.

② 만생추국에 장일처리를 하여 개화기를 늦추면 억제재배를 할 수 있다.

③ 품종과 일장처리를 교묘히 이용하면 국화는 연중 어느 때나 개화시킬 수 있으며, 이를 주년재배라 한다.

4) 육종

① 인위개화

고구마순을 나팔꽃 대목에 접목하고 8~10시간 단일처리를 하면 인위적으로 개화가 유도되어 교잡육종이 가능해진다.

② 개화기 조절

벼의 조생종과 만생종을 교잡하려고 할 때에는 보통 만생종에 단일처리를 하여 개화기를 앞당겨 두 품종의 개화기를 같게 한 다음 교잡한다.

③ 육종연한 단축

세대단축온실에서 일장처리를 하면 연간 2~3모작을 할 수 있어 육종연한이 단축된다.

5) 성전환

삼은 성염색체의 조성이 ♀ XX, ♂ XY 인데, 단일에 의하여 성전환을 한다. 또한 암그루가 생육이 왕성하여 섬유의 수량은 많으나 품질은 낮다.

4 품종의 기상생태형

기본영양생장성을 지배하는 기본영양생장기간은 환경의 지배를 받지 않는다고 가정하지만 감광성이나 감온성에 지배되는 영양생장은 일장(단일)이나 온도(고온)에 따라 크게 단축될 수 있기 때문에 이를 가소(可塑)영양생장이라 한다.

1. 구성

1) 기본영양생장성(Blt형)

작물의 출수, 개화에 가장 알맞은 온도와 일장에 놓이더라도 일정한 정도의 기본영양생장을 하지 않으면 출수, 개화에 이르지 못하는데, 이 성질을 기본영양생장이라 한다.

2) 감광성(bLt형)

식물이 일장환경, 주로 단일식물이 단일환경에 놓이면 출수, 개화가 촉진되는 성질을 감광성이라 한다.

3) 감온성(blT형)

생육적온에 이르기까지는 저온보다 고온에 의하여 작물의 출수, 개화가 촉진되는데, 이 성질을 감온성이라 한다.

2. 분류

1) 기본영양생장형

기본영양생장형(Blt형)은 기본영영생장성이 크고, 감광성과 감온성이 작아서 생육기간이 주로 기본영양생장성에 지배되는 것이다.

2) 감광형

감광형(bLt형)은 기본영양생장성과 감온성이 작고 감광성이 커서 생육기간이 주로 감광성에 지배되는 것이다.

3) 감온형

감온형(blT형)은 기본영양생장성과 감광성이 작고 감온성이 커서 생육기간이 주로 감온성에 지배되는 것이다.

4) blt형

세가지 성질이 모두 작아서 어떤 환경에서도 생육기간이 짧은 것이다.

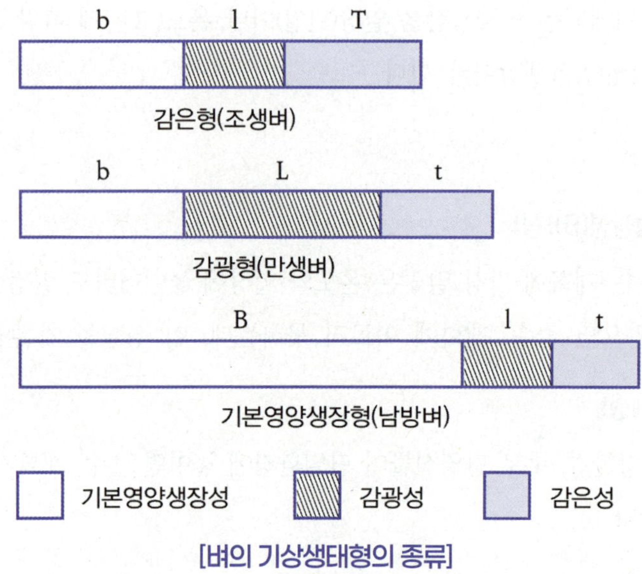

[벼의 기상생태형의 종류]

3. 지리적 분포

1) 고위도 지대

고위도지대에서는 기본영양생장성, 감광성, 감온성이 모두 작아서 생육기간이 짧은 blt형이나 기본영양생장성과 감광성이 작고 감온성이 커서 일찍 고온에 감응하는 감온형(blT형)이 일찍 출수하여 안전하게 성숙할 수 있으므로 이러한 기상생태형들이 분포한다.

2) 중위도 지대

① 감온성, 감광성이 작고 기본영양생장성이 비교적 큰 기본영양생장형(Blt형)이나 기본영양생장성, 감온성이 작고 감광성이 큰 감광형(bLt형)이 해당한다.

② 감온형(blT형) 품종들도 조생종으로 존재한다.

3) 저위도 지대

① 기본영양생장형(Blt형)은 연중 고온, 단일인 환경에서도 생육기간이 길어서 다수성이 되므로 주로 이러한 품종이 분포한다.

② 적도에서 멀어지고 재배기간이 여름에서 겨울에 이르는 경우에는 일장이 장일로부터 단일로 변화하는데, 이러한 재배지대에서는 감광성이 높아서 알맞은 한계일장에 감응하여 출수하는 감광형(bLt형)도 존재한다.

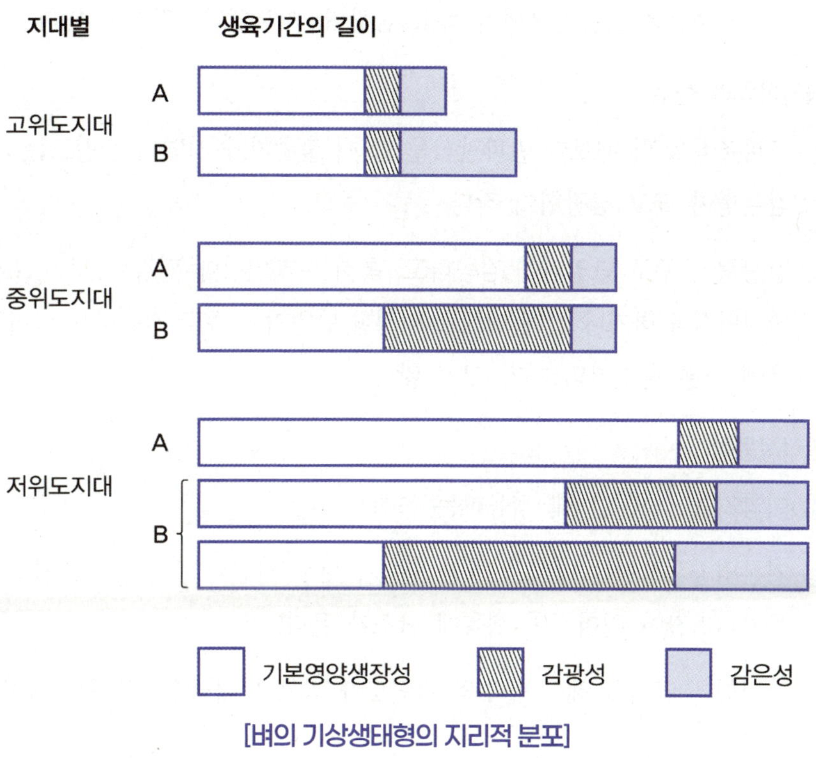

[벼의 기상생태형의 지리적 분포]

4. 중위도 지대의 재배적 특성

1) 조만성

파종과 모내기를 일찍이 할 때 blt형, 감온형은 조생종이 되고 기본영양생장형, 감광형은 만생종이 된다.

2) 묘대일수감응도

① 손모내기에서 묘대일수감응도란 못자리기간을 길게 할 때 모가 노숙하고, 모낸 뒤 생육에 난조가 생기는 정도를 말한다. 이러한 현상은 벼가 못자리 때 이미 생식생장의 단계로 접어들기 때문에 생기는 것이다.

② 못자리기간이 길어져서 못자리 때 영양이 결핍되고 고온기에 이르면 감온형은 쉽게 생식생장의 경향을 보이지만, 감광형이나 기본영양생장형은 이러한 조건에서도 생식생장의 경향을 보이지 않는다.

③ 묘대일수감응도는 감온형이 높고 감광형, 기본영양생장형이 낮다.

3) 작기이동과 출수

① 조파조식을 할 때보다 만파만식을 할 때 출수기가 지연되는 정도는 기본영양생장형과 감온형이 크고 감광형이 작다.

② 감광형은 주로 단일기에 감응하고, 특히 한계일장에 민감한 것은 조파조식을 하거나, 만파만식을 하거나 간에 대체로 일정한 단일기에 주로 감응하므로 이앙기의 이르고 늦음에 따른 출수기의 차가 크지 않다.

4) 만식적응성

① 이앙기를 늦게 할 때 적응하는 특성

② 기본영양생장형은 만식을 하면 출수가 너무 지연되어 성숙이 불안정해지고, 감온형은 못자리기간이 길어지면 생육에 난조가 온다.

③ 감광형은 만식을 해도 출수의 지연도가 적고 묘대일수감응도도 낮아서 만식적응성이 크다.

5) 조식적응성

① 조기수확을 목적으로 조파조식을 할 때에는 감온형, blt형이 알맞다.

② 수량이 많은 만생종 중에서 냉해 등을 회피하기 위하여 출수, 성숙을 비교적 앞당기려고 할 때에는 중 정도의 기본영양생장형이 알맞다.

③ 출수, 성숙을 앞당기지 않고 파종, 모내기를 앞당겨서 생육기간을 연장시켜 증수를 꾀하려고 할 때에는 감광형이 가장 알맞다.

5 작물의 내적균형

1. C/N율

식물체 내의 탄수화물과 질소의 비율을 탄수화물 질소비율 또는 C/N율이라고 한다.

1) C/N율의 적용사례

① 환상박피

줄기의 일부분을 둥글게 형성층으로부터 바깥쪽의 외부까지 제거하거나(환상박피), 줄기 군데군데에 칼질을 하여 유관속의 일부를 절단(각절)하면 동화물질의 전류가 그 부분에서 억제되어 환상박피나 각절한 윗부분에 있는 눈에는 탄수화물의 축적이 조장되므로 C/N율이 높아지며, 이에 따라 화아분화가 촉진되고 과실의 발달이 조장된다.

② 고구마의 인위 개화

고구마 순을 덩이뿌리가 형성되지 않은 나팔꽃 대목에 접목하면 경엽으로부터의 덩이뿌리 형성을 위한 탄수화물의 전류가 억제되고 경엽에서의 탄수화물 축적이 조장되어 C/N율이 높아져 화아형성 및 개화가 이루어진다.

2) C/N율설의 평가

C/N율을 적용할 경우에는 C와 N의 비율뿐만 아니라 C와 N의 절대량도 중요하다.

2. T/R율

식물의 생장량을 측정하기 위하여 지상부(Top) 생장량과 지하부(Root) 생장량의 비율을 나타낸 지표로서 식물은 지상부와 지하부의 생장이 서로 부합되지 않으면 건전한 생장을 할 수 없다는 이론

① 감자나 고구마의 경우 파종기나 이식기가 늦어질수록 지하부의 중량감소가 지상부의 중량감소보다 크기 때문에 T/R율이 커진다.

② 일사가 적어지면 체내 탄수화물의 축적이 감소되는데, 이는 지상부의 생장보다 뿌리의 생장을 더욱 저하시켜 T/R율이 커진다.

③ 질소를 다량 사용하면 지상부의 질소집적이 많아지고 단백질 합성이 왕성해지며 탄수화물의 잉여가 적어져서 지하부로의 전류가 상대적으로 감소하므로 지하부의 생장이 상대적으로 억제되어 T/R율이 커진다.

④ 토양함수량이 감소하면 지하부의 생장보다 지상부의 생장이 더욱 저해되므로 T/R율은 감소한다.

⑤ 토양통기가 불량하면 뿌리의 호흡이 저해되어 지상부보다 지하부의 생장이 더욱 감퇴되므로 T/R율은 증대된다.

3. G/D 균형

식물의 생육과 성숙(Growth, 성장)은 분화(Differentiation, 미숙한 세포 조직이 복잡한 기능과 형태를 가진 성숙된 세포로 발육 성장해 가는 과정)와 균형에 의하여 지배된다는 이론

4. R/T율

T/R율과 역수 관계이며 생육상태 변동 중 지하부(뿌리) 생장을 주로 고찰할 때 비율

6 식물생장조절제

식물생장조절제 종류

구분		종류
옥신류	천연	IAA, IAN, PAA
	합성	NAA, IBA, 2,4-D, 2,4,5-T, PCPA, MCPA, BNOA
지베렐린류	천연	GA_2, GA_3, GA_{4+7}, GA_{55}
시토키닌류	천연	제아틴, IPA
	합성	키네틴, BA
에틸렌	천연	C_2H_4
	합성	에세폰
생장억제	천연	ABA, 페놀
	합성	CCC, B-9, phosphon-D, AMO-1618, MH-30

📖 주요생장조절제의 사용효과와 사용법

생장조절제	일반명	작물명	효과	사용적기
아토닉액제		담배	생장촉진	• 종자: 파종 전 침종 • 생육기: 생육 중요시기
토마토톤액제	4-CPA	토마토	생장촉진	꽃이 3~5개 피었을 때
		가지	생장촉진	꽃이 핀 당일
지베렐린 수용액	gibberellic acid	포도(거봉)	무종자화	개화 직전 및 만개 10일 후 각각 1회 송이를 희석액에 침지
		딸기	생장촉진	비닐로 덮을 때나 그로부터 1주일 후
		여름국화	생장촉진	생육초기 10일 간격으로 2회 정도 엽면 살포
클로시 포낙액제 (토마토란)	cloxyfonac	토마토	착과증진, 과실비대촉진	1화방에 꽃이 3~5개 피었을 때 1회 살포
인돌비액제 (도래미)	IAA+6-benzyl aminopurine	콩나물	생장촉진	콩이 싹을 터서 0.5cm정도 나왔을 때
루톤분제	1;napthylace tic acid	카네이션	발근촉진	꺾꽂이할 때
아이비에이분제 (옥시베론분제)	IBA	국화, 카네이션, 하와이무궁화	발근촉진	꺾꽂이할 때
에세폰액제 (에스렐)	ethephon	토마토	착색촉진	백숙기
		배	착색촉진	개화 후 100일경 과실 지름이 6cm 정도 되었을 때
비나인수화제	daminozide	포인세티아	신장억제	적심 후 3일 및 적심후 2주 후 각 1회
씨엠액제(코링)	choline salt of maleic hydrazide	담배	액아억제	정식 직후
		감자, 양파	맹아억제	수확 14일 전 경엽처리
디클로르프로프 액제(미성알파)	dichlorprop tri-ethanol amine	사과(쓰가루)	후기낙과 방지	수확예정 25~30일 전

1. 옥신류

1) 생성과 작용

① 옥신은 줄기의 선단, 어린잎, 수정이 끝난 꽃의 씨방 등에서 생합성되어 체내의 아래쪽으로 이동(극정이동)한다.

② 줄기 끝에 있는 분열조직에서 합성된 옥신은 끝눈의 생장은 촉진하나 아래로 확산하여 곁눈의 발달을 억제하는데, 이 현상은 정아우세로 알려져 있으며, 끝눈을 제거하면 곁눈이 발달한다.

2) 재배적 이용

① 발근 촉진

② 접목의 활착촉진

③ 개화촉진

파인애플에 NAA, β-IBA, 2,4-D 등을 살포하면 화아분화가 촉진된다.

④ 가지의 굴곡유도

관상수목 등에서 가지를 구부리려는 반대쪽에 IAA 라놀린연고를 바르면 옥신농도가 높아져 원하는 방향으로 굴곡시킬 수 있다.

⑤ 낙과방지

⑥ 적화 및 적과

⑦ 착과증대

⑧ 과실비대

⑨ 과실의 성숙촉진

⑩ 생장촉진 및 수량증대

⑪ 단위결과

⑫ 제초제로 이용

2. 지베렐린

1) 작용

① 지베렐린은 줄기, 수정된 씨방, 종자의 배, 뿌리, 어린잎 등에서 생합성되어 뿌리·줄기·잎·종자 등의 모든 기관에 널리 분포하며, 특히 미숙종자에 많이 함유되어 있다.

② 지베렐린은 옥신과 함께 주로 신장생장을 유도하는데, 옥신과 달리 농도가 높아도 억제효과가 나타나지 않고 체내 이동에 극성이 없으며, 식물체의 어느부분에 공급하더라고 자유로이 이동하여 줄기신장, 과실생장, 발아촉진, 개화촉진 등 다면적인 생리작용을 나타낸다.

2) 재배적 이용

① 휴면타파와 발아촉진

② 화성유도 및 개화촉진

③ 경엽의 신장촉진

④ 단위결과의 유도

⑤ 수량증대

⑥ 성분변화

⑦ 기타

3. 시토키닌

① 시토키닌은 뿌리에서 합성되어 물관을 통해 수송되며, 세포의 분열과 분화에 관여하여 여러 가지 생리작용에 관여한다.

② 시토키닌은 종자의 발아를 촉진하며 특히 파종상의 고온으로 2차 휴면에 들어간 상추종자의 발아증진에 효과가 있다.

③ 시토키닌을 처리하면 잎의 생장을 촉진하고(무 등), 호흡을 억제하여 엽록소와 단백질의 분해를 지연시키며, 잎의 노화를 지연시키고(해바라기 등), 착과를 증진시키며(포도), 모양과 크기를 향상시킨다(사과).

④ 저장 중의 신선도를 유지하는(아스파라거스) 효과가 인정되어 있고, 식물의 내한성(내동성)도 증대시킨다.

⑤ 시토키닌은 옥신과 함께 존재해야 그 효력을 발휘할 수 있기 때문에 조직배양시 이들 두 가지 호르몬을 혼용하여 쓰는 것이 보통이다.

4. ABA

① 이층(離層)의 형성을 촉진하여 낙엽을 촉진하는 물질이다.

② 단풍나무의 휴면을 유도하는 물질이다.

③ ABA는 잎의 노화·낙엽을 촉진하고, 휴면을 유도한다.

④ ABA가 증가하면 토마토는 기공이 닫혀서 위조저항성이 커지고, 목본식물에서는 냉해저항성이 커진다.

⑤ 노화 및 탈리촉진에도 기여하며, 수분대사 조절기능도 있다.

⑥ ABA는 잎의 기공을 폐쇄시켜 증산을 억제시킴으로써 직물을 수분부족 상태에서도 견디게 한다.

5. 에틸렌

1) 작용

① 에틸렌은 구조가 간단한 기체로서 성숙한 과일, 노화과정에 있는 잎, 줄기의 마디에서 합성되며, 식물에 상처가 났을 때, 병원체가 침입하였을 때, 산소부족·냉해 등과 같은 환경변화에 의해서도 합성이 유도된다.

② 에틸렌은 성숙호르몬 또는 스트레스호르몬이라고도 한다.

2) 재배적 이용

① 발아촉진

② 정아우세타파

③ 생장억제

④ 개화촉진

⑤ 성발현의 조절

⑥ 낙엽촉진

⑦ 적과

⑧ 성숙과 착색촉진

7 생장억제 물질

1. B-Nine

① 신장억제 작용 및 도복을 방지한다.

② 사과나무의 경우에는 가지의 식장억제, 수세의 왜화, 착화증대, 개화지연, 낙과방지, 숙기 지연, 저장성의 향상 등을 보였다고 한다.

2. Phosfon-D

국화·포인세티아 등의 줄기길이 단축에 이용되고 있다.

3. CCC

식물에서 절간신장을 억제한다.

4. Amo-1618

키가 훨씬 작아지고, 개화가 상당히 지연되는 효과가 있으며, 포인세티아·해바라기·강낭콩 등에서도 키를 현저히 작게 한다.

5. MH

① 생장억제물질이라기보다는 생장저해 물질이다.

② 감자·양파 등에서의 발아억제 효과가 크다.

6. Rh-531

맥류의 간장이 감소되어 도복이 방지된다.

7. BOH

BOH(β-hydroxyethyl hydrazine)는 파인애플 줄기 신장을 억제하고 화성을 유도한다.

8. 2.4-DNC

강낭콩의 키를 작게하고, 초생엽층을 증대시킨다.

9. 모르파크틴

식물의 굴지성·굴광성이 없어져서 뒤틀리고 꼬이는 생장을 한다.

CHAPTER 01　작부체계

1　작부체계

1. 의의(Cropping system)

일정한 포장에서 몇 종류의 작물을 해마다 바꾸어 재배(윤작·다모작·자유작)하거나 또는 같은 해에 여러 작물을 조합·배열하여 함께 재배(간작·혼작·교호작·주위작)하는 재배방식

2. 중요성

① 경지 이용도의 제고

② 지력의 유지증강

③ 병충해 및 잡초발생의 감소

④ 농업생산성의 향상과 생산의 안정화

⑤ 농업노동의 효율적 배분, 잉여노동의 최대한 활용

⑥ 종합적인 수익성 향상과 안정화 도모

> • 윤작: 몇 가지 작물을 돌려짓기하는 것
> • 답전윤환: 지력증진 등을 목적으로 논작물과 밭작물을 몇 해씩 교대로 재배하는 작부방식

2　연작(聯作)과 기지(룬地)

동일한 포장에 같은 종류의 작물을 계속해서 재배하는 것을 연작(이어짓기: continuous cropping)이라고 하며 연작을 할 때에는 작물의 생육이 뚜렷하게 나빠지는 일이 있는데, 이를 기지라 한다.

1. 작물의 종류와 기지

1) 작물의 기지 정도

① 연작의 해가 적은 작물: 벼·맥류·조·수수·옥수수·고구마·무·당근·연·순무·뽕나무·아스파라거스·토마토·당귀·미나리·딸기·양배추·꽃양배추·목화·삼·양파·담배·사탕수수·호박

② 1년 휴작이 필요한 작물: 쪽파·시금치·콩·파·생강

③ 2년 휴작이 필요한 작물: 마·감자·잠두·오이·땅콩

④ 3년 휴작이 필요한 작물: 쑥갓·토란·참외·강낭콩

⑤ 5~7년 휴작이 필요한 작물: 수박·가지·완두·우엉·고추·토마토·레드클로버·사탕무

⑥ 10년 이상 휴작이 필요한 작물: 아마·인삼

2) 과수의 기지 정도

① 기지가 문제되는 과수: 복숭아나무·무화과나무·감귤류·앵두나무

② 기지가 나타나는 정도의 과수: 감나무

③ 기지가 문제되지 않는 과수: 사과나무·포도나무·자두나무·살구나무

2. 기지의 원인

1) 토양비료분의 소요

비료성분의 일방적 수탈이 이루어지기 쉽다

2) 토양 중의 염류집적

작토층에 염류가 과잉 집적하는 결과를 초래하게 된다.

3) 토양물리성의 약화

화곡류와 같은 천근성 작물을 연작하면 토양이 긴밀화해져서 물리성이 약화된다.

4) 잡초의 번성

동일 작물을 연작할 때에는 특정 잡초가 몹시 번성할 우려가 있다.

5) 유독물질의 축적

유독물질이 축적되어 기지현상을 발생시킨다.

6) 토양선충의 피해

연작을 하면 토양선충이 번성하여 직접적으로 피해를 끼치고, 2차적으로는 병균의 침입도
조장하여 병해를 유발함으로써 기지의 원인이 된다.

7) 토양전염의 병해

토양 중의 특정 미생물이 번성하고, 그 중 병원균은 병해를 유발하여 기지의 원인이 된다.

3. 기지대책

1) 윤작(輪作)

윤작(돌려짓기)을 하면 기지현상을 경감하거나 방지할 수 있다.

2) 담수(湛水)

담수상태에서는 밭상태에서 번성하는 성충·토양미생물이 감소되고, 유독물질의 용탈도
빠르다.

3) 토양소독

토양선충이 기지의 원인일 때에는 살선충제로 토양소독[특히, 딸기의 잎선충, 시호의 뿌리혹
선충에 fosthiazate(선충탄)]을하고, 병원균에 대해서는 살균제로 토양소독을 한다.

4) 유독물질 흘려보내기

기지의 원인이 유독물질인 경우(복숭아·감귤류 등)에는 알코올·황산·수산화칼륨·계면활성
제의 희석액이나 물을 넣어서 유독물질을 흘려보내기도 한다.

5) 객토(客土) 및 환토(換土)

기지성이 없는 새 흙을 객토하면 기지현상이 경감된다.

6) 접목

포도·수박·멜론·가지 등은 저항성 대목에 접목하면 기지현상을 경감하거나 방지할 수
있다.

7) 지력배양

지력저하가 원인이 되는 기지에 대해서는 심경, 퇴비다용, 결핍성분 및 미량요소의 사용 등으로 기지를 경감시킨다.

3 윤작(輪作)

한 포장에 연작을 하지 않고 몇가지 작물을 특정한 순서로 규칙적으로 반복하여 재배해 나가는 것을 윤작(돌리짓기: crop rotation)이라고 한다.

1) 윤작방식

① **순3포식 농법**: 순 3포식 농법은 포장을 3등분하여 경지의 2/3는 춘파곡물 또는 추파곡물을 재식하고 나머지 1/3은 휴한한다. 장소를 돌려가며 실시하므로 전포장이 3년에 한번 휴한하는 셈이 된다.

밀(식량)	보리(식량)	휴한

② **개량 3포식 농법**: 개량 3포식 농법은 3포식 농법의 휴한지에 클로버 등의 콩과 녹비작물을 재배하여 지력증진을 도모하는 방식이다.

밀(식량)	보리(사료)	클로버(녹비)

③ **노포크식 윤작법**: 식량과 가축의 사료를 생산하면서 지력을 유지하고 중경효과까지 얻기 위하여 적합한 작물을 조합하여 재배한다.

	밀(식량)	순무(중경)	보리(사료)	클로버(녹비)
지력	수탈	증강(다비)	수탈	증강(질소고정)
잡초	증강	경감(중경)	증가	경감(피복)

2) 윤작에서의 작물선택

① 주작물이 특수하더라도 식량과 사료의 생산이 병행되는 것이 좋다

② 지력유지를 위하여 콩과작물이나 다비작물을 반드시 포함한다.

③ 잡초경감을 위해서는 중경작물이나 피복작물을 포함하는 것이 좋다.

④ 토지이용도를 높이기 위하여 여름작물과 겨울작물을 결합한다.

⑤ 토양보호를 위하여 피복작물이 포함되도록 한다.

3) 윤작의 효과

① 지력의 유지증강

- 질소고정

- 잔비량 증가

- 토양구조 개선

- 토양유기물 증대

- 구비 생산증대

② **토양보호**: 피복작물이 토양의 침식을 방지한다.

③ **기지의 회피**: 윤작을 하면 기지현상이 회피된다.

④ **병충해의 경감**

⑤ **잡초의 경감**: 중경작물·피복작물은 경지의 잡초를 경감시킨다.

⑥ **수량증대**: 지력증강, 기지회피, 병충해 및 잡초의 경감 등에 의하여 수량이 증대한다.

⑦ **토지이용도의 증대**: 여름작물과 겨울작물 또는 곡실작물과 청예작물을 결합시킴으로써 경지이용률을 높일 수 있다.

⑧ **노력분배의 합리화**: 여러 작물을 재배하게 되면 노력의 시기적인 집중화를 경감하고, 노력분배를 시기적으로 합리화할 수 있다.

⑨ **농업경영의 안정성 증대**: 여러 작물을 고루 재배하면 자연재해나 시장변동에 의한 피해가 분산 또는 경감되어 농업경영의 안정성이 증대한다.

4 **답전윤환(沓田輪換)**

논을 몇 해마다 담수한 논상태와 배수한 밭상태로 돌려가면서 이용하는 것

1. 답전윤환의 효과

① **지력증강**: 밭기간 동안은 논기간에 비하여 토양의 입단화 및 건토 효과가 진전하고, 미량요소 등의 용탈이 적으며, 환원성인 유해물질의 생성이 억제되고, 채소나 콩과 목초는 토양을 비옥하게 하여 지력이 증강된다.

② **기지의 회피**: 토양의 입단구조가 발달하고 건토효과에 의해 질소의 생성이 많아진다.

※ 건토효과: 바짝 마른 흙에 물을 대면 작물이 이용하기 쉬운 질소가 더 많이 우러나오는 효과

③ **잡초의 감소**: 담수상태와 배수상태가 서로 교체되므로 잡초의 발생이 줄어든다.

④ **벼의 수량증가**: 질소고정 식물인 콩과 작물 등을 2~3년 재배한 다음 벼를 재배하면 초년도에 벼의 수량이 약 30%정도 늘어나고 질소 사용량도 절약된다. 답전윤환에서는 논기간과 밭기간을 2~3년 간격으로 전환하여 재배하는 것이 알맞다.

2. 답전윤환의 한계

① **수리시설 정비**: 논, 밭 전환시 배수 및 관개 시설을 반복적으로 정비해야 한다. 배수가 불량하면 습해가 발생하고 관개가 부족할 경우 한해피해가 발생된다.

② **토양물리성 약화**: 논으로 이용한 토양은 경반층이 형성되어 밭으로 전환시 통기성과 투수성이 불량하고 뿌리 생육이 저해된다.

③ **작물선택의 제한**: 배수에 약한 밭작물만 재배 가능하고 과채류와 근채류 등은 생육 장애가 발생할 수 있다.

④ **노동력 및 비용 증가**: 논, 밭 전환시 배수로 정비, 토양개량, 시설 보완 등에 노동력과 경영비용이 증가한다.

⑤ **토양 화확성 문제**: 환원과 산화 상태의 반복으로 철·망간이 과다 용출되고 인산 고정 및 이용이 저하될 수 있다.

⑥ 재배기술의 복잡성: 논작물과 밭작물의 재배기술이 상이하기 때문에 농가의 기술, 경험 부족시 실패 위험이 증가한다.

⑦ 기계화의 어려움: 기계화를 위해서는 논·밭 겸용 기계가 필요하다.

5 그 밖에 작부체계

1. 간작(間作)

1) 의의

① 주 작물이 생육을 완료하기 전 빈공간(이랑사이, 포기사이)에 다른 작물을 함께 재배하는 방법

② 간작시 이미 생육하고 있는 식물을 주작물 또는 상작이라고 하고 후에 빈공간에 심는 작물을 간작물 또는 하작이라고 한다.

③ 대표적으로 옥수수와 콩, 배추와 파, 고구마와 땅콩, 과수원에 녹비작물 등을 간작의 형태로 많이 재배된다.

2) 목적 및 효과

① 토지 이용률 향상

② 수량 증가 및 소득 증대

③ 잡초발생 억제

④ 토양침식 방지

⑤ 비료 이용 효율 증대

⑥ 병해충 분산 효과

3) 유의점(문제점)

① 상·하 작물간 양분, 수분, 광 경쟁 발생

② 주작물 생육 저해 우려

③ 재배·관리 작업 복잡

④ 기계화 곤란

2. 혼작(混作)

1) 의의

① 생육기간이 거의 같은 두 종류 이상의 작물을 동시에 같은 포장에 섞어서 재배하는 것으로 간작에 비해 작물 구분이 불명확하다.

② 혼작을 하는 것은 각각의 작물을 따로따로 재배하는 것보다 작물의 생태적 특성에 의해서 혼작을 하는 것이 수익성이 많을 경우에만 의미가 있다.

③ 대표적으로 보리와 헤어리비치, 목초류 혼파, 콩과 수수 등이 있다.

2) 목적 및 효과

① 재해분산

② 병해충 발생 억제

③ 토양 이용의 다양화

④ 생태적 안정성 증대

⑤ 사료 생산 안정화

3) 유의점(문제점)

① 관리 및 수확시 작업 곤란

② 기계화 어려움

③ 작물간 경쟁 심화

④ 품질의 균일성 저하

3. 교호작(交互作)

1) 의의

① 생육기간이 비슷한 작물들을 줄·이랑 단위로 교대로 재배하는 방법

② 혼작처럼 섞이지 않고 작물간 구분이 명확하다.

③ 대표적으로 옥수수 줄 사이에 콩을 재배하는 방법, 또는 감자와 보리의 띠재배, 채소류의 띠 모양의 교대 재배 등의 방법이 있다.

2) 목적 및 효과

① **병해충 발생 억제**: 동일 작물의 연속 분포 차단

② 재해분산

③ 토지와 양분의 이용 효율 증대

④ **경쟁 완화**: 혼작보다 작물간 경쟁 감소

⑤ **관리, 수확 용이**: 혼작 대비 기계화 유리

3) 유의점(문제점)

① 작부체계 설계가 복잡

② 기계 작업시 이랑 맞춤 필요

③ 단작 대비 관리 및 노동력 증가

4. 주위작(周圍作)

1) 의의

① 포장의 주위에 포장 내의 작물과는 다른 작물을 재배하는 것

② 주작물은 이랑 위, 부작물은 이랑의 가장자리에 심는 방법으로 주작물과 부작물의 공간적 구분이 명확하다.

③ 대표적으로 고구마와 콩, 배추와 파, 과수와 녹비작물 등이 있다.

2) 목적 및 효과

① 토지이용률 향상

② 잡초억제

③ 소득 보완

④ 주작물 관리 용이

⑤ **수분과 양분의 경쟁 완화**: 간작보다 유리

3) 유의점(문제점)

① 노동력 증가

② 기계화 제한

③ 관리 소홀 시 작물간 경쟁 발생

※ 우리나라 작부체계의 발전방향
① 저투입 지속적 농업을 가능하게 하는 방향
② 논에 벼를 중심으로 한 적절한 작부체계의 개발을 위해서는 전후작물, 특히 쌀의 생산성을 떨어뜨리지 않고 충분한 생육기간을 확보하는 방향으로 2모작 체계가 이루어져야할 것이다.
③ 식량생산의 증대를 위한 합리적인 벼-맥류의 2모작체계를 위해서는 벼의 본답생육기간을 140~150일이 확보될 수 있도록 남부평야지대에 제한시키고 맥류의 수확이 5월 말에 이루어질 수 있도록 맥류의 품종개발과 재배기술이 이루어져야 한다.

CHAPTER 02   종묘

1 종묘(種苗)

식물번식의 시발점이 되는 종자(種子)와 육묘(育苗) 합하여 종묘(種苗)라고 한다. 번식에 쓰이는 줄기와 잎도 종묘에 포함된다.

1. 종자의 분류

1) 형태에 의한 구분

씨방벽이 발달하여 과피가 되고, 이에 싸인 부분이 과실(성숙한 씨방)이 된다. 수정 후 씨방과 그 관련 기관이 비대한 것이 과실이다. 주피가 발달하여 종피가 되고, 주심이 발달하여 내종피가 되며, 밑씨가 발달하여 종자가 된다.

① **식물학상의 종자**: 두류(콩·완두·강낭콩)·유채·담배·아마·목화·참깨·배추·무·토마토·수박·오이·고추·양파

② 식물학상의 과실

- 과실이 나출된 것: 밀·쌀보리·옥수수·메밀·호프·삼·차조기·박하·제충국·상추·우엉·쑥갓·미나리·근대·비트·시금치 등

- 과실이 영(穎, 이삭)에 싸여 있는 것: 벼·겉보리·귀리 등

- 과실이 내과피에 싸여 있는 것: 복숭아·자두·앵두 등

③ 포자

④ 영양기간

2) 배유의 유무에 의한 구분

① 배유종자: 벼·보리·밀·옥수수 등의 볏과 종자와 피마자·양파 등

② 무배유종자: 콩·팥·완두 등의 콩과 종자의 상추·오이 등

2. 종묘로 이용되는 영양기관의 분류

1) 줄기

① 지상경(地上莖) 또는 지조(地條): 사탕수수·포도나무·사과나무·귤나무·모시풀 등

② 땅속줄기(地下莖): 생강·연·박하·호프 등

③ 덩이줄기(塊莖): 감자·토란·돼지감자 등

④ 알줄기(球莖): 글라디올러스 등

⑤ 비늘줄기(鱗莖): 나리·마늘

⑥ 흡지(吸枝): 박하, 모시풀 등

2) 뿌리

① 지근(支根): 닥나무, 고사리, 부추 등

② 덩이뿌리(塊根): 달리아·고구마·마 등

3) 눈(芽): 마, 포도나무, 꽃의 아접 등

4) 입(葉): 베고니아 등

 2 **종자의 구조 및 저장**

1. 종자의 형태

① 배유종자(감): 배, 배젖(배유), 종피

② 무배유종자(강낭콩): 배, 떡잎(자엽), 종피

2. 종자의 구조

① 종피(種皮, 씨껍질): 배(胚)를 보호하고 발아를 조절하며 산포(散布, 씨를 널리 퍼트리는 것)를 돕는다.

② 배젖(胚乳): 배의 성장에 필요한 양분의 저장기관이다.

③ 배(胚, 씨눈): 장차 식물개체로 발전해 가는 요소로 유아, 자엽, 배축, 유근 등이 잘 발달되어 있다.

④ 자엽(子葉): 배의 일부로서 발아시 양분을 저장하거나 흡수하여 어린 식물의 초기 생장을 돕는 기관이다.

3. 종자의 저장

① 건조저장: 종자를 건조 저장하면 휴면상태가 유지되어 종자의 저장기간이 연장되고 발아력을 잃지 않는다. 곡류의 경우 함수량(含水量)을 13% 이하로 건조시켜 저장하면 안전하다.

② 저온저장: 일반 화곡류의 종자는 저온저장을 하면 수명이 연장된다. 감자의 경우 3℃ 이하의 저온에 저장하면 수년간 발아가 억제되고 발아력도 저하되지 않는다.

③ 밀폐저장: 건조한 종자를 밀폐하여 저장하는 방법으로 소량의 종자 저장에 알맞은 방법이다.

④ 토숙저장: 적당한 용기 등에 넣어 땅속에 저장하는 방법으로 종자의 과숙(過熟)을 억제하고 여름철 고온 및 겨울철 저온을 피하기 위한 저장법이다.

3 종자의 품질

1. 순도

① 전체 종자에 대한 순수종자의 중량비를 순도라 한다.

② 순도가 높을수록 종자의 품질이 향상된다.

2. 발아력

① 발아율이 높고, 발아가 빠르고 균일하며 초기 신장성이 좋은 것이 우량한 종자이다.

$$순활종자 = \frac{발아율 \times 순도}{100}\,(\%)$$

② 순활(純活)종자는 종자의 순도와 발아율에 의하여 결정된다.

> ※ 종자검사
> - **천립중 검사**: 정립종자에 대하여 계립기 등을 이용하여 천립중을 측정한다.
> - **페놀 검사**: 벼, 밀, 블루그래스 등은 페놀에 대한 영(穎)의 착색반응으로 품종을 비교할 수 있다.

3. 발아의 외적 조건

① 수분 및 산소

② 온도

- 일반적 발아 온도 범위: 20~30℃

- 고온발아성(30~35℃): 옥수수, 콩, 고추 등

- 저온발아성(10~15℃): 상추, 시금치, 배추 등

③ 광

- 광발아성(호광성): 담배, 당근, 상추, 베고니아 등

- 암발아성(혐광성): 토마토, 가지, 오이, 호박 등

- 광무관성: 벼, 보리, 옥수수, 콩과 식물 등

4 | 채종(採種)재배

1. 채종포(採種圃)의 선정

1) 기상조건과 토양

① 강낭콩은 20~25℃의 서늘한 지대가 화분의 발아적온이므로 그 이상의 고온은 결실불량을 초래한다.

② 강우: 개화기부터 등숙기까지의 강우는 종자의 수량과 품질에 크게 양향을 끼치는데, 이 시기에 강우량이 적은 곳이 알맞다.

③ 일장

④ 토양

2) 채종포의 환경

① 지역

- 콩은 평야지대에 비하여 중산간지대의 비옥한 곳에서 생산된 종자가 생리적으로 더 충실하다.

- 감자를 평야지대에서 지배하면 진딧물이 많이 발생하여 바이러스에 걸리기 쉽기 때문에 대관령과 같이 바이러스를 매개하는 진딧물의 발생이 적은 고랭지에서 씨감자를 생산한다.

② 포장: 종자생산 포장은 한 지역에서 단일품종을 집중적으로 재배하는 것이 혼종을 방지하고, 각종 재배기술을 종합적로 이용하기 편리하며, 탈곡·조제시의 기계적인 혼입을 방지할 수 있다.

2. 채종포의 관리

1) 포장 격리 및 파종

① 포장격리: 타가수정작물의 종자생산 포장은 일반포장과 반드시 격리되어야 한다.

② 이랑너비와 포기사이: 종자용 작물은 일반적으로 조파(줄뿌림)를 한다. 조파를 하면 이형주를 제거하거나 포장검사를 하기에 편리하다.

2) 정지 및 착과조절

콩과작물·참깨·들깨·토마토·고추·박과채소 등은 개화기간이 길고 착과 위치에 따라 종자의 숙도가 다르기 때문에 적심(摘心)이 필요하다.

3) 시비

엽채류나 근채류는 영양체를 수확하는 청과재배와 달리 채종재배시 개화·결실을 시켜야 하기 때문에 비배관리가 중요하다. 월동·이식 후 추대하게 되므로 재배기간이 길어져서 그만큼 시비량이 많아야 한다.

4) 이형주 제거

종자생산 포장에서는 순도가 높은 종자를 채종해야 하므로 이형주를 반드시 제거해 주어야 한다. 이형주는 전 생육기간을 통해 제거하는데, 채소나 지하부의 영양기관을 수확하는 작물은 수확기에 이형주를 제거하는 것이 순도를 유지하는 데 바람직하다.

5) 수확 및 탈곡

① 화곡류는 황숙기가, 배추과 채소는 갈숙기가 채종적기이다.

② 채소는 종자 수확 후 일정 기간 후숙을 거치면 종자의 성숙도가 비슷해져 발아율과 발아속도 및 종자의 수명이 좋아진다.

6) 저장

충분히 건조한 종자를 저온조건에 저장하며, 특히 감자·고구마 등은 알맞은 저장온도와 저장습도를 유지해야 한다.

5 종자의 수명과 퇴화

1. 종자의 수명

구분	단명종자(1~2년)	상명종자(3~5년)	장명종자(5년 이상)
농작물류	콩, 땅콩, 목화, 옥수수, 기장, 해바라기, 메밀	벼, 밀, 보리, 완두, 페스큐, 귀리, 유채, 목화, 켄터키블루그래스	클로버, 앨팰퍼, 사탕무, 베치
채소류	강낭콩, 상추, 파, 양파, 고추, 당근	배추, 양배추, 방울다다기, 멜론, 꽃양배추, 시금치, 무, 호박, 우엉	비트, 토마토, 가지, 수박
화훼류	베고니아, 팬지, 스타티스, 일일초, 콜레옵시스	알리섬, 카네이션, 시클라멘, 색비름, 피튜니아, 공작초	접시꽃, 나팔꽃, 스토크, 백일홍, 데이지

2. 종자의 퇴화

1) 유전적 퇴화

세대가 경과함에 따라 자연교잡, 새로운 유전자형의 분리, 돌연변이, 이형종자의 기계적 혼입 등에 의하여 종자가 유전적으로 순수하지 못해져서 유전적으로 퇴화하게 된다.

작물	자연교잡률	작물	자연교잡률
벼	0.2~1.0	콩, 귀리	0.05~1.4
보리	0.0~0.15	아마	0.6~1.0
밀	0.3~0.6	가지	0.2~1.2
조	0.2~0.6	수수	5.0

2) 생리적 퇴화

① 감자는 평지에서 채종하면 고랭지에 비하여 생육기간이 짧고 기온이 높으므로 충실한 씨감자가 생산되지 못하고, 또 여름의 저장기간이 길고 온도가 높으므로 저장 중의 소모도 커서 평지산 씨감자는 고랭지산 씨감자에 비하여 생리적으로 불량하다.

② 콩은 따듯한 남부에서 생산된 종자가 서늘한 지역에서 생산된 것보다 충실하지 못한 경향이 있고, 가볍고 건조한 토양에서 생산된 것이 찰지고 축축한 토양에서 생산된 것보다 충실하지 못한 경향이 있다. 따라서, 콩을 서늘한 지역의 찰지고 수분이 넉넉한 토양에서 채종하면 충실한 종자를 생산할 수 있다.

③ 벼 종자도 평야지보다 분지에서 생산된 것이 임실(稔實)이 좋아서 종자가치가 높다.

3) 병리적 퇴화

감자는 평지에서는 바이러스병이 많이 발생하여 평지산 씨감자는 병리적으로 퇴화된다. 따라서 씨감자의 퇴화를 막으려면 고랭지에서 채종해야한다. 평지에서는 가을재배를 하면 퇴화가 경감된다.

4) 저장종자의 퇴화

저장 중에 종자가 상실하는 주된 원인은 원형질단백의 응고이며, 효소의 활력저하와 저장 양분의 소모도 중요한 요인이 된다.

6 종자처리

1. 종자소독

일반적으로 종자 외부에 병균이 부착해 있는 것은 화학적 소독을 하고, 병균이 종자내부에 들어 있는 것은 물리적 소독을 한다. 바이러스병독 같은 것은 현재에도 종자소독으로 방제할 수 없다.

1) 화학적 소독

① **침지소독**: 농약의 수용액에 종자를 담가 소독

② **분의소독**: 농약분말을 종자에 묻혀 소독

2) 물리적 소독

① 냉수온탕침법

- 종자를 냉수에 6~8시간 담가 두었다가 45~50℃의 온탕에 2분 정도 담근 다음 곧 다시 겉보리는 53℃, 밀은 54℃의 온탕에 5분간 담갔다가 냉수에 식히고, 그대로 또

는 말려서 파종한다.

- 쌀보리는 냉수에 담갔다가 50℃의 온탕에 5분간 담그고 냉수에 식힌다.

- 벼의 선충심고병에 대해서는 냉수에 24시간 동안 벼종자를 침지한 다음 45℃의 온탕에 2분 정도 담그고, 다시 52℃의 온탕에 10분간 담갔다가 냉수에 식힌다.

② 온탕침법

- 온탕침법은 맥류의 겉깜부기병에 대한 소독법으로, 물의 온도를 보리는 43℃, 밀은 45℃로 하여 8~10시간 정도 담가 둔다.

- 고구마의 검은무늬병은 45℃의 온탕에 씨고구마를 30~40분간 담가 소독한다.

③ 건열처리

온탕침법은 곡류에서 많이 이용되는 반면, 채소종자는 건열처리가 더 일반화되어 있다.

2. 침종(浸種)

파종하기 전에 종자를 일정 기간 종안 물에 담가서 발아에 필요한 수분을 흡수시키는 것을 침종이라고 한다.

3. 종자의 발아와 생육촉진처리

1) 최아(催芽)

벼·맥류·땅콩·가지 등의 발아·생육을 촉진할 목적으로 종자의 싹을 약간 틔워서 파종하는데, 이를 최아라고 한다.

2) 프라이밍

프라이밍(priming)은 파종 전에 수분을 가하여 종자가 발아에 필요한 생리적인 준비를 갖추게 함으로써 발아의 속도와 균일성을 높이려는 것이다.

3) 전발아(前發芽)처리

전발아처리는 포장발아를 100%되게 하기 위하여 처리하는 방법으로서, 이에는 유체파종과 전발아종자가 있다.

4) 종자의 경화(硬化)

불량환경에서의 출아율을 높이기 위해 파종 전 종자에 흡수·건조의 과정을 반복적으로 처리함으로써 초기 발아과정에서의 흡수를 조장하는 것을 경화라고 한다.

5) 과산화물

과산화물은 물속에서 분해되면서 산소를 방출하여 물에 녹아 있는 용존산소를 증가시켜 종자의 발아 및 유묘의 생육을 증진시킨다.

6) 발아촉진 물질

GA_3, 티오우레아(thiourea), KNO_3, KCN, $NaCN$, DNP, H_3S, NaN_3 등은 발아촉진물질로 잘 알려져 있다.

7) 박피제거

장산(황산·염산)이나 강알칼리성(KOH)용액, $NaOCI$ 또는 $CaOCI_2$에 종자를 담가 종피의 일부를 녹여줌으로써 경실의 종피를 약화시켜 휴면타파 또는 발아를 촉진시킨다.

4. 종자코팅

1) 필름코팅

필름코팅의 주된 목적은 농약을 종자에 분의처리하였을 때 농약이 묻거나 인체에 해를 주기 때문에 이를 방지하기 위함이고 아울러 색을 첨가함으로써 종자의 품위를 높이고 식별을 쉽게하는 데 있다.

2) 종자코팅

종자코팅이란 코팅의 크기를 필름코팅보다 약간 크게 한 처리로, 농약이나 양분을 첨가할 수 있다.

3) 종자펠릿

① 종자펠릿이란 담배와 같이 종자가 매우 미세하거나, 당근같이 표면이 매우 불균일하거나, 참깨같이 종자가 가벼워서 손으로 다루거나 기계파종이 어려울 경우에 종자표면에 화학적으로 불활성의 고체 물질을 피복하여 종자를 크게 만드는 것을 말한다.

② 펠릿종자는 파종이 용이하고, 적량파종이 가능하여 솎음노력이 불필요하기 때문에 종
   자대와 솎음노력비를 동시에 절감할 수 있다.

7 종자의 발아

1. 발아·출아 및 맹아

종자에서 유아·유근이 출현하는 것을 발아라고 한다. 토양에서 파종했을 때 발아한 새싹이
지상으로 출현하는 것을 출아라고 한다. 목본식물 지상부의 눈에서 새싹이 움트거나, 저장
중인 감자의 덩이줄기에서 싹이 나는 거 같은 지하부의 새싹이 지상부로 자라나는 현상 또는
새싹 자체를 맹아라고 한다.

2. 발아의 외적조건

1) 수분

① 수분은 저장양분의 분해를 위한 효소의 활성화와 양분의 전이 또는 저장양분의 이용을
   위해 매우 필요하다.

② 종자무게에 대하여 벼와 옥수수는 30% 정도이고, 콩은 50% 정도로서, 전분종자보다
   단백종자가 발아에 필요한 최소수분함량이 많다.

2) 산소

① 발아 중의 생리활동에도 호흡작용이 필요한데 많은 종자는 산소가 충분히 공급되어 호
   기호흡이 잘 이루어져야 발아가 잘 된다.

② 벼 종자와 같이 산소가 없을 경우에도 무기호흡에 의하여 발아에 필요한 에너지를 얻
   는 것도 있다.

3) 온도

변온을 주면 종피가 고온에서 팽창하고, 저온에서 수축하여 흡수와 가스교환이 용이하게
되고, 효소의 작용이 활발해져서 물질대사의 기능이 좋아지기 때문에 발아가 촉진된다.

4) 광선

① 호광성 종자는 복토를 얕게 해야 하고, 혐광성 종자는 복토를 깊게 해도 된다.

② 양상추를 재료로 한 연구에서, 광의 파장이 600~700nm의 범위에서는 발아가 촉진적이었고, 730nm 부근에서는 발아가 억제적이었다.

③ 호광성 종자의 광발아에 있어서 적색광의 효과가 가장 크다.

※ 광과 종자발아와의 관계

구분	식물의 종류
호광성 종자	담배, 상추, 우엉, 피튜니아, 차조기, 금어초, 디기탈리스, 베고니아, 뽕나무, 벤트그래스, 버뮤다그래스, 켄터키블루그래스, 캐나다블루그래스, 스탠더드휘트그래스, 샐러리 등
혐광성 종자	토마토, 가지, 파, 양파, 수박, 수세미, 호박, 무, 오이 등
광무관계 종자	화곡류의 대부분, 콩과작물의 대부분 등

3. 발아조사항목

1) 발아율(PG): '총 발아수(N)'의 '파종된 총 종자수'(S)에 대한 비율(%)

$$PG = \sum \frac{N}{S} \times 100$$

2) 발아세(GE): 치상(배지에 심는 것) 후 일정기간까지의 발아율 또는 표준발아검사에서 중간조사일(first count day)까지의 발아율

3) 평균발아일수(MGT): 발아된 모든 종자의 평균적인 발아일수

$$MGT = \sum \frac{(ti \cdot ni)}{N}$$

(ti: 파종(치상)부터의 일수, ni: 매일의 발아수)

※ 그 밖에	
발아속도(GR)	전체 종자에 대한 매일의 발아속도의 합 $GR = \sum \dfrac{ti}{ni}$
평균발아속도(MDG)	발아한 모든 종자의 평균적 발아속도 $MDG = \dfrac{N}{T}$ (T: 총 조사일수)
발아속도지수(PI)	발아율과 발아속도를 동시에 고려한 값 $PI = \sum \{ (T - ti + 1)\, ni \}$

4. 종자발아력 간이검정법

직접 발아실험을 하지 않고 발아력을 간이검정하는 방법

1) 테트라졸륨 법

① TTC 용액을 첨가하여 40℃에서 2시간 반응시키면 배의 환원력에 의하여 활력있는 종자의 배와 유아의 단면적은 적색으로 착색된다.

② TTC 용액 적정농도: 볏과 0.5%, 콩과 1.0%

2) 전기전도검사 법

① 전기전도도가 높으면 활력이 낮은 종자이다.

② 종자의 세력이 낮거나 퇴화된 종자를 물에 담그면 세포 내 물질이 밖으로 침출된다.

③ 완두와 콩 등에서 많이 이용된다.

3) 그 외 검사법

① 배 절단법

② 효소활력측정법(Amylase, Lipase, Catalase, Peroxidase 등)

③ 착색법

④ X-선

8 종자의 휴면(休眠)

1. 휴면의 뜻과 형태

① 성숙한 종자에 적당한 발아조건을 주어도 일정 기간 동안 발아하지 않는 성질을 종자휴면이라고 한다.

② 종자·비늘줄기·덩이줄기·덩이뿌리·알뿌리·구근경 등에서 발아·생육의 외적 조건은 적합하지만 내적 원인에 의하여 휴면하는 경우가 있는데 이를 자발적 휴면 또는 진정휴면이라 한다.

③ 토양 중의 잡초 종자는 광선과 산소의 부족으로 휴면상태를 지속하는데, 이와 같이 외적 조건이 부적당하기 때문에 유발되는 휴면을 강제휴면 또는 타발적 휴면이라고 한다.

④ 자발적 휴면과 타발적 휴면을 통칭 제 1차 휴면이라고 한다.

⑤ 맥류종자의 휴면은 수발아 억제에 효과가 있고, 감자의 휴면은 저장에 유리하다.

⑥ 휴면하지 않고 있는 종자라도 발아에 불리한 환경조건(고온·저온·습윤·암흑·산소부족 등)에 장기간 보존되면 그 뒤에는 적당한 조건에 옮기더라고 발아하지 않고 휴면상태를 유지하는 경우가 있는데, 이를 제 2차 휴면이라고 한다.

⑦ 저온처리 또는 GA_3와 같은 후숙 처리를 하면 발아한다.

2. 휴면의 원인

1) 경실(硬實)

① 종피가 수분의 투과를 저해하기 때문에 장기간(수개월~수개년) 발아하지 않는 종자를 경실이라고 한다.

② 소립종자인 콩과작물(화이트클로버·레드클로버·알사이크클로버·앨펠버·자운영 등)에는 경실이 많다.

③ 콩과의 경실은 흡수부위인 배꼽·주공 및 봉선에 큐티클층과 울타리세포가 잘 발달하여 수분의 투과를 저해한다.

④ 경실 휴면의 주된 원인은 종피의 불투수성 때문이다.

⑤ 같은 작물의 같은 품종이더라도 성숙이 진전된 소립종자와 급격히 건조시킨 종자에 경실이 많은 경향이 있다.

2) 발아억제물질

발아억제물질을 총칭하여 블라스토콜린이라고 한다.

3. 휴면타파와 발아촉진

1) 경실의 특징과 휴면타파법

㈎ 경실의 특징

① 경실이란 종피의 불투수성 때문에 장기간 휴면하는 종자를 말한다.

② 주로 소립의 콩과 목초 종자이다.

㈏ 경실의 휴면타파법

① 종피파상법

② 진한황산처리

③ 저온처리

④ 건열처리

⑤ 습열처리

⑥ 진탕처리

⑦ 질산염처리

2) 화곡류 및 감자의 휴면 타파법

① 벼 종자: 40℃에 3주일 또는 50℃에 4~5일 보관하면 휴면이 타파된다.

② 맥류 종자: 0.5%~1%의 과산화수소액에 24시간 침지하였다가 5~10℃ 저온에 젖은 상태로 수일간 보관하면 휴면이 타파된다.

③ 감자: 지베렐린수용액에 30~60분간 침지하여 파종한다.

3) 목초 종자의 휴면타파법

① 질산염처리

② 지베렐린처리

4) 화학물질과 발아

① 발아촉진물질로는 지베렐린(GA), 시토키닌, 에틸렌, 질산염 등이 있다.

② 발아억제물질로는 암모니아, 시안화수소, ABA 등이 있다.

4. 휴면연장과 발아억제

1) 온도조절

감자 0~4℃, 양파는 1℃ 내외로 저장하면 장기간 발아를 억제할 수 있다.

2) 약제처리

감자와 양파 등에는 MH수용액을 사용하였으나, MH가 발암성 물질로 밝혀지면서 현재는 사용하지 않는다.

> ※ 쿠마린(Coumarin)
>
> 쿠마린은 종자의 휴면타파 또는 발아촉진을 유도하는 물질은 아니며, 식물에 널리 분포하는 Benzopyranone 대사물질군에 속한다.

CHAPTER 03 **육묘 등**

1 **영양번식**

1. 영양번식의 뜻과 이점

1) 영양번식의 이점

① 종자번식이 어려운 작물의 번식수단이 된다.(고구마, 마늘 등)

② 우량한 유전특성을 쉽게 영속적으로 유지시킬 수 있다.(과수, 감자 등)

③ 종자번식보다 생육이 왕성할 수 있다.(감자, 모시풀, 꽃, 과수 등)

④ 암수 중 이용가치가 높은 쪽(포기)만을 재배할 수 있다. 호프(홉)는 영양번식을 통하여 수량이 많은 암그루만을 재배한다.

⑤ 접목을 하면 수세조절, 환경적응성 증대, 병충해저항성 증대, 결과촉진, 품질향상, 수세회복 등을 기대할 수 있다.

2. 분주

어미식물에서 발생하는 흡지를 뿌리가 달린 채로 분리하여 번식시키는 것을 분주라고 한다. (박하, 모시풀, 작약, 나무딸기, 석류나무, 골풀, 닥나무, 머위, 토당귀, 아스파라거스)

3. 취목

취목은 삽목이나 접목이 잘되지 않는 종류를 번식시키고자 할 때 이용한다.

1) 성토법(묻어떼기. Mounting)

포기 밑에 가지를 많이 내고 성토해서 발근시키는 방법(뽕나무, 사과나무, 양앵두나무, 자두나무 등)

2) 휘묻이

가지를 휘어서 일부를 흙속에 묻는 방법

① **보통법(단순취목법):** 가지를 휘어서 일부를 흙속에 묻는 방법(수구리, 포도나무, 양앵두나무, 자두나무 등)

② **선취법**: 가지의 선단부를 휘어서 묻는 방법(나무딸기 등)

③ **파상취목법**: 긴 가지를 파상으로 휘어서 하곡부(下曲部)를 묻는 방법

④ **당목취법**: 가지를 수평으로 묻고, 각 마디에서 발생하는 새가지를 발근시켜 한 가지에서 여러 개 취목하는 방법(포도나무, 양앵두나무, 자두나무, 나무딸기 등)

3) 고취법

관상수목에서 실시하는 취목법으로 높은 곳에서 발근시키는 방법(고무나무 등)

4. 삽목(꺾꽂이. Cutting)

모체에서 분리한 영양체의 일부를 심어서 발근시켜 번식

1) 엽삽(Leaf cutting): 베고니아, 펠라고늄, 차나무

2) 근삽(Root cutting): 자두나무, 사과나무, 감나무, 앵두나무, 오동나무, 땅두릅나무

3) 지삽(Stem cutting)

① **신초삽(새순꽂이)**: 1년 미만의 새가지를 삽목(인과류, 핵과류, 감귤류)

② **녹지삽(푸른가지꽂이)**: 푸른가지를 여름에 삽목(동백나무, 카네이션, 펠라고늄, 피튜니아)

③ **숙지삽(묵은가지꽂이, 경지삽)**: 묵은가지를 겨울에 삽목(무화과나무, 포도나무)

④ **단아삽**: 눈 하나만 가진 가지를 삽목(포도나무)

4) 기타: 경삽(줄기꽂이), 엽아삽(잎눈꽂이)

5. 접목

두 가지 식물의 영양체를 형성층이 서로 유착되도록 접함으로써 생리작용이 원활하게 교류되어 독립개체가 형성되는 것을 접목이라 한다.

1) 방법

① **눈접**: 8월 상순부터 9월 상순경까지 하며, 그 해에 자란 수목의 가지에서 1개의 눈을 채취하여 대목에 접목하는 방법이다.

② **깎기접**: 여러 가지 접목방법 중에서 기초가 되는 접목방법으로 가장 널리 알려져 있으며 간단하면서도 활착이 잘 된다.

③ **짜개접**: 굵은 대목에 가는 소목을 접목시킬 경우 대목 중간을 쪼개어 그 사이에 접수를 넣어 접목하는 방법이다.

④ **혀접**: 굵기가 비슷한 대목과 접수를 각각 비스듬히 혀모양으로 잘라 서로 결합시켜 접목하는 방법이다.

2) 접목의 이점

① 결과연한 단축

② 수세조절

③ 환경적응성 증대

④ 병충해 저항성 증대

⑤ 결과향상

⑥ 수세회복

6. 채소류의 접목 육묘

1) 박과 채소류 접목의 이로운점

① 토양전염성 병 발생을 억제한다.(덩굴쪼김병: 수박, 오이, 참외)

② 저온·고온 등 불량환경에 대한 내성이 증대된다.(수박, 오이, 참외)

③ 흡비력이 강해진다.(수박, 오이, 참외)

④ 과습에 잘 견딘다.(수박, 오이, 참외)

⑤ 과실의 품질이 우수해진다.(수박, 멜론)

2) 박과 채소류 접목의 불리한 점

① 질소 과다흡수의 우려가 있다.

② 기형과가 많이 발생한다.

③ 당도가 떨어진다.

④ 흰가루병에 약하다.

> ※ **합접**
>
> 대목(고추 대목 등)과 접수(고추 접수 등)를 각각 비스듬히 50~60° 각도로 자르고 그 자른 자리를 서로 밀착시킨 후 접목용 클립으로 고정하는 방법으로, 경험이 있는 전업육묘자들이 가장 선호하는 접목방법이다.

> ※ **인공영양번식에서 발근촉진**
> ① 황화(Etiolation)
> ② 생장호르몬처리: β-IBA, NAA, IAA 등의 옥신류를 처리

7. 조직배양

① 식물의 세포·조직·기관 등을 기내의 영양배지에서 무균적으로 배양하여 완전한 식물체로 재분화시키는 것을 조직배양이라 한다.

② 한번 분화한 식물세포가 정상적인 식물체로 재분화할 수 있는 전체형성능을 지니고 있기 때문에 조직배양이 가능하다.

③ 생장점을 증식하면 바이러스 무병주를 육성할 수 있다.

④ 영양기간은 뿌리·잎·줄기·눈 등이 배양된다.

⑤ 생식기관은 꽃·과실·배주·배·배유·과피·꽃밥·화분 등이 배양된다.

1) 배배양(胚培養)

배배양은 종자 속의 배를 분리하여 무균상태의 배지에서 배양·발아시키는 기술로, 정상적으로 발아·생육하지 못하는 잡종 종자는 배배양을 통하여 잡종식물을 육성할 수 있다.(나리, 목화, 벼 등)

2) 약배양(葯培養)

약배양은 꽃밥(葯)을 배양하여 화분(花粉, 꽃가루)으로부터 식물체를 유도하는 기술로 단기간에 순계 육성이 가능하고 육종연한을 대폭 단축시킬 수 있다.

3) 병적조직배양(病的組織培養): 식물체에서 병에 걸린 조직(병반, 종양 등)을 무균적으로 분리하여 배양함으로써 병원체의 특정이나 병 발생 기작을 연구하는 조직배양 기법이다.

4) 세포융합

세포융합에 의한 잡종은 보통 유성생식에 의한 잡종과 구별하여 체세포잡종이라 한다. 세포융합의 예로는 감자와 토마토의 원형질체를 융합시켜 얻은 포메이토가 있다.

5) 유전자전환

유전자전환은 품종의 특성을 바꾸지 않고, 목적하는 유전자만을 도입시킬 수 있는 유전자조작 기술이다.

2 육묘

1. 육묘의 필요성

1) 직파가 매우 불리한 경우

딸기·고구마·과수 등에서는 직파하면 매우 불리하므로 육묘이식이 정상적인 재배법으로 되어 있다.

2) 증수 도모

과채류·벼·콩·맥류 등은 직파하는 것보다 육묘하는 것이 생육이 조장되어 증수한다.

3) 조기수확 가능

과채류 등은 조기에 육묘해서 이식하면 수확기가 극히 빨라져서 조기에 수확할 수 있다.

4) 토지이용도의 증대

벼를 육묘이식하면 답리작을 할 수 있고, 채소도 육묘이식에 의하여 경지이용률을 높일 수 있다.

5) 재해방지

육묘이식을 하면 직파하는 것보다 초기관리가 수월하고, 집약관리가 가능하여 병충해·한해·냉해 등을 방지하기 쉽다. 벼는 도복이 줄어들고, 감자의 가을재배에서는 고온해가 경감된다.

6) 용수의 절약

벼는 못자리기간 동안 본답용수가 절감될 수 있다.

7) 노력 절감

직파해서 처음부터 넓은 본포에서 관리하는 것보다 중경제초 등에 소요되는 노력이 절감된다.

8) 추대방지

봄결구배추를 보온육묘해서 이식하면 직파할 때 포장에서 냉온의 시기에 저온감응하여 추대하고 결구하지 못하는 현상을 방지할 수 있다.

9) 종자절약

직파하는 것보다 종자량이 적게 들며, 비싼 종자일 경우에는 크게 유리하다.

2. 온상

① 볏짚·건초·두엄 등 탄수화물이 풍부한 발열의 주재료와 겨·깻묵·닭똥·뒷거름·요소·황산암모늄 등 질소분이 많은 발열의 촉진재료 또는 보조재료와 낙엽 등과 같이 부패가 더딘 발열의 지속재료를 섞어서 쓰는 것이 좋다.

② 발열에 적당한 발열재료의 C/N율이 20~30정도일 때 발열상태가 양호하다.

③ 수분함량은 전체의 60~70%, 즉 발열재료 건물중의 1.5~2.5배 정도가 되어야 발열이 양호하다.

재료	탄소	질소	C/N율	재료	탄소	질소	C/N율
보리짚	47.0	0.65	72	쌀겨	37.0	1.70	22
밀짚	46.5	0.65	72	자운영	44.0	2.70	16
볏짚	42.2	0.63	67	앨팰퍼	40.0	3.00	13
감자	44.0	1.50	29	면실박	16.0	5.00	3.2
낙엽	49.0	2.00	25	콩깻묵	17.0	7.00	2.4

3. 기계이앙용 상자육묘

1) 상토

PH4.5~5.5 정도의 토양이 알맞다.

2) 파종

파종량은 마른 종자로 1상자당 어린모는 200~220g, 중모는 100~130g 정도로 한다.

3) 육묘관리

① 출아기: 온도는 30~32℃로 유지한다.

② 녹화기: 어린 싹이 1cm 정도 자랐을 때 시작하며, 낮에는 25℃, 밤에는 20℃ 정도의 온도를 유지하고, 2,000~3,500lux의 약광을 쬐며, 갑자기 강광을 쪼이면 백화묘가 발생한다.

③ 경화기: 정식 직전 묘를 외부환경에 노출시켜 강건하게 만드는 단계

4. 공정육묘

1) 공정육묘의 이점

① 모의 대량생산이 가능하다.

② 모든 과정을 기계화하므로 관리인건비 및 모의 생산비를 절감한다.

③ 정식묘의 크기가 작아지므로 기계정식이 용이하고 인건비를 줄인다.

④ 모 소질의 개선이 비교적 용이하다.

⑤ 운반 및 취급이 간편하여 화물화가 용이하다.

⑥ 대규모화가 가능하여 조합영농 기업화 또는 상업농화가 가능하다.

⑦ 육묘기간 단축이 가능하고 주문생산이 용이하여 연중 생산횟수를 늘릴 수 있다.

3 정지

파종과 이식에 알맞은 토양상태를 조성하기 위하여 토양에 가해지는 처리를 정지라고 한다.

> ※ 경운시기
>
> 흙이 사질이고, 겨울에 강수량이 많을 때 추경을 하면 월동 중에 토양 비료 성분의 용탈·유실을 조장하여 오히려 불리할 경우도 있으므로 춘경만 한다.

> ※ **건토효과**
>
> - 건토효과는 밭에서보다 논에서 크다.
> - 흙을 한번 충분히 건조시키면 유기물이 분해되어 작물에 대한 비료분의 공급이 많아지는데, 이와 같은 현상을 건토효과라고 한다.
> - 겨울이나 봄철에 강우량이 적으면 추경에 의한 건토효과는 현저히 나타나고, 봄철에 강우량이 많으면 겨울 동안의 건토효과에 의하여 생긴 암모니아태 및 질산태질소가 빗물에 의하여 유실되므로 이러한 경우는 추경보다 춘경을 한 것이 유리하다.
> - 추경에 의한 건토효과를 꾀하려면 유기물의 사용을 증대해야 한다.

1. 작휴(作畦)

흙이 올라온 부분을 이랑이라고 하고, 흙이 파여진 부분을 고랑이라고 한다.

1) 평휴법(平畦法)

① 평휴법은 이랑과 고랑의 높이를 같게 하는 방식이다.

② 건조해와 습해가 동시에 완화된다.

2) 휴립법(畦立法)

① 휴립구파법

- 휴립구파법은 이랑을 세우고 낮은 골에 파종하는 방식이다.

- 맥류에서는 한해와 동해를 방지할 목적으로 실시된다.

② 휴립휴파법

- 휴립휴파법은 이랑을 세우고 이랑에 파종하는 방식이다.

- 이랑에 재배하면 배수와 토양통기가 좋게 된다.

3) 성휴법(星畦法)

① 성휴법은 이랑을 보통보다 넓고 크게 만드는 방법이다.

② 맥류의 답리작재배에 있어서도 같은 모양의 이랑을 만들고, 이랑 위에 산파하는 경우가 있는데, 이는 파종노력을 절감하려는 것이 주목적이다.

4 파종

1. 파종시기

① 월동작물은 추파를 하고 여름작물은 춘파를 한다.

② 월동작물이라도 내한성이 강한 호밀은 만파에 적응하나, 내한성이 약한 쌀보리는 만파에 적응하지 못한다.

③ 여름작물이라도 낮은 온도에 견디는 춘파맥류는 초봄에 파종되나, 생육온도가 높은 옥수수는 늦봄에 파종된다.

④ 녹두는 파종에 알맞은 기간이 여름작물 중에 가장 길다.

> ※ 벼에서 감광형인 품종은 만파만식(晚播晚植)에 적응하나 감온형 및 기본영양생장형인 품종은 조파조식(早播早植)을 해야 안전하다.

> ※ 파종시기에 영향을 주는 요인
>
> | | | |
> |---|---|---|
> | • 작물의 종류 | • 작물의 품종 | • 재배지역 및 기후 |
> | • 작부체계 | • 재해회피 | • 토양조건 |
> | • 출하기 | • 노력사정 | |

2. 파종양식

1) 산파(散播)

산파(흩어뿌림)는 포장 전면에 종자를 흩어 뿌리는 방법이다.

2) 조파(條播)

조파(골뿌림)는 골타기를 하고 종자를 줄지어 뿌리는 방법이며, 맥류처럼 개체가 차지하는 평면공간이 넓지 않은 작물에 적용한다.

3) 점파(點播)

점파(점뿌림)는 일정한 간격을 두고 종자를 1~수립씩 띄엄띄엄 파종하는 방식이다.

4) 적파(摘播)

적파는 점파를 할 때 한 곳에 여러 개의 종자를 파종하는 방법이다.

3. 파종량 결정 시 고려조건

1) 종자의 크기

감자는 큰 씨감자를 쓸수록 파종량이 많아진다.

2) 파종시기

파종시기가 늦어질수록 대체로 모든 작물의 생육이 떨어지므로 파종량을 늘린다.

3) 재배지역

감자는 산간지역보다 평야지에서 생육이 떨어지므로 평야지의 파종량을 늘린다.

4) 재배방식

① 맥류는 조파보다 산파시 파종량을 늘리고, 콩·조 등은 단작보다 맥후작에서 파종량을 늘린다.

② 청예용, 녹비용 재배는 채종용보다 파종량을 늘린다.

5) 토양 및 시비

① 토양이 척박하고 시비량이 적을 때에는 파종량을 다소 늘리는 것이 유리하다.

② 토양이 비옥하고 시비량이 많은 경우라도 다수확을 꾀하려면 역시 파종량을 늘려준다.

6) 종자의 조건

병충해가 심하거나, 경실이 많이 포함되어 있거나, 쭉정이 또는 협잡물이 많이 섞여 있거나, 발아력이 감퇴하였으면 파종량을 늘려야 한다.

4. 복토(覆土)

복토의 깊이	작물명
종자가 보이지 않을 정도	소립목초종자·파·양파·당근·상추·유재·담배 등
0.5~1.0cm	양배추·가지·토마토·고추·배추·오이·순무·차조기 등
1.5~2.0cm	조·기장·수수·호박·수박·시금치·무 등
2.5~3.0cm	보리·밀·호밀·귀리·아네모네 등
3.5~4.0cm	콩·팥·옥수수·완두·강낭콩·잠두 등
5.0~9.0cm	감자·토란·생강·크로커스·글라디올러스 등
10 이상 cm	튤립·수선·히야신스·나리 등

5　이식(移植)

1. 장점

① **생육촉진 및 수량증대 효과**: 온상에서 보온육묘를 할 경우에는 생육기간이 연장되어 증수를 기대할 수 있고 또한 초기생육의 촉진이 수확을 빠르게 하여 경제적으로 유리하다.

② **토지 이용 효율 증대**: 본포에 앞작물이 있을 경우에는 묘상·못자리·묘포 등에서 모를 양성하여 앞작물의 수확 후 또는 앞작물 사이에 정식함으로써 경영을 집약화할 수 있다.

③ **숙기 단축**: 채소는 이식에 의하여 경엽의 도장이 억제되고, 생육이 양호하여 숙기를 빠르게 하며, 양배추·상추 등에서는 결구를 촉진한다.

④ **활착증진**: 육묘 중에 가식을 하면 단근이 되어 새로운 잔뿌리가 밀생하여 근군이 충실해지므로 정식시 활착을 빠르게 하는 효과가 있다.

2. 단점

① 무·당근·우엉과 같이 직근을 가진 것은 어릴 때 이식을 하여 뿌리를 손상하면 그 후 근계의 발육에 나쁜 영향을 미친다.

② 수박·참외·결구배추·목화 등은 뿌리가 절단되는 것이 매우 해롭다. 이들을 부득이 이식해야할 경우에는 분파하여 육묘하고 뿌리의 절단을 피해야 한다.

③ 벼를 대체로 이앙재배를 하지만 한랭지에서는 이앙재배를 하면 착근까지 장시간을 요하므로 생육이 늦어지고 임실이 불량해지기 쉽다. 이러한 경우에는 파종을 빨리 하는 것이 안전하다.

3. 이식시기

① 토마토·가지는 첫 꽃이 피었을 정도의 모가 좋다.

② 토양의 수분이 넉넉하며, 바람이 없고 흐린 날에 이식하면 활착이 좋다.

③ 수도의 도열병이 많이 발생하는 지대에서는 조식을 하는 것이 좋고, 가지·토마토 등 조숙 채소류에 있어서는 늦서리에 주의해야 한다.

> ※ 벼의 이앙양식
>
> 병목식으로 하면 수광과 통풍이 좋아지며, 초기생육이 억제되는 반면에 후기생육이 조장되는 경향이 있기 때문에 다비밀식(多肥密植)을 해서 증수를 꾀할 때 이 방식이 이용된다.

6 시비(施肥)

1. 주요비료의 성분(단위: %)

종류	질소	인산	칼륨	칼슘	종류	질소	인산	칼륨	칼슘
황산암모늄	21				탄산석회				45~50
요소	46				퇴비	0.5	0.26	0.5	
질산암모늄	33				구비(소)	0.34	0.2	0.1	
석회질소	21			60	구비(돼지)	0.6	0.5	0.4	
염화암모늄	25				인분뇨(생)	0.55	0.12	0.30	
초석	20				자운영(생)	0.48	0.18	0.37	
괴인산석회		20			콩깻묵	6.5	1.4	2.07	
중과인산석회		46			탈지강	1.8	3.6	1.4	
용성인비		17~21			계분(건)	2.57	3.4	1.2	
토머스인비		16			짚재		2.0	4~5	2.0
인산암모늄	11	48			나뭇재		2.0	8~9	20
염화칼륨			60		풋나뭇재		2~3	5~6	10~15
황산칼륨			48~50		호밀(생)	0.53	0.24	0.63	
생석회				80	풋베기콩(생)	0.58	0.08	0.73	
소석회				60	완두(생)	0.51	0.15	0.52	

2. 비료의 생리적 분류

1) 생리적 산성 비료

황산암모늄(유안)·염화암모늄·황산칼륨·염화칼륨 등

2) 생리적 중성 비료

질산암모늄·요소·과인산석회·중과인산석회·석회질소 등

3) 생리적 염기성 비료

석회질소·용성인비·나뭇재·칠레초석·토머스인비·퇴비·구비 등

7 비료요소

1. 질소

1) 질산태질소

① 질산암모늄·칠레초석·질산칼륨·질산칼슘·함질황산암모늄 등이 있다.

② 물에 잘 녹고 속효성이다.

③ 질산은 음이온이므로 토양에 흡착되지 않고 유실되기 쉽다.

④ 논에서 질산태질소의 비효가 적은 이유는 탈질균에 의하여 아질산염으로 되어 유해작용을 나타내기 때문이다.

2) 암모니아태질소

① 황산암모늄·질산암모늄·염산암모늄·인산암모늄·부숙인분뇨·완숙퇴비 등이 있다.

② 암모니아태질소는 물에 잘 녹고 속효성이지만, 질산태보다는 속효성이 아니다.

③ 암모니아는 양이온이므로 토양에 잘 흡착되어 유실되지 않는 이점이 있으며, 논의 환원층에 주면 비효가 오래 지속된다.

④ 유기물을 함유하지 않은 암모니아태질소를 해마다 사용하면 지력소모를 가져올 뿐만 아니라 암모니아 흡수 후 산근이 남게 되므로 토양을 산성화시키는 불리한 점이 있다.

3) 요소

① 물에 잘 녹으며, 이온이 아니기 때문에 토양에 잘 흡착되지 않으므로 시용직후에 유실될 우려가 있다.

② 미생물 작용를 받아 탄산암모늄을 거쳐 암모니아태로 되어 토양에 잘 흡착되므로 효과는 암모니아태 질소와 비슷하다.

③ 질소결핍증이 발생하였을 때 토양시비가 곤란한 경우 엽면시비에도 이용할 수 있다.

4) 시안아미드태질소

이질소는 물에 녹으나 작물에 해롭다.

2. 인

① 과인산석회(과석)와 중과인산석회(중과석)는 인산의 대부분이 수용성이고 속효성이며, 작물에 잘 흡수된다. 그러나 산성토양에는 철·알루미늄과 반응하여 불용화하고 토양에 고정되기 때문에 흡수율이 극히 낮다.

② 용성인비는 구용성 인산을 함유하며, 작물에 속히 흡수되지 못하므로 과인산석회 등과 병용하는 것이 좋다. 토양 중에서의 고정은 적으며, 규산·석회·마그네슘 등을 함유하는 염기성 비료이기 때문에 산성토양을 개량하는 효과도 있다.

3. 칼리

칼리질 비료로서 사용되는 칼리의 형태는 무기태칼리와 유기태칼리로 나눌 수 있으며, 거의 수용성이고 비효가 빠르다.

4. 칼슘

칼슘은 직접적으로 다량으로 요구되는 필수원소이나 간접적으로는 토양의 물리적·화학적 성질을 개선하며, 일반적으로 토양 내에 가장 많이 함유되어 있다.

8 작물의 종류와 시비

작물	3요소 흡수율	작물	3요소 흡수율
콩	5 : 1 : 1.5	옥수수	4 : 2 : 3
벼	5 : 2 : 4	고구마	4 : 1.5 : 5
맥류	5 : 2 :3	감자	3 : 1 : 4

1) 수확물의 이용부위에 따라서도 적합한 시비를 해야 한다.

① 종자를 수확하는 작물: 영양생장기에는 질소의 효과가 크고, 생식생장기에는 인과 칼리의 효과가 크다.

② 과실을 수확하는 작물: 결과기에 인 및 칼리질 비료가 충분해야 과실의 발육과 품질의 향상에 유리하지만 질소도 적당히 지속시켜 주어야 한다.

③ 잎을 수확하는 작물: 충분한 질소를 계속 유지시켜 주어야 한다.

④ 줄기를 수확하는 작물: 아스파라거스·토당귀 등과 같이 연화재배를 하는 작물은 전년의 저장양분에 의하여 연화기의 생장이 이루어지므로 전년에 충분히 시비해야한다.

⑤ 뿌리나 땅속줄기를 수확하는 작물: 초기에는 질소를 넉넉히 주어 생장을 촉진시키고, 양분의 저장이 시작될 무렵에는 칼리를 충분히 사용하도록 한다.

⑥ 꽃을 수확하는 작물: 호프나 화초처럼 꽃을 수확하는 작물은 꽃망울이 생길무렵에 질소의 효과가 잘 나타나도록 하면 개화와 발육이 양호하다.

※ 반응에 따른 비료의 분류

1. 화학적 반응: 수용액의 직접적 반응

화학적 산성비료	과인산석회, 중과인산석회
화학적 중성비료	요소, 질산암모늄, 염화암모늄, 황산암모늄, 염화칼륨, 황산칼륨, 콩깨묵, 어박
화학적 염기성비료	석회질소, 용성인비, 토머스인비, 나뭇재

2. 생리적 반응: 시비 후 토양 중에서 식물 뿌리의 흡수작용이나 미생물의 작용을 받은 뒤에 나타나는 반응

생리적 산성비료	염화암모늄, 황산암모늄(유안), 염화칼륨, 황산칼륨
생리적 중성비료	요소, 질산암모늄, 과인산석회, 중과인산석회
생리적 염기성비료	석회질소, 용성인비, 토머스인비, 칠레초석, 퇴비, 구비, 나뭇재

※ 비료요소에 따른 효과

귀리	Mg 효과가 큼
맥류	Cu 결핍증이 발생
고구마	K와 두엄의 효과가 큼
콩과작물	Ca과 P의 효과가 큼
감귤류, 옥수수	Zn 결핍증이 발생
사탕무	Na 요구량이 많음
꽃양배추	Mo 요구량이 많음
담배, 사탕무	NO_3^-의 효과가 크고, NH^+를 주면 해롭다.
유채, 사탕무, 샐러리, 사과, 앨팰퍼	B의 요구량이 많다.
벼논	P의 유효도가 크기 때문에 P의 효과는 그리 크지 않고, Si의 효과가 현저하며, Fe 결핍의 피해가 크다.

2) 비료요소의 흡수속도도 작물에 따라 다르다.

① 콩과식물인 앨팰퍼는 볏과인 오처드그래스에 비하여 질소·칼리·석회 등을 훨씬 빨리 흡수한다.

② 볏과 목초와 콩과 목초를 혼파하였을 때 질소를 많이 주면 볏과가 우세해지고, 인·칼리를 많이 주면 콩과가 우세해진다.

※ 재배조건과 시비

등숙기에 일사량이 많은 지대에서는 벼를 다비밀식해도 안전하고 효과적이지만, 만식재배에서는 도열병 발생의 우려가 크기 때문에 질소시비량을 줄여야 한다.

9 비료의 배합

1. 배합비료의 장점

① 비료의 지속을 조절할 수 있음: 작물은 생육단계에 따라 필요한 양분이 다르므로 속효성 비료와 지효성 비료를 적당량 배합하는 것은 매우 유리하다.

② 시비의 번잡을 덜 수 있음: 배합비료는 단일비료를 여러 차례에 걸쳐 시비하는 번잡성을 덜며, 균일한 살포를 하는데 용이하다.

③ 물리적 성질이 양호해짐: 요소나 황산암모늄 같은 것은 고온다우(高溫多雨) 하에서는 습기를 빨아들이고, 건조할 때에는 굳어지므로 취급상 불편하다. 이러한 것을 쌀겨같은 유기질 비료와 적당히 배합하면 그 결점을 고칠 수 있고 취급이 편리하다.

2. 배합상 불리한 점 또는 주의할 점

① 비료성분이 소실되지 않도록 해야 함: 암모니아태질소를 함유하고 있는 비료에 석회와 같은 알칼리성 비료를 혼합하면 암모니아가 기체로 변한다. 질산태질소를 함유하고 있는 비료에 과인산석회와 같은 산성비료를 혼합하면 질산은 기체로 된다. 질산태진소를 유기질 비료와 혼합하면 저장 중 또는 사용 후에 질산이 환원되어 소실된다.

② 비료성분이 불용성이 되지 않도록 해야 함: 과인산석회와 같은 수용성 인산이 주성분인 비료에 Ca, Al, Fe 등이 함유된 알칼리성 비료를 혼합하면 인산이 물에 용해되지 않아 불용성이 된다.

③ 습기를 흡수하지 않도록 해야 함: 과인산석회와 같은 석회염을 함유하고 있는 비료에 염화칼륨과 같은 염화물을 배합하면 흡습성이 높아져서 액체로 되거나 또는 굳어지기 쉽다.

10 엽면시비

1. 엽면시비의 이용

엽면시비는 토양시비보다 비료성분의 흡수가 쉽고 빠른 장점이 있으며, 또한 토양시비가 곤란할 때에도 시비할 수 있으므로, 다음과 같은 경우에 이용된다. 그러나 일시에 다량을 줄 수 없기 때문에 토양시비를 모두 대신할 수는 없다.

① 미량요소의 공급

감귤류, 옥수수	Zn
벼(노후답)	Fe, Mn
사과	Mg

② **뿌리의 흡수력 회복**: 노후화 답의 벼, 습해를 받은 맥류에서 요소, 망간 결핍 시

③ **급속한 영양공급**: 수확 전 밀, 뽕잎, 목초에 엽면시비를 하면 단백질 함량이 높아진다.

④ **품질향상**

⑤ 비료분의 유실방지

⑥ 노력절약

⑦ **토양시비가 곤란한 경우**: 과수원 초생재배 시 토양시비가 곤란한 경우

> ※ 질소는 요소로 주는 것이 가장 안전하고, 잎이 타는 현상 등의 부작용이 적으며 0.5~1.0% 수용액으로 살포한다.

2. 엽면흡수에 영향을 끼치는 요인

① 잎의 표면보다 표피가 얇은 이면에서 더 잘 흡수된다.

② 잎의 호흡작용이 왕성할 때 잘 흡수되므로 가지나 줄기의 정부(頂部)로부터 가까운 잎에서 흡수율이 높으며, 늙은잎보다 젊은잎에서, 밤보다 낮에 잘 흡수된다.

③ 살포액의 PH는 미산성인 것이 흡수가 잘 된다.

④ 피해가 나타나지 않는 범위 내에서 살포액의 농도가 높을 때 흡수가 빠르다.

⑤ 석회를 시용하면 흡수가 억제되어 고농도 살포의 해를 경감할 수 있다.

⑥ 기상조건이 좋을 때에는 작물의 생리작용이 왕성하므로 흡수가 빠르다.

※ 작물별 요소의 엽면살포농도와 살포효과

작물명	물 36ℓ에 녹이는 양(g)	농도(%)	10a 당 살포량(ℓ)	살포효과
보리·옥수수· 벼·볏과목초	225~300	0.6~0.8	144~180	활착, 임실양호
고구마·유채	150~225	0.4~0.6	90~144	수확촉진
양배추·오이	75~150	0.2~0.4	90~180	착화, 착과, 품질양호
감자	75~150	0.2~0.4	90~126	비대촉진
수박·호박·가지	75~150	0.2~0.4	90~126	착화, 착과, 품질양호
무·배추·시금치	75~150	0.2~0.4	90~180	조기출하, 품질향상, 다수확
감귤나무	75~150	0.2~0.4	1그루 당 9~14	화아분화촉진, 과실비대
뽕나무·차나무· 사과나무·포도나무· 호프(hop)· 토마토·딸기	75	0.2	90~180	화아분화촉진, 과실비대
화훼	19~38	0.05~0.1	적량	엽색 및 화색의 선명

CHAPTER 04 　관리

1 　경운

1. 의의

토양을 갈아엎거나 부수어 작물재배에 적합한 토양상태로 만드는 작업

2. 목적

① 토양 통기성 및 투수성 개선

② 뿌리 신장 촉진

③ 잡초 제거

④ 비료·유기물 혼합

⑤ 토양 병해충 감소

3. 효과

1) 장점

① 토양 구조 개선

② 가스 교환 활성화

③ 미생물 활동 촉진

④ 수분 보유 및 배수 조절

⑤ 잡초·해충 경감

2) 단점

입단 파괴

4. 경운의 종류

1) 깊이에 따른 종류

① 심경(深境, 깊이갈이): 30cm 이상 깊은 경운을 하는 것을 말하며 경반층이 파괴되고 배수 개선

② 천경(淺耕, 표토갈이): 10~15cm의 얕은 깊이로 경운하는 것으로서 파종 전 표토 정리를 위한 경운

2) 작업 방법에 따른 분류

① 반전경: 토양을 뒤집어 엎음

② 무반전경: 토양을 뒤집지 않고 부수기

③ 로타리 경운: 부수기 중심

3) 시기에 따른 분류

① 춘경(春耕): 봄 파종, 정식 직전 토양 수분 보존을 위한 경운

② 추경(秋耕): 가을에 병해충 및 잡초 억제를 위해 실시하는 경우

5. 중경(中耕, 김매기)

포장의 표토를 갈거나 부드럽게 하는 작업으로 초기 중경은 단근 우려가 적으므로 대체로 깊게 하고 후기로 갈수록 얕게 실시한다.

1) 장점

① **발아조장**: 파종 후 비가 와서 표층에 굳은 피막이 생겼을 때 중경을 통해 피막을 부숴주면 발아가 조장된다.

② **토양통기 조장**: 토양 중의 산소공급이 많아지므로 뿌리의 생장과 활동이 왕성해진다.

③ **토양수분 증발·한해 경감**: 토양의 모세관이 절단되므로 토양수분의 증발이 경감하여 한해가 감소한다.

④ **비효 증진**: 논에 요소, 황산암모늄 등의 덧거름을 주고 중경을 하면 비료가 환원형이 되어 비효가 증진된다.

⑤ 잡초·해충 경감

2) 단점

① 단근

② 풍식(바람에 의한 침식) 조장

③ 동·상해 조장

6. 심경(深耕, 깊이갈이)

① 대부분 작물의 경우 심경이 유리하나, 심경을 한 당해에는 토양의 갈림이 심하여 작물생육이 불리할 수 있고, 그럴 경우 비료를 많이 주어야 한다.

② 누수가 심한 자갈논은 물과 비료의 용탈이 심하기 때문에 심경이 해롭다.

③ 벼의 만식재배의 경우 심경 시 초기 생육이 지연되고 후기 생육이 왕성해지면서 등숙이 지연되기 때문에 심경이 해롭다.

④ 식토나 식양토는 심경이, 사질토나 습답(지하수위가 이미 높음)은 천경이 유리하다.

2 잡초 방제

1. 분류

1) 논잡초(과습한 토양)

	1년생	다년생
볏과	강피, 물피, 돌피	나도겨풀
방동사니과	알방동사니, 올챙이고랭이	매자기, 쇄털골, 너도방동사니, 올방개
광엽잡초	여뀌, 여뀌바늘, 물달개비, 물옥잠, 사마귀풀, 자귀풀, 가막사리	생이가래, 개구리밥, 올미, 가래, 벗풀

2) 밭잡초

	1년생	다년생
볏과	둑새풀(2년생), 바랭이, 강아지풀, 미국개기장, 돌피	참새피, 띠
방동사니과	금방동사니, 참방동사니	향부자
광엽잡초	① 깨풀, 쇠비름, 개비름, 여뀌, 명아주 ② 2년생: 냉이, 개갓냉이, 망초, 개망초, 별꽃, 꽃다지, 속속이풀	씀바귀, 쑥, 민들레, 토끼풀, 메꽃, 쇠뜨기

※ 기타분류	
연생에 따른 분류	1년생 잡초, 2년생 잡초, 다년생 잡초
토양적응성에 따른 분류	수행잡초, 습생잡초, 건생잡초
발생지에 따른 분류	경지잡초, 목초지잡초, 과수원잡초, 비경지잡초, 정원잡초, 잔디밭 잡초

※ 우리나라 잡초는 대부분 난지형

2. 특징

① 잡초 종자는 일반적으로 크기가 작기 때문에 발아가 빠르고, 이유기(離乳期)가 빨리 오기 때문에 식물체의 초기 생장속도가 빠르다.

② 불량환경에 잘 적응하며, 한발이나 과습에 대하여 견딜 수 있다.

③ 대부분 C_4 식물로 광합성에 유리하다.

④ 종자 또는 영양번식(지하번식)기관 등으로 번식하며, 종자 생산량이 많다.(번식력이 높다.)

⑤ 많은 잡초종자는 휴면성을 지니는데, 종자가 성숙 후 3~4개월 동안 휴면성을 지니며 저온, 습윤, 변온, 광선 등에 의하여 발아가 촉진되기도 한다.

⑥ 발아시 산소요구도는 밭잡초가 논잡초보다 높다.

⑦ 논 잡초의 발아를 위한 산소요구도: 물달개비 > 올챙이고랭이 > 돌피

⑧ 대부분의 경지잡초는 호광성 식물로서 광이 있는 표토에서 발아

3. 피해

① **작물과의 경쟁**: 양분, 수분, 광선, 공간을 작물들과 경합으로써 작물 생육환경이 불량해진다.

② **유해물질 분비**

※ **타감작용**

잡초 뿌리로부터 유해 물질이 분비되어 작물체의 생육을 억제하거나 반대로 작물이 잡초생육을 억제하는 작용

③ **병충해 전파**: 잡초는 작물 병원균의 중간기주가 되며, 병해충의 서식처와 월동처로 작용

4. 잡초 방제

1) 경종적(생태적) 방제

① 잡초와 작물의 생리적·생태적 특성 차이에 근거를 두고 잡초의 경합력이 저하되도록 재배관리를 해주는 방법

② 대부분의 잡초가 광발아성 종자이므로 지표면을 검정비닐로 피복하여 광을 차단한다.

③ 경운, 정지, 윤작, 2모작, 이식, 피복작물 재배 등

2) 물리적 방제

경운, 제초, 배토, 예취, 피복, 소각, 소토, 침수처리 등

3) 화학적 방제

제초제

> ※ **제초제 저항성 잡초**
> ① 동일 계통의 제초제를 연용할 경우 특정 제초제에 저항성을 지닌 돌연변이체가 생겨나고 그 중 적응성이 높은 생태형이 번성한 저항성 잡초들이 발생할 수 있다.
> ② 우리나라 제초제 저항성 잡초는 주로 논에서 발생한다.
> ③ Sulfonyurea(설포니우레아계 제초제)에 대한 저항성 계통: 작물 수량을 감소시킨다. (미국외 풀, 물달개비, 알방동사니, 마디꽃, 피)

4) 생물적 방제

① 식해성(해충이 식물을 먹는)·병원성 생물을 이용

② 상호대립 억제작용성 이용(타감작용. 호밀)

5) 종합적 방제

① 한 가지 방법으로만 제초를 반복하면 그 방제수단에 저항성을 지닌 집단으로 분화될 수 있고, ② 계속된 제초제 사용은 토양에 대한 잔류독성, 약해 문제가 발생, ③ 친환경 병해충 방제의 필요성으로 인해 둘 이상의 방법을 종합적으로 사용한다.

※ 제초제

같은 성분의 제초제일지라도 제형에 따라 효과에 차이가 있기 때문에 상황에 따라 적합한 제형을 선택하여야 한다.

※ 제형: 사용목적이나 용도에 맞는 적절한 형태

1. 선택성에 따른 분류

선택성	① 작물에는 피해를 주지 않고, 잡초에만 선택적으로 피해를 주는 제초제 ② 2,4-D, Bentazon(벤타존), Butachlor(뷰타클로르) ③ 2,4-D: 광엽잡초에만 선택적으로 작용
비선택성	① 작물과 잡초가 혼재되어 있지 않은 지역에서 비선택적으로 사용 ② Glyphosate(글리포세이트), Paraquat(파라콰트)

2. 이행성에 따른 분류

접촉형	① 제초제가 처리된 부위에서 제초효과가 일어나는 제초제 ② Paraquat, Diquat(다이쿼드)
이행성	① 제초제가 처리된 부위로부터 양분이나 수분의 이동경로를 통해 이동하여 다른 부위에도 약효가 나타나는 제초제 ② Bentazon, Glyphosate

3. 처리시기에 따른 분류

파종전처리	Paraquat, G-315(론스타)
파종후처리 (출아전처리)	① 파종 후 3일 이내에 발아하기전 제초제를 토양 전면에 살포 ② Simazine(시마진, CAT), Alachlor(알라클로르)
생육초기처리 (출아후처리)	① 잡초발생이 심할 때는 생육 초기에도 선택성 제초제를 살포 ② 2,4-D, Simazine, Bentazon

4. 화학적 특성에 따른 분류

페녹시계	2,4-D: 가장 널리 쓰인다. (수도본답, 잔디밭, 일반 밭 등)
아미드계	① Alachlor: 대부분 1년생 밭작물에 이용, 토양처리용 (콩, 옥수수, 양파, 무, 배추, 고추, 딸기, 감자, 고구마) ② Propanil(프로파닐): 논, 담수직파, 건답직파, 화본과 잡초에 주로 이용되는 경엽처리 제초제(접촉형)
트리아진계	Simazine: 밭작물 토양처리제 (옥수수, 딸기, 과수원)
요소계	① Methabenzthiazuron(메타벤즈티아주론): 밭작물 토양처리제 (보리, 양파, 마늘) ② Linuron(리누론): 일반 밭작물 토양처리제 (보리, 콩, 옥수수)
디페닐에테르계	Bifenox(비페녹스): 수도본답에 처리

※ 기타: 카바메이트계, 비피리딜리움계, 혼합제제 제초제

5. 기타

1) 밭작물 토양처리 제초제: Alachlor, Simazine, Linuron

2) 광역 잡초 제초제: 합성옥신인 2,4-D, Dicamba(디캄바) 등은 과다한 세포팽창을 유도하여 식물을 고사시키는 제초제로 논, 잔디밭 등에서 널리 이용된다.

3 멀칭·배토·토입·답압

1. 멀칭

① 포장토양의 표면을 짚·퇴비·구비·건초 등 여러 가지 재료로 피복하는 것을 멀칭(바닥덮기)이라고 하며, 이는 주로 토양수분의 증발을 억제하기 위한 것이다.

② 포장의 표토를 곱게 중경하면 하층과 표면의 모세관이 단절되고 표면에 건조한 토층이 생겨서 멀칭한 것과 같은 효과가 있는데, 이를 토양멀칭이라고 한다.

③ 폴리에틸렌·비닐 등의 플라스틱필름을 피복하는 일이 많아졌으며, 이를 비닐멀칭이라고 한다.

④ 미국의 건조지방 또는 반건조지방의 밀재배에 있어서는 토양을 갈아엎지 않고 경운하여

앞작물의 그루터기를 그대로 남겨서 풍식과 수식을 경감시키는 농법을 실시하는 경우가 있는데, 이를 스터블멀칭농법이라고 한다.

1) 멀칭의 이용성

① 생육촉진

② 한해의 경감

③ 동해의 경감

④ 잡초발생의 억제

⑤ 토양보호

⑥ 과실의 품질향상

2) 필름의 종류와 멀칭효과

① 멀칭용 플라스틱필름 중에서 모든 광을 잘 투과시키는 투명필름은 지온상승의 효과가 크나, 잡초의 발생이 많아진다.

② 모든 광을 잘 흡수하는 흑색필름은 잡초의 발생을 거의 억제하고, 지온이 높을 때 지온을 낮추어 준다.

③ 녹색광과 적외광을 잘 투과시키고 청색광과 적색광을 강하게 흡수하는 녹색필름은 잡초를 거의 억제하고, 지온상승의 효과가 크다.

④ 작물이 멀칭한 필름 속에서 상당한 기간 자랄 때에는 흑색이나 녹색의 필름은 큰 피해를 주며 투명필름이어야 안전하다.

2. 배토(培土)

작물의 생육기간 중에 골사이나 포기사이의 흙을 포기 밑으로 긁어 모아주는 것을 배토(북주기)라고 하며 효과는 다음과 같다.

① 새 뿌리의 발생의 조장

② 도복의 경감

③ 무효분얼 억제

④ 덩이줄기의 발육조장

⑤ 배수 및 잡초억제

3. 토입(土入)

맥작에서는 골사이의 흙을 곱게 부수어서 자라는 골속에 넣어주는 작업을 하는데, 이를 토입(흙넣기)이라고 하며 효과는 다음과 같다.

1) 해빙기

해빙기에 1cm 정도로 얇게 토입을 하면 새로 돋아나는 잡초가 억제되고, 포기의 밑동이 고정되어 생육이 조장되며 건조의 피해도 경감된다.

2) 유효분얼종지기

생육이 왕성할 경우에는 유효분얼종지기에 토양수분이 넉넉할 때를 골라서 2~3cm로 토입을 하고 밟아주면 무효분얼이 억제되고 후에 도복도 경감되는데, 토입의 효과가 가장 큰 시기에 해당된다.

4. 답압(踏壓)

① (주로 맥류) 포장을 밟아주는 일로, 주로 농경지가 얼어 부풀어 오르는 것을 막고, 들뜬 겉흙을 눌러주어 뿌리의 발육을 조장할 때 시행한다.

② 시행 중 잎에 상처가 나 엽면증산량도 증대하여 질소 등의 흡수가 증대한다. 그 결과 생장점의 C/N율이 저하되어 생식생장이 억제되고 월동이 좋아진다. 특히, 월동 전 파종이 빠르고, 따뜻하여 맥류의 생장이 과도하고 생식생장이 이루어질 때 11월 하순~12월 중순에 자주 밟아주면 효과가 좋다.

③ 월동 중(12월~2월)에는 서릿발이 많이 설 경우 서릿발로 인해 떠오른 식물체를 밟아 고정시키면 동해가 경감된다.

④ 생육이 왕성한 경우에만 실시하고, 땅이 질거나 이슬이 맺혔을 때, 어린이삭(유수)이 생긴 이후에는 피해야 한다.

⑤ 생육이 왕성할 경우 유효분얼종지기(3월 하순~4월 상순)에 토입 후 밟아주면 무효분얼이 억제되고 출수가 고르게 된다.

※ 밭의 요수량 - 관개량 - 간단일수

		1회 관개량(mm)			
		25	75	150	300
		간단일수(일)			
작물의 요수량	다 중 소	3~6 4~8 6~12	9~18 12~24 18~36	18~36 24~48 36~72	36~72 48~96 72~144

① 간단일수: 관개 개시 ~ 다음 관개 개시까지의 일수
② 사토(입자가 더 큼)는 식토(입자가 더 작음)보다 1회 관개량은 줄이고, 관개횟수를 늘린다.
③ 식토이고, 작물이 심근성일수록 1회 관개량을 늘린다.
④ 1회 관개량이 적고 작물의 요수량이 클수록 간단일수를 짧게 한다.

4 생육형태의 조정

1. 전지(剪枝)

과수 등에서 수관의 골격을 구성하는 원줄기·원가지·덧원가지 등을 전정·유인·가지벌려주기·가지비틀기 등의 방법으로 수형을 조정하는 것을 전지라고 한다.

2. 전정(剪定)

전지를 목적으로 한 가지절단 뿐만 아니라 복잡한 가지와 오래된 가지의 제거 또는 결과조절 및 가지의 갱신을 위하여 과수 등의 가지를 잘라주는 것을 전정이라고 한다.

3. 주요 과수의 결과 습성

과수의 꽃눈이 형성되는 부위는 과수의 종류에 따라 다르며, 꽃눈이 착생하는 특성을 결과 습성이라고 한다.

1) 1년생 가지에 결실하는 것

감·밤·포도·감귤·무화과·비파·호두 등

2) 2년생 가지에 결실하는 것

복숭아·자두·양앵두·매실·살구 등

3) 3년생 가지에 결실하는 것

사과·배 등

4. 그 밖의 생육형태 조정법

1) 적심(摘心)

적심(순자르기)이란 원줄기나 원가지의 순을 잘라서 그 생장을 억제하고 곁가지의 발생을 많게 하여 개화·착과·착립을 조장하는 것이다.

2) 적아(摘芽)

적아(눈따기)란 눈이 트려고 할 때 필요하지 않은 눈을 손끝으로 따주는 것이다.

3) 환상박피(環狀薄皮)

환상박피란 줄기나 가지의 껍질을 3~6cm정도 둥글게 벗기는 것이다.

4) 적엽(摘葉)

적엽(잎따기)이란 하부의 낡은 잎을 따서 통풍·투광을 조장하는 것이다.

5) 절상(切傷)

절상이랑 눈이나 가지의 바로 위에 가로로 깊은 칼금을 넣어 그 눈이나 가지의 발육을 조장하는 것이다.

6) 휘기

휘기(언곡)란 가지를 수평 또는 그보다 더 아래로 휘어 가지의 생장을 억제하고, 정부우세성을 이동시켜 기부에서 가지가 발생하도록 하는 것이다.

7) 제얼(制蘖)

제얼이란 감자 재배에서 한포기로부터 여러 개의 싹이 나올 경우, 그 중 충실한 것을 몇 개 남기고 나머지는 제거하는 작업이다.

5　결실의 조절

1. 적화 및 적과

① 적화제는 주로 꽃봉오리나 꽃의 화기에 장해를 주는 약제로, 석회황합제, 질산암모늄, 요소, 계면활성제 등이 알려져 있다.

② 적과제는 주로 과실 사이에 존재하는 약제에 대한 감수성의 차이를 이용하는 약제로서, 나프탈렌초산(NAA), 카르바릴(carbaryl), MEP, 에세폰(ethephon), 에틸클로제트(ethylchlozate), 아브시스산(ABA), 벤질아데닌(BA) 등이 있다.

③ 가장 널리 사용되는 적과제는 카르바릴(사과)과 NAA(감귤)이 있다.

2. 봉지씌우기

사과나무·배나무·복숭아나무 등의 과수재배는 적과를 끝마친 다음에 과실에 봉지를 씌우는 일이 있는데, 이를 봉지씌우기(복대)라고 한다.

1) 봉지씌우기의 장점

① 봉지씌우기를 하면 검은무늬병(배)·탄저병(사과·포도)·흑점병(사과)·심식나방·흡즙성밤나방 등의 병충해가 방제되고, 외관이 좋아지며, 사과 등은 열과가 방지된다.

② 농약이 직접 과실에 부착되지 않아 상품성이 높아진다.

2) 봉지씌우기의 단점

① 수확기까지 봉지씌우기를 해 두면 과실에 따라서 착색이 불량해진다. 따라서, 수확 전 알맞은 시기에 봉지벗기기(제대)를 하는 것이 좋다.

② 노력이 많이 들고 비타민C함량도 떨어진다. 따라서, 가공용 과실을 생산할 때에는 봉지를 씌우지 않는 무대재배가 좋다.

CHAPTER 05 　재해

1 　재해

> **※ 수분(Acclimation)·경화(Hardening)**
>
> 스트레스를 받은 작물이 이를 극복하여 장해를 입지 않는 특성을 저항성이라고 한다. 스트레스가 심해지기 전에 미리 정도가 낮은 스트레스에 노출시키면 저항성이 증가되는데, 이를 순화 또는 경화라고 한다.

1. 수분장해

1) 한해

수분부족으로 입는 작물의 피해를 한해라고 한다.

2) 습해

토양의 과습상태가 지속되어 뿌리의 산소부족에서 오는 장해를 습해라 한다.

3) 수해

홍수 등으로 작물이 장시간 물에 잠겨서 받는 피해를 수해라고 한다.

> **※ 수질오염**
>
> ① 수질은 대장균수와 pH 등이 참작되어 여러 등급으로 구분된다.
> ② 부유물질이 논에 유입되어 침전되면 어린 식물은 생리적인 피해를 받고, 토양은 표면이 확장되어 투수성이 나빠진다.
> ③ 산성물질의 논 유입은 벼의 줄기와 잎을 황변시키고, 토양 중 알루미늄을 용출시킨다.
> ④ 산업단지 또는 도시 근교에 있는 논에 질소함량이 높은 폐수가 유입되면 벼에 과번무, 도복, 등숙불량, 병충해 등의 질소 과잉장해가 나타난다.

※ **답리작 맥류 재배 시 습해 증상·대책**

답리작으로 맥류를 재배하였을 때 습해의 우려가 발생한다.

1) 증상
① 종자근 암회색
② 관근 선단 진갈색
③ 생장정지, 목화

2) 대책(습해의 일반적 대책)
① 배수
② 모래 객토
③ 경운, 휴립파종
④ 미숙유기물과 황산근 비료 시용하지 말 것
⑤ 엽색이 진하다.

※ **간척 당시 토양의 특징**
① 지하수위가 높아 쉽게 심한 환원상태가 되어 유해한 황화수소가 생성된다.
② 해면 아래 다량 집적되어 있는 황화물은 간척하면 산화과정을 거쳐 황산이 생성되면서 강산성을 띄게 된다.
③ 점토와 나트륨이온 과다로 인해 투수·기성이 불량하다.
④ 높은 염분농도로 인해 벼의 생육이 저해된다.

※ **염화나트륨(NaCl) 함량에 따른 벼 재배여부**

0.3% 이상	불가능
0.3~0.1%	가능하지만 염해 우려
0.1% 이하	가능

※ 특이산성토: 유기물, 황 등이 표층토에 집적되어 강산성을 띄는 토양

2. 온도장해

1) 냉해

생육적온보다 온도가 낮아 작물이 받는 피해를 냉해라 하고, 냉해를 극복할 수 있는 능력을 냉해 저항성이라고 한다.

2) 열해

온도가 생육적온보다 높아서 작물이 받는 피해를 열해라고 한다.

3. 광스트레스

① 그늘에서 자란 작물을 강광에 노출시기면 잎이 타서 죽는데, 이를 솔라리제이션이라고 하며, 발생원인은 엽록소의 광산화에 있다.

② 강광에 적응한 식물은 카로티노이드가 산화하면서 산화된 엽록체를 본래의 안정된 엽록체로 환원시키므로 그 기능을 회복할 수 있다.

③ 봄에 벼를 육묘할 때 발아 후 약광에서 녹화시키지 않고 바로 직사광선에 노출시키면 엽록소가 파괴되어 백화묘로 되어 장해를 받는다. 이는 저온에서는 엽록소의 산화를 방지하는 카로티노이드의 생성이 억제되어 있기 때문에 갑자기 강한 광을 받으면 엽록소가 광산화로 파괴되기 때문이다.

④ 약광에서 서서히 녹화시키거나 빛이 강해도 온도가 높으면 카로티노이드가 엽록소를 보호하여 피해를 받지 않는다.

⑤ 엽록소가 일단 형성된 후에는 온도가 낮으면 높을 때보다 엽록소가 더 안정된다.

2 　도복

1. 도복의 뜻과 위험기

화곡류·두류 등이 등숙기에 들어 비바람으로 인해 쓰러지는 것을 도복이라고 한다.

> ※ 식물체가 도복에 가장 약한 시기
> - 키가 크고, 줄기가 약하며, 상부가 무겁게 된 시기이다.
> - 화곡류는 등숙 후기에 해당한다.
> - 두류는 개화기부터 약 10일간이 줄기가 급속히 자라고 광투과도 불량하여 줄기가 연약해지기 때문에 도복의 위험이 가장 크다.

2. 도복의 유발조건

1) 품종

키가 크고 줄기가 약한 품종일수록, 이삭이 무겁고 근계의 발달 정도가 빈약할수록 도복이 심하다.

2) 재배조건

밀식, 질소다용, 칼리 및 규산부족 등은 줄기를 연약하게 하여 도복을 유발한다.

3) 병충해

벼에 잎집무늬마름병의 발생이 심하거나, 가을멸구의 발생이 많으면 줄기가 약해져서 도복이 심해진다.

4) 기상조건

① 도복위험기에 비가 와서 식물체가 무거워지고, 토양이 젖어서 뿌리를 고정하는 힘이 약해졌을 때 강한 바람이 불면 도복이 유발된다.

② 맥류의 등숙기에 한발이 들면 뿌리가 고사하여 그 뒤에 비바람에 의한 도복을 조장한다.

3. 도복의 피해

① 감수

② 품질의 손상

③ 수확작업의 불편

④ 간작물에 대한 피해

4. 도복대책

1) 품종의 선택

키가 작고 줄기가 튼튼한 품종을 선택한다.

2) 시비

질소 중심의 시비를 피하고 칼리·인·규소·석회 등도 충분히 사용해야 한다.

3) 파종 및 재식밀도

재식밀도를 적절하게 조절하며 맥류는 복토를 깊게 하면 중경효과가 있어 도복이 경감된다.

4) 관리

배토를 하면 도복이 경감된다.

5) 병충해 방제

줄기를 약하게 하는 병해충을 잘 방제해야 한다.

6) 생장조절제의 이용

벼는 유효분얼종지기에 지베렐린 생합성을 억제하는 기구를 갖는 생장조절제인 '이나벤화이드'를 처리하면 과도한 절간신장이 억제되어 도복이 경감한다.

7) 도복 후 대책

도복이 된 것은 지주를 세우거나, 결속을 하여 지면·수면에 접촉하지 않게 하면 변질·부패가 경감된다.

3 수발아(穗發芽)

1. 수발아

① 성숙기에 가까운 맥류가 저온강우 조건, 특히 장기간 비를 맞아서 젖은 상태로 있거나, 우기에 도복해서 이삭이 젖은 땅에 오래 접촉해 있으면 수확 전의 이삭에서 싹이 트는 일이 있는데, 이를 수발아라고 한다.

② 휴면을 끝낸 종자는 25~30℃의 높은 온도에서 발아가 잘되나, 휴면이 끝나지 않은 종자는 수분을 흡수하고 15℃이하의 낮은 온도에 보관될 때 휴면을 빨리 끝내고 발아한다.

2. 대책

1) 작물의 선택

맥류에서 보리가 밀보다 성숙기가 빠르므로 성숙기에 비를 맞는 일이 적어서 수발아 위험이 적다.

2) 품종의 선택

① 맥류는 조숙종이 만숙종보다 수확기가 빠르므로 수발아의 위험이 적다.

② 숙기가 같더라도 휴면기간이 긴 품종은 수발아가 적다.

③ 밀은 초자질립·백립·다부모종 등이 수발아 심한 경향이 있다.

④ 벼는 한국·일본·만주의 품종이 인도·필리핀·남아메리카 품종에 비하여 저온발아속도가 빠르다.

3) 조기수확

4) 도복방지

도복하면 수발아가 조장되므로, 도복방지에 노력해야한다.

5) 발아억제제 살포

출수 후 발아억제제를 살포하면 수발아가 억제된다.

4 병충해 방제

1. 경종적 방제

재배적 방법을 통한 방제

1) 토지의 선정
고랭지는 감자의 바이러스 병 발생이 적다.

2) 품종의 선택
남부지방에서 조식재배를 할 때는 벼의 줄무늬잎마름병 피해가 심하므로 저항성 품종을 재배한다.

3) 종자의 선택

① (감자, 콩, 토마토 등의) 바이러스병은 무병종자를 선택한다.

② 밀의 곡실선충병은 전염되므로 소독된 종자를 사용한다.

4) 윤작

기지의 원인이 되는 토양전염성 병해충을 경감

5) 생육시기의 조절

① 감자를 일찍 파종하여 일찍 수확하면 역병, 뒷박벌레 피해가 감소한다.

② 밀 수확기를 빠르게 하면 녹병(수병)의 피해가 감소한다.

6) 중간기주식물의 제거

배나무의 붉은별무늬병(적성병)은 주변에 중간기주식물인 향나무를 제거하면 방제된다.

7) 재배양식의 변경

8) 혼식

9) 시비법의 개선

10) 정결한 관리

11) 수확물의 건조

2. 생물학적 방제

천적을 통한 방제

> ※ **생물농약**
> 천적곤충, 천적미생물, 길항미생물 등을 이용하여 화학농약과 같은 형태로 살포 또는 방사하여 병해충 및 잡초를 방제하는 약제

1) 기생성 곤충

① 고치벌, 맵시벌, 꼬마벌, 침파리 등의 기생성 곤충은 나비목(인시목) 해충에 기생한다.

② 콜레마니진디벌은 어린 진딧물 체내에 알을 산란하여 번데기 시기에 진딧물 체액을 영양분으로 섭취한다.

2) 포식성 곤충

해충	천적(포식자)
진딧물	풀잠자리, 꽃등에, 됫박벌레, 무당벌레
잎굴파리	굴파리 좀벌
총채벌레	애꽃노린재
온실가루이	온실가루이좀벌
각종 해충	딱정벌레

3) 병원(병의 원인이 되는) 미생물

① 바이러스는 옥수수의 심식충을, 졸도병균과 강화병균은 송충이를 침해한다.

② 천적인 벌, 됫박벌레 또는 병원미생물을 인공적으로 대량 증식해서 살포함으로써 해충을 경감시킨다.

4) 길항미생물

생태계 파괴 및 오염 등의 부작용이 없고 종자에만 간단히 처리되므로 쉽게 보급이 가능하고, 활용범위도 종자에 국한하므로 독성이나 부작용이 매우 낮아 무공해 농산물의 생산에 유리하다.

① 종자에 Bacillus subtillis(바실리스 섭틸리스. 고초균)를 접종하면 토양 병원균으로부터 작물을 보호

② *Trichoderma harzianum(트리코데르마 하르지아늄)* 같은 길항균으로 여러 토양전염성병을 방제

③ 비병원성 *Fusarium(푸사리움)*을 처리하면 고구마의 *Fusarium* 시들음병을 방제

3. 물리적 방제

1) 포살·채란

나방을 포충망으로 잡거나, 유충을 흙을 뒤집어 잡거나, 잎에 산란한 것을 채취한다.

2) 담수

밭토양에 장기간 담수해두면 토양전염성의 병해충을 구제할 수 있다.

3) 소각, 흙태우기

4) 차단

5) 유살

6) 온도처리

4. 화학적 방제

농약을 통한 방제

※ 농약 사용시 주의 사항
① 처리시기의 온도, 습도, 토양 바람 등 환경조건을 고려한다.
② 농약사용이 천적관계에 미치는 영향을 고려한다.
③ 같은 농약 연용 시 면역 및 저항성이 증대하므로 가급적 새로운 약을 사용한다.
④ 약제의 처리부위, 처리시간, 유효성분, 처리농도에 따라 작물체에 나타나는 저항성이 달라지므로 충분한 지식을 가지고 처리한다.
⑤ 농약처리에 의한 인축(사람과 가축), 뒷작물(후작물), 생태계에 대한 약해를 고려해야 한다.

5. 법적 방제

식물방역법을 제정해서 식물검역을 실시하여 위험한 병균이나 해충의 국내 침입과 전파를 방지함으로써 병충해를 방제하는 방법

6. 종합적 방제(IPC)

① 여러 방제수단을 종합적으로 사용하여 방제효과를 높이고, 천적과 유용생물을 보존하고, 환경을 보호할 수 있다.

※ 토양 속 균

1. 세균(Bacteria)

토양에 가장 많이 서식하고 있는 미생물

1) 영양공급 방식에 따른 분류

자급영양세균	무기화합물을 산화시킬 때 나오는 에너지를 이용하여 자급하는 종류로 토양의 질소순환이나 황순환에 기여한다. (예 질산균, 아질산균, 황세균, 철세균)
타급영양세균	생육에 필요한 탄소와 에너지를 토양 중의 유기물로부터 얻으면서 생육하는 세균 (예 질소고정세균, 암모늄화성균, 섬유소분해균)

2) 산소 요구량에 따른 분류

호기성 세균	암모니아화균, 질산균
혐기성 세균	질산환원균

2. 사상균(Fungi)

① 호기성, 타급영양

② 약산성을 좋아하지만 어떤 조건에서도 잘 생육한다.

③ 산성토양 중에서 일어나는 화학변하는 사상균의 영향이 크다.

※ 타급영양: 다른 생물이 만든 유기물에 의존하는 영양섭취방식으로 광합성이나 화학 합성을 하지 않는 균류, 기생식물과 모든 동물에서 볼 수 있다.

3. 방사상균(Actinomyces)

① 적정 pH 6.0~7.5

② 유기물이 분해되는 초기에는 세균과 곰팡이가 많으나, 유기물이 적어지면 방사상균이 많아지며, 특히 분해가 어려운 Lignin(리그닌), Keratin(케라틴) 등의 성분을 분해시킨다.

③ Actinomyces odorifer: 토양에 특수한 흙냄새를 갖게하는 균

④ 감자 더뎅이병

4. 조류

녹조류와 남조류가 가장 흔하고, 남조류의 대부분은 질소(암모늄태)를 고정하는 능력이 있다.

※ *Desulfovibrio(디설포브리오)*, *Desulfotomaculum(디설포토마쿨럼)*

• 황화수소(H_2S) 등 유해한 환원성 물질을 생성한다.

• 토양에 처음 함황 아미노산(cysteine, methionine)이 생기면, 이것이 분해되어 황산염(SO_4), 삼산화황(SO_3)와 같은 가급태로 변하여, 황산염(SO_4)은 Desulfovibrio와 Desulfotomaculum 등의 환원성(혐기성) 세균에 의해 환원되어 황화수소(H_2S)가 형성된다.

② 병해충 밀도가 경제적 피해밀도 이하일 경우 전멸시킬 필요가 없다.

※ 방사성(선) 동위원소의 이용

^{5}N, ^{32}P, ^{42}K, ^{45}Ca	작물 영양생리 연구
^{14}C, ^{11}C	광합성 연구
^{24}Na	농업토목에 이용
^{60}Co, ^{137}Cs 를 통한 γ선 조사	① 살균·살충을 통한 식품저장 ② 영양기관 장기저장

CHAPTER 06 특수재배

1 생력(省力)재배

1. 생력재배

부족한 농업노력 하에서도 안전하게 작물을 재배하면서 충분한 수익성도 보장하려면 농작업의 기계화와 제초제의 이용 등에 의한 농업노동력을 크게 절감할 수 있는 재배법을 추구할 수밖에 없는데, 이를 생력재배라고 한다.

2. 생력재배의 효과

1) 노동투하시간의 절감

2) 단위수량의 증대

① 지력의 증진

② 적기·적작업

③ 재배방식의 개선

3) 작부체계의 개선과 재배면적의 증대

4) 농업경영의 개선

3. 생력기계화재배의 전제조건

① 경지정리

② 집단재배

③ 공동재배

④ 잉여노력의 수익화

⑤ 제초제의 이용

⑥ **적응재배체계의 확립**: 벼나 맥류의 기계화 적응품종은 키가 작지 않고도 도복을 하지 않으며, 직립성이고, 탈립성도 어느 정도 커야 관리·수확의 작업을 하는 데 용이하다.

4. 벼의 기계화재배

우리나라에서 농작업의 기계화율이 가장 높은 작물은 벼이다.

5. 맥류의 기계화재배

① 골과 골 사이가 같은 높이로 편평하게 되므로 한랭지에서는 특히 내한성이 강한 품종을 선택해야 월동이 안전하다.

② 기계수확을 하므로 초장은 70cm정도의 중간 크기가 알맞다.

③ 초형이 직립형이며 잎도 짧고 빳빳하여 일어서는 직립인 것이 알맞다.

④ 조숙성·다수성·내습성·양질성 등의 특성도 지니고 있어야 한다.

6. 콩의 기계화재배

콩의 기계화재배 적응품종은 밀식적응성이 높고, 내도복성이며, 탈립되지 않고 최하위 착협고가 콤바인 수확이 가능한 10cm 이상인 것이 알맞다.

2 시설재배

1. 시설재배

① 시설재배는 재배환경을 작물의 생육에 알맞게 인위적으로 조절하는 모든 종류의 재배양식을 포함하는 것으로, 간단한 비닐하우스를 비롯하여 바람막이, 터널, 유리온실 등의 시설을 이용한다.

② 우리나라 채소 및 화훼류의 시설재배면적은 채소가 88%, 화훼류가 12%를 차지하고 있다.

③ 포도나무의 경우 1960년대 보온시설재배가 최초로 등장하여 동상해 등의 방지수단으로 이용되었다.

2. 환경

※ 요약: 시설 내의 환경특이성	
토양	염류농도가 높고, 토양물리성이 나쁘며, 연작장해가 있다.
수분	토양이 건조해지기 쉽고, 공중습도가 높으며, 인공관수를 한다.
공기	탄산가스가 부족하고, 유해가스가 집적되며, 바람이 없다.
온도	일교차가 크고, 위치별 분포가 다르며, 지온이 높다.
광선	광질이 다르고, 광량이 감소하고, 광분포가 불균일하다.

1) 토양: 염류집적(염분이 쌓임)

① 시설 내 토양은 작물이 필요한 양의 물을 표토에만 관개하므로 염류가 땅속으로 용탈되는 양이 매우 적어 표층의 염류집적이 높다.

② 토양용액 중 염류 농도가 높으면 식물이 물을 흡수하기가 힘들어 지고, 생장과 발달이 저해된다.

③ 염류집적이 된 토양은 알칼리성이 되며, Fe, Cu, Zn, Mn 등 결핍현상과 B의 과다현상이 발생한다.

④ **대책**: 담수재배와 시설재배의 교대, 적절한 시비수준, 유기물 시용(토양의 물리화학적 성질 개선), 객토(가장 적극적이고 효과적인 방법)

2) 수분

인공적 공급이 필요한데 과습으로 인해 습도가 높아지면 곰팡이병이 발병할 수 있다.

3) 공기

① 시설 내 균일한 온도, 습도 CO_2 농도의 분포를 위하여 순환·통풍 장치가 필요하다.

② CO_2 조절: 자연통풍, 천연가스 및 프로판 가스 연소

4) 온도

보온커튼, 난방기, 환기시설, 냉방시설 등

5) 광선

차광커튼, 인공광 등

3. 피복재

1) 기초피복재

① 유리: 판유리, 복층유리, 열선흡수유리

② 플라스틱

연질필름	PE, PVC(폴리염화비닐), EVA
경질필름	염화비닐, PET(폴리에스테르)
경질판	FRP, FRA, 아크릴, 복층판

2) 추가피복재

① 지면피복: 연질필름, 반사필름

② 커튼보온: 연질필름, 반사필름(알루미늄 스크린), 부직포

③ 차광피복: 한랭사, 부직포, 네트

④ 시설외면: 거적, 이엉, 매트

⑤ 소형터널: 연질필름, 한랭사, 부직포, 거적

3 친환경 농업

1. 친환경농업

친환경농업의 기본 패러다임은 단기적인 것이 아닌 장기적인 이익추구, 개발과 환경의 조화, 단일작목 중심이 아닌 순환적 종합농업체계, 생태계의 물질순환 시스템을 활용한 조화된 고도의 농업기술이다.

2. 종류

① 자연농업

② 생태농업

③ 유기농업: 농약과 화학비료를 사용하지 않고 원래 흙을 중시하여 자연에서 안전한 농산물을 얻는 것을 바탕으로 한 농업

④ 저투입·지속적 농업

⑤ 정밀 농업: 한 포장 내에서 위치에 따라 종자·비료·농약 등을 달리함으로써 환경문제를 최소화하면서 생산성을 최대로 하려는 농업

3. 정밀농업

1) 정밀농업

정밀농업은 첨단공학기술과 과학적인 수단에 의하여 포장을 수m 단위로 하여 포장 내의 토양 특성치, 생육상황, 작물 수확량 등을 조사하여 위치별 잠재적 작물 수확량에 따라 비료·농약·종자 등의 자재 투입량을 달리하여 과학적으로 작물을 관리하는 정보화 농법으로 농산물의 생산비를 낮추고, 환경오염 피해를 줄이는 데 궁극적인 목표가 있다.

2) 정밀농업을 완전히 구현하기 위해 전제되어야 하는 세 가지 범주

① 농작물이 자라는 주변 환경의 정보를 위치별로 획득해야 한다.

- 정보를 얻는 수단으로는 포장 대 각 지점의 위치, 작물의 수확량, 토양의 함수율, 영양분, 수분응력, 병해충이나 잡초의 발생정도를 감지하는 센서를 예로 들 수 있으며, 이들 센서는 기계에 장착된 형태로 사용할 수 있고, 원격에서 사용할 수도 있다.

- 센서들은 시료를 채취한 후 실험실에서 분석하는 형태가 아니라, 감지한 정보를 실시간으로 즉시 처리하고 저장할 수 있는 기계기술이다.

② 원하는 위치에 원하는 농자재를 원하는 양만큼 투입해야 한다,

③ 전산화된 지리정보시스템 지도와 데이터베이스로 위치별 작물 생육환경 정보를 처리하고 변량형 농작업기계 제어시스템을 구동하기 위한 농자재 투입 처방을 결정해야 한다.

정밀농업은 농업의 생산성 증대, 오염의 최소화, 농산물의 안전성 확보, 농가소득 증대 등 단위면적당 생산량의 극대화와 한경오염의 최소화를 위한 환경친화적 농업으로 21세기 새롭게 실현될 친환경농업이다.

CHAPTER 07   수확·관리

작물은 수확 후 저장 중에 ① 각종 미생물과 해충이 가해하고, ② 작물 자체의 효소 또는 미생물 번식에 의한 효소작용을 받으며, ③ 함유성분의 상호작용 등 화학적 작용을 받고, ④ 전분과 단백질의 변성, 수분증발 등의 물리적 작용을 받는다.

작물별 수확 후 손실률은 수분함량이 10~20%로 낮은 곡물은 손실률이 10%에 불과하나, 수분함량이 70~90%로 높은 원예작물은 20~30%나 된다.

1 수확

1. 성숙

개화·결실 후 종자나 과실이 외형을 갖추고 내용물이 충실해지며 발아력을 갖추는 것을 성숙이라고 한다.

2. 수확 시기

① 쌀의 수확적기는 수량, 도정, 특성, 품위, 품질 등을 종합할 때 극조생종은 출수 후 40일, 조생종은 40~45일, 중생종은 45~50일, 중만생종은 50일 전후이다.

② 사일리지용 옥수수 및 볏과목초는 유숙기가 적기이고, 콩과목초는 개화 초기가 적기이다.

3. 수확방법

화곡류·목초 등은 예취하고, 감자·고구마는 굴취하며, 과실은 적취하고, 무·배추 등은 발취한다.

4. 작물의 수확 후 생리작용 및 손실요인

1) 물리적 요인에 의한 손실

감자의 경우 수확 후 손실의 약20%가 물리적 요인에 의한 것으로 보고되었다.

2) 호흡에 의한 손실

① 작물은 수확 후에도 생명활동을 위하여 세포호흡을 계속하며, 그 결과 저장양분이 호흡기질로 소모되어 중량이 감소하고 수분이 발생하며 호흡열이 발생한다.

② 과실 중에서 수확 후 호흡급등현상이 나타나기도 하는데, 이 형상이 나타나는 과실로는 사과·배·토마토·복숭아·수박·멜론·감·살구·무화과·망고·아보카도·바나나·키위·카카야 등이 있다.

3) 증산에 의한 손실

① 신선작물은 중량의 70~95%가 수분이므로 수분이 소실되면 위조, 위축이 일어나 모양·질감 및 향기가 나빠져서 품질이 저하된다.

② 증산에 의한 수분손실은 호흡에 의한 손실보다 10배나 큰데, 이 중 90%는 기공증산, 8~10%는 표피증산을 통하여 손실된다.

4) 에틸렌 생성 및 후숙

① 과실은 성숙함에 따라 에틸렌이 다량 합성되어 후숙이 진행된다.

② 호흡급등형 원예작물에서 호흡급등기에 에틸렌 생성이 증가되어 급속이 후숙된다.

③ 엽채류와 근채류 등의 영양조직은 과일류에 비하여 에틸렌 생성량이 적다.

2 건조

1. 목적

① 안전저장을 위해서는 곰팡이 발생이 억제될 수 있도록 15% 이하로 건조되어야 한다.

② 반면에 신선 원예작물은 고유의 품질을 유지하기 위하여 수분증발을 억제해야 한다.

2. 건조 원리

건조시 제거되는 수분은 구성분과 강하게 결합되어 있는 결합수가 아니고 구성분 사이사이에 함유되어 있는 자유수이다.

3. 건조기술

1) 곡물

① 곡물을 열풍건조할 때 알맞은 건조온도는 45℃ 정도이다.

② 45℃ 건조는 도정률과 발아율이 높고 동할률(同活率)은 높고, 쇄미율(碎米率)은 낮으며, 건조시간도 6시간으로 그다지 길지 않다.

③ 건조속도는 시간당 수분감소율 1% 정도가 알맞다.

2) 원예산물

① 고추를 천일건조(天日乾燥)하는 데에 12~15일이 소요되고 비닐하우스 내 건조는 약 10일이 소요된다. 열풍건조는 45℃ 이하가 안정하며, 약 2일이 소요된다.

② 마늘의 자연건조는 바람이 잘 통하는 곳에서 간이저장을 하면서 2~3개월 동안 건조시킨다. 열풍건조시에는 45℃ 이하에서 2~3일 건조시킨다.

4 탈곡·조제

① 벼, 보리, 콩 등의 곡류작물에서 수확한 후에 곡립을 모체로부터 분리하는 것을 탈곡이라고 한다. 과거에는 회전탈곡기가 많이 사용되었으나, 현대에는 수확 및 탈곡 일체형인 콤바인(Combine)이 주로 사용되고 있다.

② 탈곡기의 회전수가 너무 높으면 곡립이 손상되어 발아력이 낮아지고 품질이 저하된다. 회전수는 벼의 경우 종자용은 300rpm, 식용은 500rpm이 권장된다.

③ 탈곡 후 협잡물·쭉정이·겉껍질 등을 제거하는 것을 조제(정선)라고 한다.

5 저장

1. 저장목적

① 작물은 1~2회 수확하여, 연중 이용해야 하므로 반드시 저장해야 한다.

② 식량용은 맛, 영양, 품위, 안전성을 보존하기 위하여, 가공용은 품질 및 가공성 유지를 위하여 그리고 종자용은 발아력을 유지하기 위하여 안전저장이 필요하다.

2. 저장 중 곡물의 변화

① 저장 중 호흡소모와 수분증발 등으로 중량감소가 일어난다.

② 저장 중 생명력의 지표인 발아율이 저하된다.

③ 지방의 자동산화에 의하여 산패가 일어나므로 유리지방산이 증가하고 묵은 냄새가 난다. 유리지방산도는 곡물의 변질을 판단하는 가장 중요한 지표물질이다.

④ 저장 중 전분(포도당)이 α-아밀라아제에 의하여 분해되어 환원당 함량이 증가한다.

⑤ 저장 중 곡물에서 미생물과 해충, 그리고 쥐 등의 가해로 양적으로 손실되고 품질이 저하된다.

> ※ **쌀의 안정저장 지표**
> ① 발아율 80% 이상
> ② 호흡에 의한 건물중량 손실률 0.5% 이하
> ③ 지방산가 20mg KOH/100g 이하
> ④ 나쁜 냄새가 없는 것

3. 큐어링과 예냉

① 고구마·감자 등 수분함량이 높은 작물들은 수확작업 중에 발생한 상처를 치유해야 안전저장이 가능하다. 수확물의 상처에 유상조직인 코르크층을 발달시켜 병균의 침입을 방지하는 조치를 큐어링이라고 한다.

② 청과물은 수확 직후에 온도를 신속히 낮추어 주는 예냉처리를 하면 운송기간 중 신선도가 유지되고, 증산과 부패가 억제되며, 저장성이 높아진다.

4. 저장에 영향을 끼치는 요인

농산물의 저장 중 품질에 영향을 끼치는 요인은 온도, 수분, 가스의 조성, 포장재의 종류, 곡물의 성상 등이다. 이 중에서 가장 중요한 조건은 저장온도와 농산물의 수분함량이다. 수분함량이 낮으면 저장온도가 높아도 안전저장이 가능하지만, 수분함량이 높으면 저장온도가 낮아야 안전하게 저장할 수 있다.

1) 온도

농산물의 저장은 주로 저온에서 이루어진다.

2) 수분

① 곡물을 가해하는 미생물은 수분함량이 15% 이상에서는 급속히 번식하나, 13%에서는 번식이 억제되고, 11% 이하에서는 사멸한다.

② 수분함량이 90% 내외로 높은 채소와 과일은 수분증발을 억제해야 품질이 유지된다.

3) 가스조성

① 세포호흡에 필수적인 산소를 제거하거나 그 농도를 낮추면 호흡소모나 변질이 감소한다. 산소를 제거할 목적으로 이산화탄소나 질소가스를 주입하면 저장성이 크게 향상된다.

② 실제로 과실의 장기저장법으로 과실의 종류와 품종에 알맞게 이산화탄소 및 산소의 농도를 조절하는 CA저장(controlled atmosphere storage) 기술이 실용화되어 있다.

4) 곡물의 성상

① 벼는 단단한 왕겨층으로 덮여 있어 현미나 백미보다 저장 중 물리화학적인 변화를 적게 받고, 곰팡이나 해충의 피해로부터 안전하다.

② 현미는 벼보다 부피가 1/2정도 작아서 창고면적이 적게 소요되고 포장이나 유통비용이 절감되는 장점은 있으나, 벼보다는 저장성이 약하다.

③ 도정으로 껍질층이 손상된 백미는 온도와 습도의 변화에 민감하게 반응하고, 해충의 침해를 받기 쉬운 등 저장성이 현미보다 떨어진다.

5. 작물별 안전저장 조건

1) 쌀

① 안전저장 조건은 온도15℃, 상대습도 약 70%이다.

② 고품질을 유지할 수 있는 쌀의 수분함량은 15~16%이다.

③ 공기조성을 산소 5~7%, 탄산가스 3~5%로 유지시키면 더욱 안전하다.

2) 기타 곡물

① 미국에서는 1년간 안전저장을 하기 위한 수분함량의 최고한도로 옥수수·수수·귀리는 13%, 콩은 11%를 적용한다.

② 5년 이상 장기저장하려면 수분함량을 이보다 2% 정도 더 낮게 한다.

3) 식용감자 및 씨감자

① 안정저장 조건은 온도 3~4℃, 상대습도 85~90% 이다.

② 수확 직후 약2주 동안 바람이 잘 통하고 10~15℃의 서늘한 곳에서, 습도는 다소 높게 유지하여 큐어링 시킨다.

4) 가공용 감자

저장적온은 10℃이며, 이보다 저온에서는 당함량이 증가하여 품질이 낮아진다. 그러나 10℃에서는 휴면이 빨리 타파되어 발아하므로 장기저장은 어렵다.

5) 고구마

① 안정저장 조건은 온도 13~25℃, 상대습도 85~90%이다. 단, 저장전처리로 반드시 큐어링해야 한다.

② 큐어링은 수확 직후 30~33℃, 90~95%의 상대습도에서 3~6일간 실시한다.

③ 큐어링이 끝나면 13℃까지 방냉한 후 본저장을 한다.

6) 과실

대부분의 과실은 온도 0~4℃, 상대습도 80~85%에서 저장하는 것이 알맞다.

7) 엽·근채류

대부분의 엽채류는 온도 0~4℃, 상대습도 90~95%에 저장하는 것이 알맞다.

8) 고춧가루

① 수분함량 11~13%, 저장고의 상대습도 약 60%가 안정저장 조건이다.

② 수분이 10% 이하로 건조되면 탈색되고, 19% 이상되면 갈변하기 쉽다.

9) 마늘

① 상온저장은 0~20℃, 상대습도 약70%가 알맞고, 저온저장은 3~5℃, 상대습도 약65%가 알맞다.

② 수확 직후의 마늘은 수분함량이 약80%나 되므로 예건과정을 거쳐서 수분함량을 65% 정도로 낮추어야 한다.

10) 바나나

열대작물이므로 13℃ 이상에서 저장하며, 13℃ 이하에서는 냉해를 입는다.

6 도정

1. 도정의 원리

곡물의 겨층을 깎아내리는 것을 도정이라고 한다.

2. 도정단계와 도정률

1) 제현

벼에서 과피인 왕겨를 제거하여 현미를 만드는 것을 제현이라고 한다.

2) 제현율

중량으로 78~80%, 용량으로 약55%이다.

3) 현백

현미의 종피인 겨층을 제거하여 백미를 만드는 것을 현백이라고 한다.

4) 현백률

중량으로 90~93%이다.

5) 도정

제현과 현백을 합하여 벼에서 백미를 만드는 전 과정을 도정이라고 한다.

6) 도정률

도정률은 (제현율×현백률)÷100이므로 74% 전후가 된다.

7) 배아미

배아가 붙어 있도록 도정한 것은 배아미라고 한다.

7   수량구성요소

작물을 재배하여 얻어지는 생산물의 단위토지 당 수확량을 수량이라 하고, 수량을 구성하는 식물학적 요소를 수량구성요소라고 한다.

1. 수량구성요소

1) 곡류

수량 = 단위 면적당 수수 × 1 수영화수 × 등숙비율 × 1 립중

2) 과실

수량 = 나무당 과실수 × 과실의 크기(무게)

3) 뿌리작물

수량 = 단위면적당 식물체 수 × 식물체당 덩이뿌리(덩이줄기) 수
　　　　× 덩이뿌리(덩이줄기)의 무게

4) 사탕무 등(성분채취를 위하여 재배하는 작물)

수량 = 단위면적당 식물체수 × 덩이뿌리의 무게 × 성분함량

2. 수량구성요소의 변이계수

① 벼의 경우 수량구성요소의 연차 변이계수는 수수(이삭수)가 가장 크고, 1수영화수, 등숙비율 천립중의 순으로 작아진다.

② 수량에 영향을 크게 미치는 구성요소의 순위는 수수, 1수영화수, 등숙비율, 천립중이다.

③ 위의 수량구성 4요소는 상호밀접하게 관련되어 있어서 먼저 형성되는 요소가 많아지면 나중에 형성되는 요소는 적어지고, 반대로 먼저 형성되는 요소가 적어지면 나중에 형성되는 요소가 많아지는 상보성을 나타낸다.

④ 벼에서 단위면적당 수수가 많아지면 1수영화수는 적어지기 쉽고, 1수영화수가 증가하면 등숙비율이 낮아지는 경향이 있다.

⑤ 단위면적당 영화수(단위면적당 수수×1수영화수)가 증가하면 등숙비율은 감소하게 되고, 등숙비율이 낮으면 천립중은 증가한다.

부록

- 「상법」 보험편(법률)(제20991호)
- 농어업재해보험법(법률)(제20275호)

「상법」 보험편

[시행 2025. 7. 22.] [법률 제20991호, 2025. 7. 22., 일부개정]

제4편 보험

제1장 통칙

제638조【보험계약의 의의】 보험계약은 당사자 일방이 약정한 보험료를 지급하고 재산 또는 생명이나 신체에 불확정한 사고가 발생할 경우에 상대방이 일정한 보험금이나 그 밖의 급여를 지급할 것을 약정함으로써 효력이 생긴다.

[전문개정 2014. 3. 11.]

제638조의2【보험계약의 성립】 ① 보험자가 보험계약자로부터 보험계약의 청약과 함께 보험료 상당액의 전부 또는 일부의 지급을 받은 때에는 다른 약정이 없으면 30일내에 그 상대방에 대하여 낙부의 통지를 발송하여야 한다. 그러나 인보험계약의 피보험자가 신체검사를 받아야 하는 경우에는 그 기간은 신체검사를 받은 날부터 기산한다.

② 보험자가 제1항의 규정에 의한 기간내에 낙부의 통지를 해태한 때에는 승낙한 것으로 본다.

③ 보험자가 보험계약자로부터 보험계약의 청약과 함께 보험료 상당액의 전부 또는 일부를 받은 경우에 그 청약을 승낙하기 전에 보험계약에서 정한 보험사고가 생긴 때에는 그 청약을 거절할 사유가 없는 한 보험자는 보험계약상의 책임을 진다. 그러나 인보험계약의 피보험자가 신체검사를 받아야 하는 경우에 그 검사를 받지 아니한 때에는 그러하지 아니하다.

[본조신설 1991. 12. 31.]

제638조의3【보험약관의 교부·설명 의무】 ① 보험자는 보험계약을 체결할 때에 보험계약자에게 보험약관을 교부하고 그 약관의 중요한 내용을 설명하여야 한다.

② 보험자가 제1항을 위반한 경우 보험계약자는 보험계약이 성립한 날부터 3개월 이내에 그 계약을 취소할 수 있다.

[전문개정 2014. 3. 11.]

제639조【타인을 위한 보험】 ① 보험계약자는 위임을 받거나 위임을 받지 아니하고 특정 또는 불특정의 타인을 위하여 보험계약을 체결할 수 있다. 그러나 손해보험계약의 경우에 그 타인의 위임이 없는 때에는 보험계약자는 이를 보험자에게 고지하여야 하고, 그 고지가 없는 때에는 타인이 그 보험계약이 체결된 사실을 알지 못하였다는 사유로 보험자에게 대항하지 못한다. 〈개정 1991. 12. 31.〉

② 제1항의 경우에는 그 타인은 당연히 그 계약의 이익을 받는다. 그러나 손해보험계약의 경우에 보험계약자가 그 타인에게 보험사고의 발생으로 생긴 손해의 배상을 한 때에는 보험계약자는 그 타인의 권리를 해하지 아니하는 범위안에서 보험자에게 보험금액의 지급을 청구할 수 있다. 〈신설 1991. 12. 31.〉

③ 제1항의 경우에는 보험계약자는 보험자에 대하여 보험료를 지급할 의무가 있다. 그러나 보험계약자가 파산선고를 받거나 보험료의 지급을 지체한 때에는 그 타인이 그 권리를 포기하지 아니하는 한 그 타인도 보험료를 지급할 의무가 있다. 〈개정 1991. 12. 31.〉

제640조【보험증권의 교부】 ① 보험자는 보험계약이 성립한 때에는 지체없이 보험증권을 작성하여 보험계약자에게 교부하여야 한다. 그러나 보험계약자가 보험료의 전부 또는 최초의 보험료를 지급하지 아니한 때에는 그러하지 아니하다. 〈개정 1991. 12. 31.〉

② 기존의 보험계약을 연장하거나 변경한 경우에는 보험자는 그 보험증권에 그 사실을 기재함으로써 보험증권의 교부에 갈음할 수 있다. 〈신설 1991. 12. 31.〉

제641조【증권에 관한 이의약관의 효력】 보험계약의 당사자는 보험증권의 교부가 있은 날로부터 일정한 기간내에 한하여 그 증권내용의 정부에 관한 이의를 할 수 있음을 약정할 수 있다. 이 기간은 1월을 내리지 못한다.

제642조【증권의 재교부청구】 보험증권을 멸실 또는 현저하게 훼손한 때에는 보험계약자는 보험자에 대하여 증권의 재교부를 청구할 수 있다. 그 증권작성의 비용은 보험계약자의 부담으로 한다.

제643조【소급보험】 보험계약은 그 계약전의 어느 시기를 보험기간의 시기로 할 수 있다.

제644조【보험사고의 객관적 확정의 효과】 보험계약당시에 보험사고가 이미 발생하였거나 또는 발생할 수 없는 것인 때에는 그 계약은 무효로 한다. 그러나 당사자 쌍방과 피보험자가 이를 알지 못한 때에는 그러하지 아니하다.

제645조 삭제 〈1991. 12. 31.〉

제646조【대리인이 안 것의 효과】 대리인에 의하여 보험계약을 체결한 경우에 대리인이 안 사유는 그 본인이 안 것과 동일한 것으로 한다.

제646조의2【보험대리상 등의 권한】 ① 보험대리상은 다음 각 호의 권한이 있다.

　1. 보험계약자로부터 보험료를 수령할 수 있는 권한

　2. 보험자가 작성한 보험증권을 보험계약자에게 교부할 수 있는 권한

　3. 보험계약자로부터 청약, 고지, 통지, 해지, 취소 등 보험계약에 관한 의사표시를 수령할 수 있는 권한

　4. 보험계약자에게 보험계약의 체결, 변경, 해지 등 보험계약에 관한 의사표시를 할 수 있는 권한

② 제1항에도 불구하고 보험자는 보험대리상의 제1항 각 호의 권한 중 일부를 제한할 수 있다. 다만, 보험자는 그러한 권한 제한을 이유로 선의의 보험계약자에게 대항하지 못한다.

③ 보험대리상이 아니면서 특정한 보험자를 위하여 계속적으로 보험계약의 체결을 중개하는 자는 제1항제1호(보험자가 작성한 영수증을 보험계약자에게 교부하는 경우만 해당한다) 및 제2호의 권한이 있다.

④ 피보험자나 보험수익자가 보험료를 지급하거나 보험계약에 관한 의사표시를 할 의무가 있는 경우에는 제1항부터 제3항까지의 규정을 그 피보험자나 보험수익자에게도 적용한다.

[본조신설 2014. 3. 11.]

제647조【특별위험의 소멸로 인한 보험료의 감액청구】 보험계약의 당사자가 특별한 위험을 예기하여 보험료의 액을 정한 경우에 보험기간중 그 예기한 위험이 소멸한 때에는 보험계약자는 그 후의 보험료의 감액을 청구할 수 있다.

제648조【보험계약의 무효로 인한 보험료반환청구】 보험계약의 전부 또는 일부가 무효인 경우에 보험계약자와 피보험자가 선의이며 중대한 과실이 없는 때에는 보험자에 대하여 보험료의 전부 또는 일부의 반환을 청구할 수 있다. 보험계약자와 보험수익자가 선의이며 중대한 과실이 없는 때에도 같다.

제649조【사고발생전의 임의해지】 ① 보험사고가 발생하기 전에는 보험계약자는 언제든지 계약의 전부 또는 일부를 해지할 수 있다. 그러나 제639조의 보험계약의 경우에는 보험계약자는 그 타인의 동의를 얻지 아니하거나 보험증권을 소지하지 아니하면 그 계약을 해지하지 못한다. 〈개정 1991. 12. 31.〉

② 보험사고의 발생으로 보험자가 보험금액을 지급한 때에도 보험금액이 감액되지 아니하는 보험의 경우에는 보험계약자는 그 사고발생후에도 보험계약을 해지할 수 있다. 〈신설 1991. 12. 31.〉

③ 제1항의 경우에는 보험계약자는 당사자간에 다른 약정이 없으면 미경과보험료의 반환을 청구할 수 있다. 〈개정 1991. 12. 31.〉

제650조【보험료의 지급과 지체의 효과】 ① 보험계약자는 계약체결후 지체없이 보험료의 전부 또는 제1회 보험료를 지급하여야 하며, 보험계약자가 이를 지급하지 아니하는 경우에는 다른 약정이 없는 한 계약성립후 2월이 경과하면 그 계약은 해제된 것으로 본다.

② 계속보험료가 약정한 시기에 지급되지 아니한 때에는 보험자는 상당한 기간을 정하여 보험계약자에게 최고하고 그 기간내에 지급되지 아니한 때에는 그 계약을 해지할 수 있다.

③ 특정한 타인을 위한 보험의 경우에 보험계약자가 보험료의 지급을 지체한 때에는 보험자는 그 타인에게도 상당한 기간을 정하여 보험료의 지급을 최고한 후가 아니면 그 계약을 해제 또는 해지하지 못한다.

[전문개정 1991. 12. 31.]

제650조의2【보험계약의 부활】 제650조제2항에 따라 보험계약이 해지되고 해지환급금이 지급되지 아니한 경우에 보험계약자는 일정한 기간내에 연체보험료에 약정이자를 붙여 보험자에게 지급하고 그 계약의 부활을 청구할 수 있다. 제638조의2의 규정은 이 경우에 준용한다.

[본조신설 1991. 12. 31.]

제651조【고지의무위반으로 인한 계약해지】 보험계약당시에 보험계약자 또는 피보험자가 고의 또는 중대한 과실로 인하여 중요한 사항을 고지하지 아니하거나 부실의 고지를 한 때에는 보험자는 그 사실을 안 날로부터 1월내에, 계약을 체결한 날로부터 3년내에 한하여 계약을 해지할 수 있다. 그러나 보험자가 계약당시에 그 사실을 알았거나 중대한 과실로 인하여 알지 못한 때에는 그러하지 아니하다. 〈개정 1991. 12. 31.〉

제651조의2【서면에 의한 질문의 효력】 보험자가 서면으로 질문한 사항은 중요한 사항으로 추정한다.
[본조신설 1991. 12. 31.]

제652조【위험변경증가의 통지와 계약해지】 ① 보험기간 중에 보험계약자 또는 피보험자가 사고발생의 위험이 현저하게 변경 또는 증가된 사실을 안 때에는 지체없이 보험자에게 통지하여야 한다. 이를 해태한 때에는 보험자는 그 사실을 안 날로부터 1월내에 한하여 계약을 해지할 수 있다.

② 보험자가 제1항의 위험변경증가의 통지를 받은 때에는 1월내에 보험료의 증액을 청구하거나 계약을 해지할 수 있다. 〈신설 1991. 12. 31.〉

제653조【보험계약자 등의 고의나 중과실로 인한 위험증가와 계약해지】 보험기간중에 보험계약자, 피보험자 또는 보험수익자의 고의 또는 중대한 과실로 인하여 사고발생의 위험이 현저하게 변경 또는 증가된 때에는 보험자는 그 사실을 안 날부터 1월내에 보험료의 증액을 청구하거나 계약을 해지할 수 있다. 〈개정 1991. 12. 31.〉

제654조【보험자의 파산선고와 계약해지】 ① 보험자가 파산의 선고를 받은 때에는 보험계약자는 계약을 해지할 수 있다.

② 제1항의 규정에 의하여 해지하지 아니한 보험계약은 파산선고 후 3월을 경과한 때에는 그 효력을 잃는다. 〈개정 1991. 12. 31.〉

제655조【계약해지와 보험금청구권】 보험사고가 발생한 후라도 보험자가 제650조, 제651조, 제652조 및 제653조에 따라 계약을 해지하였을 때에는 보험금을 지급할 책임이 없고 이미 지급한 보험금의 반환을 청구할 수 있다. 다만, 고지의무(告知義務)를 위반한 사실 또는 위험이 현저하게 변경되거나 증가된 사실이 보험사고 발생에 영향을 미치지 아니하였음이 증명된 경우에는 보험금을 지급할 책임이 있다.
[전문개정 2014. 3. 11.]

제656조【보험료의 지급과 보험자의 책임개시】 보험자의 책임은 당사자간에 다른 약정이 없으면 최초의 보험료의 지급을 받은 때로부터 개시한다.

제657조【보험사고발생의 통지의무】 ① 보험계약자 또는 피보험자나 보험수익자는 보험사고의 발생을 안 때에는 지체없이 보험자에게 그 통지를 발송하여야 한다.

② 보험계약자 또는 피보험자나 보험수익자가 제1항의 통지의무를 해태함으로 인하여 손해가 증가된 때에는 보험자는 그 증가된 손해를 보상할 책임이 없다. 〈신설 1991. 12. 31.〉

제658조 【보험금액의 지급】 보험자는 보험금액의 지급에 관하여 약정기간이 있는 경우에는 그 기간내에 약정기간이 없는 경우에는 제657조제1항의 통지를 받은 후 지체없이 지급할 보험금액을 정하고 그 정하여진 날부터 10일내에 피보험자 또는 보험수익자에게 보험금액을 지급하여야 한다.

[전문개정 1991. 12. 31.]

제659조 【보험자의 면책사유】 ① 보험사고가 보험계약자 또는 피보험자나 보험수익자의 고의 또는 중대한 과실로 인하여 생긴 때에는 보험자는 보험금액을 지급할 책임이 없다.

② 삭제 〈1991. 12. 31.〉

제660조 【전쟁위험 등으로 인한 면책】 보험사고가 전쟁 기타의 변란으로 인하여 생긴 때에는 당사자간에 다른 약정이 없으면 보험자는 보험금액을 지급할 책임이 없다.

제661조 【재보험】 보험자는 보험사고로 인하여 부담할 책임에 대하여 다른 보험자와 재보험계약을 체결할 수 있다. 이 재보험계약은 원보험계약의 효력에 영향을 미치지 아니한다.

제662조 【소멸시효】 보험금청구권은 3년간, 보험료 또는 적립금의 반환청구권은 3년간, 보험료청구권은 2년간 행사하지 아니하면 시효의 완성으로 소멸한다.

[전문개정 2014. 3. 11.]

제663조 【보험계약자 등의 불이익변경금지】 이 편의 규정은 당사자간의 특약으로 보험계약자 또는 피보험자나 보험수익자의 불이익으로 변경하지 못한다. 그러나 재보험 및 해상보험 기타 이와 유사한 보험의 경우에는 그러하지 아니하다. 〈개정 1991. 12. 31.〉

제664조 【상호보험, 공제 등에의 준용】 이 편(編)의 규정은 그 성질에 반하지 아니하는 범위에서 상호보험(相互保險), 공제(共濟), 그 밖에 이에 준하는 계약에 준용한다.

[전문개정 2014. 3. 11.]

제2장 손해보험

제1절 통칙

제665조 【손해보험자의 책임】 손해보험계약의 보험자는 보험사고로 인하여 생길 피보험자의 재산상의 손해를 보상할 책임이 있다.

제666조 【손해보험증권】 손해보험증권에는 다음의 사항을 기재하고 보험자가 기명날인 또는 서명하여야 한다. 〈개정 1991. 12. 31., 2014. 3. 11.〉

1. 보험의 목적
2. 보험사고의 성질
3. 보험금액
4. 보험료와 그 지급방법

5. 보험기간을 정한 때에는 그 시기와 종기

6. 무효와 실권의 사유

7. 보험계약자의 주소와 성명 또는 상호

7의2. 피보험자의 주소, 성명 또는 상호

8. 보험계약의 연월일

9. 보험증권의 작성지와 그 작성년월일

제667조【상실이익 등의 불산입】 보험사고로 인하여 상실된 피보험자가 얻을 이익이나 보수는 당사자간에 다른 약정이 없으면 보험자가 보상할 손해액에 산입하지 아니한다.

제668조【보험계약의 목적】 보험계약은 금전으로 산정할 수 있는 이익에 한하여 보험계약의 목적으로 할 수 있다.

제669조【초과보험】 ① 보험금액이 보험계약의 목적의 가액을 현저하게 초과한 때에는 보험자 또는 보험계약자는 보험료와 보험금액의 감액을 청구할 수 있다. 그러나 보험료의 감액은 장래에 대하여서만 그 효력이 있다.

② 제1항의 가액은 계약당시의 가액에 의하여 정한다. 〈개정 1991. 12. 31.〉

③ 보험가액이 보험기간 중에 현저하게 감소된 때에도 제1항과 같다.

④ 제1항의 경우에 계약이 보험계약자의 사기로 인하여 체결된 때에는 그 계약은 무효로 한다. 그러나 보험자는 그 사실을 안 때까지의 보험료를 청구할 수 있다.

제670조【기평가보험】 당사자간에 보험가액을 정한 때에는 그 가액은 사고발생시의 가액으로 정한 것으로 추정한다. 그러나 그 가액이 사고발생시의 가액을 현저하게 초과할 때에는 사고발생시의 가액을 보험가액으로 한다.

제671조【미평가보험】 당사자간에 보험가액을 정하지 아니한 때에는 사고발생시의 가액을 보험가액으로 한다.

제672조【중복보험】 ① 동일한 보험계약의 목적과 동일한 사고에 관하여 수개의 보험계약이 동시에 또는 순차로 체결된 경우에 그 보험금액의 총액이 보험가액을 초과한 때에는 보험자는 각자의 보험금액의 한도에서 연대책임을 진다. 이 경우에는 각 보험자의 보상책임은 각자의 보험금액의 비율에 따른다. 〈개정 1991. 12. 31.〉

② 동일한 보험계약의 목적과 동일한 사고에 관하여 수개의 보험계약을 체결하는 경우에는 보험계약자는 각 보험자에 대하여 각 보험계약의 내용을 통지하여야 한다. 〈개정 1991. 12. 31.〉

③ 제669조제4항의 규정은 제1항의 보험계약에 준용한다.

제673조【중복보험과 보험자 1인에 대한 권리포기】 제672조의 규정에 의한 수개의 보험계약을 체결한 경우에 보험자 1인에 대한 권리의 포기는 다른 보험자의 권리의무에 영향을 미치지 아니한다. 〈개정 1991. 12. 31.〉

제674조【일부보험】보험가액의 일부를 보험에 붙인 경우에는 보험자는 보험금액의 보험가액에 대한 비율에 따라 보상할 책임을 진다. 그러나 당사자간에 다른 약정이 있는 때에는 보험자는 보험금액의 한도내에서 그 손해를 보상할 책임을 진다. 〈개정 1991. 12. 31.〉

제675조【사고발생 후의 목적멸실과 보상책임】보험의 목적에 관하여 보험자가 부담할 손해가 생긴 경우에는 그 후 그 목적이 보험자가 부담하지 아니하는 보험사고의 발생으로 인하여 멸실된 때에도 보험자는 이미 생긴 손해를 보상할 책임을 면하지 못한다. 〈개정 1962. 12. 12.〉

제676조【손해액의 산정기준】① 보험자가 보상할 손해액은 그 손해가 발생한 때와 곳의 가액에 의하여 산정한다. 그러나 당사자간에 다른 약정이 있는 때에는 그 신품가액에 의하여 손해액을 산정할 수 있다. 〈개정 1991. 12. 31.〉

② 제1항의 손해액의 산정에 관한 비용은 보험자의 부담으로 한다. 〈개정 1991. 12. 31.〉

제677조【보험료체납과 보상액의 공제】보험자가 손해를 보상할 경우에 보험료의 지급을 받지 아니한 잔액이 있으면 그 지급기일이 도래하지 아니한 때라도 보상할 금액에서 이를 공제할 수 있다.

제678조【보험자의 면책사유】보험의 목적의 성질, 하자 또는 자연소모로 인한 손해는 보험자가 이를 보상할 책임이 없다.

제679조【보험목적의 양도】① 피보험자가 보험의 목적을 양도한 때에는 양수인은 보험계약상의 권리와 의무를 승계한 것으로 추정한다. 〈개정 1991. 12. 31.〉

② 제1항의 경우에 보험의 목적의 양도인 또는 양수인은 보험자에 대하여 지체없이 그 사실을 통지하여야 한다. 〈신설 1991. 12. 31.〉

제680조【손해방지의무】① 보험계약자와 피보험자는 손해의 방지와 경감을 위하여 노력하여야 한다. 그러나 이를 위하여 필요 또는 유익하였던 비용과 보상액이 보험금액을 초과한 경우라도 보험자가 이를 부담한다. 〈개정 1991. 12. 31.〉

② 삭제 〈1991. 12. 31.〉

제681조【보험목적에 관한 보험대위】보험의 목적의 전부가 멸실한 경우에 보험금액의 전부를 지급한 보험자는 그 목적에 대한 피보험자의 권리를 취득한다. 그러나 보험가액의 일부를 보험에 붙인 경우에는 보험자가 취득할 권리는 보험금액의 보험가액에 대한 비율에 따라 이를 정한다.

제682조【제3자에 대한 보험대위】① 손해가 제3자의 행위로 인하여 발생한 경우에 보험금을 지급한 보험자는 그 지급한 금액의 한도에서 그 제3자에 대한 보험계약자 또는 피보험자의 권리를 취득한다. 다만, 보험자가 보상할 보험금의 일부를 지급한 경우에는 피보험자의 권리를 침해하지 아니하는 범위에서 그 권리를 행사할 수 있다.

② 보험계약자나 피보험자의 제1항에 따른 권리가 그와 생계를 같이 하는 가족에 대한 것인 경우 보험자는 그 권리를 취득하지 못한다. 다만, 손해가 그 가족의 고의로 인하여 발생한 경우에는 그러하지 아니하다.

[전문개정 2014. 3. 11.]

제2절 화재보험

제683조【화재보험자의 책임】화재보험계약의 보험자는 화재로 인하여 생길 손해를 보상할 책임이 있다.

제684조【소방 등의 조치로 인한 손해의 보상】보험자는 화재의 소방 또는 손해의 감소에 필요한 조치로 인하여 생긴 손해를 보상할 책임이 있다.

제685조【화재보험증권】화재보험증권에는 제666조에 게기한 사항외에 다음의 사항을 기재하여야 한다.

1. 건물을 보험의 목적으로 한 때에는 그 소재지, 구조와 용도
2. 동산을 보험의 목적으로 한 때에는 그 존치한 장소의 상태와 용도
3. 보험가액을 정한 때에는 그 가액

제686조【집합보험의 목적】집합된 물건을 일괄하여 보험의 목적으로 한 때에는 피보험자의 가족과 사용인의 물건도 보험의 목적에 포함된 것으로 한다. 이 경우에는 그 보험은 그 가족 또는 사용인을 위하여서도 체결한 것으로 본다.

제687조【동전】집합된 물건을 일괄하여 보험의 목적으로 한 때에는 그 목적에 속한 물건이 보험기간 중에 수시로 교체된 경우에도 보험사고의 발생 시에 현존한 물건은 보험의 목적에 포함된 것으로 한다.

제3절 운송보험

제688조【운송보험자의 책임】운송보험계약의 보험자는 다른 약정이 없으면 운송인이 운송물을 수령한 때로부터 수하인에게 인도할 때까지 생길 손해를 보상할 책임이 있다.

제689조【운송보험의 보험가액】① 운송물의 보험에 있어서는 발송한 때와 곳의 가액과 도착지까지의 운임 기타의 비용을 보험가액으로 한다.

② 운송물의 도착으로 인하여 얻을 이익은 약정이 있는 때에 한하여 보험가액 중에 산입한다.

제690조【운송보험증권】운송보험증권에는 제666조에 게기한 사항외에 다음의 사항을 기재하여야 한다.

1. 운송의 노순과 방법
2. 운송인의 주소와 성명 또는 상호
3. 운송물의 수령과 인도의 장소
4. 운송기간을 정한 때에는 그 기간
5. 보험가액을 정한 때에는 그 가액

제691조【운송의 중지나 변경과 계약효력】보험계약은 다른 약정이 없으면 운송의 필요에 의하여 일시 운송을 중지하거나 운송의 노순 또는 방법을 변경한 경우에도 그 효력을 잃지 아니한다.

제692조【운송보조자의 고의, 중과실과 보험자의 면책】 보험사고가 송하인 또는 수하인의 고의 또는 중대한 과실로 인하여 발생한 때에는 보험자는 이로 인하여 생긴 손해를 보상할 책임이 없다.

제4절 해상보험

제693조【해상보험자의 책임】 해상보험계약의 보험자는 해상사업에 관한 사고로 인하여 생길 손해를 보상할 책임이 있다. 〈개정 1991. 12. 31.〉

제694조【공동해손분담액의 보상】 보험자는 피보험자가 지급할 공동해손의 분담액을 보상할 책임이 있다. 그러나 보험의 목적의 공동해손분담가액이 보험가액을 초과할 때에는 그 초과액에 대한 분담액은 보상하지 아니한다. 〈개정 1991. 12. 31.〉

제694조의2【구조료의 보상】 보험자는 피보험자가 보험사고로 인하여 발생하는 손해를 방지하기 위하여 지급할 구조료를 보상할 책임이 있다. 그러나 보험의 목적물의 구조료분담가액이 보험가액을 초과할 때에는 그 초과액에 대한 분담액은 보상하지 아니한다.

[본조신설 1991. 12. 31.]

제694조의3【특별비용의 보상】 보험자는 보험의 목적의 안전이나 보존을 위하여 지급할 특별비용을 보험금액의 한도내에서 보상할 책임이 있다.

[본조신설 1991. 12. 31.]

제695조【해상보험증권】 해상보험증권에는 제666조에 게기한 사항외에 다음의 사항을 기재하여야 한다. 〈개정 1991. 12. 31.〉

1. 선박을 보험에 붙인 경우에는 그 선박의 명칭, 국적과 종류 및 항해의 범위
2. 적하를 보험에 붙인 경우에는 선박의 명칭, 국적과 종류, 선적항, 양륙항 및 출하지와 도착지를 정한 때에는 그 지명
3. 보험가액을 정한 때에는 그 가액

제696조【선박보험의 보험가액과 보험목적】 ① 선박의 보험에 있어서는 보험자의 책임이 개시될 때의 선박가액을 보험가액으로 한다.

② 제1항의 경우에는 선박의 속구, 연료, 양식 기타 항해에 필요한 모든 물건은 보험의 목적에 포함된 것으로 한다. 〈개정 1991. 12. 31.〉

제697조【적하보험의 보험가액】 적하의 보험에 있어서는 선적한 때와 곳의 적하의 가액과 선적 및 보험에 관한 비용을 보험가액으로 한다. 〈개정 1962. 12. 12.〉

제698조【희망이익보험의 보험가액】 적하의 도착으로 인하여 얻을 이익 또는 보수의 보험에 있어서는 계약으로 보험가액을 정하지 아니한 때에는 보험금액을 보험가액으로 한 것으로 추정한다.

제699조【해상보험의 보험기간의 개시】 ① 항해단위로 선박을 보험에 붙인 경우에는 보험기간은 하물 또는 저하의 선적에 착수한 때에 개시한다.

② 적하를 보험에 붙인 경우에는 보험기간은 하물의 선적에 착수한 때에 개시한다. 그러나 출하지를 정한 경우에는 그 곳에서 운송에 착수한 때에 개시한다.

③ 하물 또는 저하의 선적에 착수한 후에 제1항 또는 제2항의 규정에 의한 보험계약이 체결된 경우에는 보험기간은 계약이 성립한 때에 개시한다.

[전문개정 1991. 12. 31.]

제700조【해상보험의 보험기간의 종료】 보험기간은 제699조제1항의 경우에는 도착항에서 하물 또는 저하를 양륙한 때에, 동조제2항의 경우에는 양륙항 또는 도착지에서 하물을 인도한 때에 종료한다. 그러나 불가항력으로 인하지 아니하고 양륙이 지연된 때에는 그 양륙이 보통종료될 때에 종료된 것으로 한다. 〈개정 1991. 12. 31.〉

제701조【항해변경의 효과】 ① 선박이 보험계약에서 정하여진 발항항이 아닌 다른 항에서 출항한 때에는 보험자는 책임을 지지 아니한다.

② 선박이 보험계약에서 정하여진 도착항이 아닌 다른 항을 향하여 출항한 때에도 제1항의 경우와 같다.

③ 보험자의 책임이 개시된 후에 보험계약에서 정하여진 도착항이 변경된 경우에는 보험자는 그 항해의 변경이 결정된 때부터 책임을 지지 아니한다.

[전문개정 1991. 12. 31.]

제701조의2【이로】 선박이 정당한 사유없이 보험계약에서 정하여진 항로를 이탈한 경우에는 보험자는 그때부터 책임을 지지 아니한다. 선박이 손해발생전에 원항로로 돌아온 경우에도 같다.

[본조신설 1991. 12. 31.]

제702조【발항 또는 항해의 지연의 효과】 피보험자가 정당한 사유없이 발항 또는 항해를 지연한 때에는 보험자는 발항 또는 항해를 지체한 이후의 사고에 대하여 책임을 지지 아니한다.

[전문개정 1991. 12. 31.]

제703조【선박변경의 효과】 적하를 보험에 붙인 경우에 보험계약자 또는 피보험자의 책임있는 사유로 인하여 선박을 변경한 때에는 그 변경후의 사고에 대하여 책임을 지지 아니한다. 〈개정 1991. 12. 31.〉

제703조의2【선박의 양도 등의 효과】 선박을 보험에 붙인 경우에 다음의 사유가 있을 때에는 보험계약은 종료한다. 그러나 보험자의 동의가 있는 때에는 그러하지 아니하다.

1. 선박을 양도할 때
2. 선박의 선급을 변경한 때
3. 선박을 새로운 관리로 옮긴 때

[본조신설 1991. 12. 31.]

제704조【선박미확정의 적하예정보험】 ① 보험계약의 체결당시에 하물을 적재할 선박을 지정하지 아니한 경우에 보험계약자 또는 피보험자가 그 하물이 선적되었음을 안 때에는 지체없이 보험자에 대하여 그 선박의 명칭, 국적과 하물의 종류, 수량과 가액의 통지를 발송하여야 한다. 〈개정 1991. 12. 31.〉

② 제1항의 통지를 해태한 때에는 보험자는 그 사실을 안 날부터 1월내에 계약을 해지할 수 있다. 〈개정 1991. 12. 31.〉

제705조 삭제 〈1991. 12. 31.〉

제706조【해상보험자의 면책사유】 보험자는 다음의 손해와 비용을 보상할 책임이 없다. 〈개정 1991. 12. 31.〉

1. 선박 또는 운임을 보험에 붙인 경우에는 발항당시 안전하게 항해를 하기에 필요한 준비를 하지 아니하거나 필요한 서류를 비치하지 아니함으로 인하여 생긴 손해
2. 적하를 보험에 붙인 경우에는 용선자, 송하인 또는 수하인의 고의 또는 중대한 과실로 인하여 생긴 손해
3. 도선료, 입항료, 등대료, 검역료, 기타 선박 또는 적하에 관한 항해 중의 통상비용

제707조 삭제 〈1991. 12. 31.〉

제707조의2【선박의 일부손해의 보상】 ① 선박의 일부가 훼손되어 그 훼손된 부분의 전부를 수선한 경우에는 보험자는 수선에 따른 비용을 1회의 사고에 대하여 보험금액을 한도로 보상할 책임이 있다.

② 선박의 일부가 훼손되어 그 훼손된 부분의 일부를 수선한 경우에는 보험자는 수선에 따른 비용과 수선을 하지 아니함으로써 생긴 감가액을 보상할 책임이 있다.

③ 선박의 일부가 훼손되었으나 이를 수선하지 아니한 경우에는 보험자는 그로 인한 감가액을 보상할 책임이 있다.

　[본조신설 1991. 12. 31.]

제708조【적하의 일부손해의 보상】 보험의 목적인 적하가 훼손되어 양륙항에 도착한 때에는 보험자는 그 훼손된 상태의 가액과 훼손되지 아니한 상태의 가액과의 비율에 따라 보험가액의 일부에 대한 손해를 보상할 책임이 있다.

제709조【적하매각으로 인한 손해의 보상】 ① 항해도중에 불가항력으로 보험의 목적인 적하를 매각한 때에는 보험자는 그 대금에서 운임 기타 필요한 비용을 공제한 금액과 보험가액과의 차액을 보상하여야 한다.

② 제1항의 경우에 매수인이 대금을 지급하지 아니한 때에는 보험자는 그 금액을 지급하여야 한다. 보험자가 그 금액을 지급한 때에는 피보험자의 매수인에 대한 권리를 취득한다. 〈개정 1991. 12. 31.〉

제710조【보험위부의 원인】 다음의 경우에는 피보험자는 보험의 목적을 보험자에게 위부하고 보험금액의 전부를 청구할 수 있다. 〈개정 1991. 12. 31.〉

1. 피보험자가 보험사고로 인하여 자기의 선박 또는 적하의 점유를 상실하여 이를 회복할 가능성이 없거나 회복하기 위한 비용이 회복하였을 때의 가액을 초과하리라고 예상될 경우
2. 선박이 보험사고로 인하여 심하게 훼손되어 이를 수선하기 위한 비용이 수선하였을 때의 가액을 초과하리라고 예상될 경우
3. 적하가 보험사고로 인하여 심하게 훼손되어서 이를 수선하기 위한 비용과 그 적하를 목적지까지 운송하기 위한 비용과의 합계액이 도착하는 때의 적하의 가액을 초과하리라고 예상될 경우

제711조【선박의 행방불명】 ①선박의 존부가 2월간 분명하지 아니한 때에는 그 선박의 행방이 불명한 것으로 한다. 〈개정 1991. 12. 31.〉

② 제1항의 경우에는 전손으로 추정한다. 〈개정 1991. 12. 31.〉

제712조【대선에 의한 운송의 계속과 위부권의 소멸】 제710조제2호의 경우에 선장이 지체없이 다른 선박으로 적하의 운송을 계속한 때에는 피보험자는 그 적하를 위부할 수 없다. 〈개정 1991. 12. 31.〉

제713조【위부의 통지】 ① 피보험자가 위부를 하고자 할 때에는 상당한 기간내에 보험자에 대하여 그 통지를 발송하여야 한다. 〈개정 1991. 12. 31.〉

② 삭제 〈1991. 12. 31.〉

제714조【위부권행사의 요건】 ①위부는 무조건이어야 한다.

② 위부는 보험의 목적의 전부에 대하여 이를 하여야 한다. 그러나 위부의 원인이 그 일부에 대하여 생긴 때에는 그 부분에 대하여서만 이를 할 수 있다.

③ 보험가액의 일부를 보험에 붙인 경우에는 위부는 보험금액의 보험가액에 대한 비율에 따라서만 이를 할 수 있다.

제715조【다른 보험계약등에 관한 통지】 ① 피보험자가 위부를 함에 있어서는 보험자에 대하여 보험의 목적에 관한 다른 보험계약과 그 부담에 속한 채무의 유무와 그 종류 및 내용을 통지하여야 한다.

② 보험자는 제1항의 통지를 받을 때까지 보험금액의 지급을 거부할 수 있다. 〈개정 1991. 12. 31.〉

③ 보험금액의 지급에 관한 기간의 약정이 있는 때에는 그 기간은 제1항의 통지를 받은 날로부터 기산한다.

제716조【위부의 승인】 보험자가 위부를 승인한 후에는 그 위부에 대하여 이의를 하지 못한다.

제717조【위부의 불승인】 보험자가 위부를 승인하지 아니한 때에는 피보험자는 위부의 원인을 증명하지 아니하면 보험금액의 지급을 청구하지 못한다.

제718조【위부의 효과】 ① 보험자는 위부로 인하여 그 보험의 목적에 관한 피보험자의 모든 권리를 취득한다.

② 피보험자가 위부를 한 때에는 보험의 목적에 관한 모든 서류를 보험자에게 교부하여야 한다.

제5절 책임보험

제719조【책임보험자의 책임】 책임보험계약의 보험자는 피보험자가 보험기간 중의 사고로 인하여 제3자에게 배상할 책임을 진 경우에 이를 보상할 책임이 있다.

제720조【피보험자가 지출한 방어비용의 부담】 ① 피보험자가 제3자의 청구를 방어하기 위하여 지출한 재판상 또는 재판외의 필요비용은 보험의 목적에 포함된 것으로 한다. 피보험자는 보험자에 대하여 그 비용의 선급을 청구할 수 있다.

② 피보험자가 담보의 제공 또는 공탁으로써 재판의 집행을 면할 수 있는 경우에는 보험자에 대하여 보험금액의 한도내에서 그 담보의 제공 또는 공탁을 청구할 수 있다.

③ 제1항 또는 제2항의 행위가 보험자의 지시에 의한 것인 경우에는 그 금액에 손해액을 가산한 금액이 보험금액을 초과하는 때에도 보험자가 이를 부담하여야 한다. 〈개정 1991. 12. 31.〉

제721조【영업책임보험의 목적】 피보험자가 경영하는 사업에 관한 책임을 보험의 목적으로 한 때에는 피보험자의 대리인 또는 그 사업감독자의 제3자에 대한 책임도 보험의 목적에 포함된 것으로 한다.

제722조【피보험자의 배상청구 사실 통지의무】 ① 피보험자가 제3자로부터 배상청구를 받았을 때에는 지체 없이 보험자에게 그 통지를 발송하여야 한다.

② 피보험자가 제1항의 통지를 게을리하여 손해가 증가된 경우 보험자는 그 증가된 손해를 보상할 책임이 없다. 다만, 피보험자가 제657조제1항의 통지를 발송한 경우에는 그러하지 아니하다.

[전문개정 2014. 3. 11.]

제723조【피보험자의 변제 등의 통지와 보험금액의 지급】 ① 피보험자가 제3자에 대하여 변제, 승인, 화해 또는 재판으로 인하여 채무가 확정된 때에는 지체없이 보험자에게 그 통지를 발송하여야 한다.

② 보험자는 특별한 기간의 약정이 없으면 전항의 통지를 받은 날로부터 10일내에 보험금액을 지급하여야 한다.

③ 피보험자가 보험자의 동의없이 제3자에 대하여 변제, 승인 또는 화해를 한 경우에는 보험자가 그 책임을 면하게 되는 합의가 있는 때에도 그 행위가 현저하게 부당한 것이 아니면 보험자는 보상할 책임을 면하지 못한다.

제724조【보험자와 제3자와의 관계】 ① 보험자는 피보험자가 책임을 질 사고로 인하여 생긴 손해에 대하여 제3자가 그 배상을 받기 전에는 보험금액의 전부 또는 일부를 피보험자에게 지급하지 못한다.

② 제3자는 피보험자가 책임을 질 사고로 입은 손해에 대하여 보험금액의 한도내에서 보험자에게 직접 보상을 청구할 수 있다. 그러나 보험자는 피보험자가 그 사고에 관하여 가지는 항변으로써 제3자에게 대항할 수 있다. 〈개정 1991. 12. 31.〉

③ 보험자가 제2항의 규정에 의한 청구를 받은 때에는 지체없이 피보험자에게 이를 통지하여야 한다. 〈신설 1991. 12. 31.〉

④ 제2항의 경우에 피보험자는 보험자의 요구가 있을 때에는 필요한 서류·증거의 제출, 증언 또는 증인의 출석에 협조하여야 한다. 〈신설 1991. 12. 31.〉

제725조【보관자의 책임보험】 임차인 기타 타인의 물건을 보관하는 자가 그 지급할 손해배상을 위하여 그 물건을 보험에 붙인 경우에는 그 물건의 소유자는 보험자에 대하여 직접 그 손해의 보상을 청구할 수 있다.

제725조의2【수개의 책임보험】 피보험자가 동일한 사고로 제3자에게 배상책임을 짐으로써 입은 손해를 보상하는 수개의 책임보험계약이 동시 또는 순차로 체결된 경우에 그 보험금액의 총액이 피보험자의 제3자에 대한 손해배상액을 초과하는 때에는 제672조와 제673조의 규정을 준용한다.
[본조신설 1991. 12. 31.]

제726조【재보험에의 준용】 이 절(節)의 규정은 그 성질에 반하지 아니하는 범위에서 재보험계약에 준용한다.
[전문개정 2014. 3. 11.]

제6절 자동차보험

제726조의2【자동차보험자의 책임】 자동차보험계약의 보험자는 피보험자가 자동차를 소유, 사용 또는 관리하는 동안에 발생한 사고로 인하여 생긴 손해를 보상할 책임이 있다.
[본조신설 1991. 12. 31.]

제726조의3【자동차 보험증권】 자동차 보험증권에는 제666조에 게기한 사항외에 다음의 사항을 기재하여야 한다.
  1. 자동차소유자와 그 밖의 보유자의 성명과 생년월일 또는 상호
  2. 피보험자동차의 등록번호, 차대번호, 차형년식과 기계장치
  3. 차량가액을 정한 때에는 그 가액
[본조신설 1991. 12. 31.]

제726조의4【자동차의 양도】 ① 피보험자가 보험기간 중에 자동차를 양도한 때에는 양수인은 보험자의 승낙을 얻은 경우에 한하여 보험계약으로 인하여 생긴 권리와 의무를 승계한다.
② 보험자가 양수인으로부터 양수사실을 통지받은 때에는 지체없이 낙부를 통지하여야 하고 통지받은 날부터 10일내에 낙부의 통지가 없을 때에는 승낙한 것으로 본다.
[본조신설 1991. 12. 31.]

제7절 보증보험 〈신설 2014. 3. 11.〉

제726조의5【보증보험자의 책임】 보증보험계약의 보험자는 보험계약자가 피보험자에게 계약상의 채무불이행 또는 법령상의 의무불이행으로 입힌 손해를 보상할 책임이 있다.
[본조신설 2014. 3. 11.]

제726조의6【적용 제외】 ① 보증보험계약에 관하여는 제639조제2항 단서를 적용하지 아니한다.

② 보증보험계약에 관하여는 보험계약자의 사기, 고의 또는 중대한 과실이 있는 경우에도 이에 대하여 피보험자에게 책임이 있는 사유가 없으면 제651조, 제652조, 제653조 및 제659조제1항을 적용하지 아니한다.

[본조신설 2014. 3. 11.]

제726조의7【준용규정】 보증보험계약에 관하여는 그 성질에 반하지 아니하는 범위에서 보증채무에 관한 「민법」의 규정을 준용한다.

[본조신설 2014. 3. 11.]

제3장 인보험

제1절 통칙

제727조【인보험자의 책임】 ① 인보험계약의 보험자는 피보험자의 생명이나 신체에 관하여 보험사고가 발생할 경우에 보험계약으로 정하는 바에 따라 보험금이나 그 밖의 급여를 지급할 책임이 있다. 〈개정 2014. 3. 11.〉

② 제1항의 보험금은 당사자 간의 약정에 따라 분할하여 지급할 수 있다. 〈신설 2014. 3. 11.〉

[제목개정 2014. 3. 11.]

제728조【인보험증권】 인보험증권에는 제666조에 게기한 사항외에 다음의 사항을 기재하여야 한다. 〈개정 1991. 12. 31.〉

1. 보험계약의 종류
2. 피보험자의 주소·성명 및 생년월일
3. 보험수익자를 정한 때에는 그 주소·성명 및 생년월일

제729조【제3자에 대한 보험대위의 금지】 보험자는 보험사고로 인하여 생긴 보험계약자 또는 보험수익자의 제3자에 대한 권리를 대위하여 행사하지 못한다. 그러나 상해보험계약의 경우에 당사자간에 다른 약정이 있는 때에는 보험자는 피보험자의 권리를 해하지 아니하는 범위안에서 그 권리를 대위하여 행사할 수 있다. 〈개정 1991. 12. 31.〉

제2절 생명보험

제730조【생명보험자의 책임】 생명보험계약의 보험자는 피보험자의 사망, 생존, 사망과 생존에 관한 보험사고가 발생할 경우에 약정한 보험금을 지급할 책임이 있다. 〈개정 2014. 3. 11.〉

[제목개정 2014. 3. 11.]

제731조【타인의 생명의 보험】 ① 타인의 사망을 보험사고로 하는 보험계약에는 보험계약 체결시에 그 타인의 서면(「전자서명법」 제2조제2호에 따른 전자서명이 있는 경우로서 대통령령으로 정하는

바에 따라 본인 확인 및 위조·변조 방지에 대한 신뢰성을 갖춘 전자문서를 포함한다)에 의한 동의를 얻어야 한다. 〈개정 1991. 12. 31., 2017. 10. 31., 2020. 6. 9.〉

② 보험계약으로 인하여 생긴 권리를 피보험자가 아닌 자에게 양도하는 경우에도 제1항과 같다. 〈개정 1991. 12. 31.〉

제732조【15세미만자등에 대한 계약의 금지】 15세미만자, 심신상실자 또는 심신박약자의 사망을 보험사고로 한 보험계약은 무효로 한다. 다만, 심신박약자가 보험계약을 체결하거나 제735조의3에 따른 단체보험의 피보험자가 될 때에 의사능력이 있는 경우에는 그러하지 아니하다. 〈개정 1962. 12. 12., 1991. 12. 31., 2014. 3. 11.〉

제732조의2【중과실로 인한 보험사고 등】 ① 사망을 보험사고로 한 보험계약에서는 사고가 보험계약자 또는 피보험자나 보험수익자의 중대한 과실로 인하여 발생한 경우에도 보험자는 보험금을 지급할 책임을 면하지 못한다.

② 둘 이상의 보험수익자 중 일부가 고의로 피보험자를 사망하게 한 경우 보험자는 다른 보험수익자에 대한 보험금 지급 책임을 면하지 못한다.

[전문개정 2014. 3. 11.]

제733조【보험수익자의 지정 또는 변경의 권리】 ① 보험계약자는 보험수익자를 지정 또는 변경할 권리가 있다.

② 보험계약자가 제1항의 지정권을 행사하지 아니하고 사망한 때에는 피보험자를 보험수익자로 하고 보험계약자가 제1항의 변경권을 행사하지 아니하고 사망한 때에는 보험수익자의 권리가 확정된다. 그러나 보험계약자가 사망한 경우에는 그 승계인이 제1항의 권리를 행사할 수 있다는 약정이 있는 때에는 그러하지 아니하다. 〈개정 1991. 12. 31.〉

③ 보험수익자가 보험존속 중에 사망한 때에는 보험계약자는 다시 보험수익자를 지정할 수 있다. 이 경우에 보험계약자가 지정권을 행사하지 아니하고 사망한 때에는 보험수익자의 상속인을 보험수익자로 한다.

④ 보험계약자가 제2항과 제3항의 지정권을 행사하기 전에 보험사고가 생긴 경우에는 피보험자 또는 보험수익자의 상속인을 보험수익자로 한다. 〈신설 1991. 12. 31.〉

제734조【보험수익자지정권 등의 통지】 ① 보험계약자가 계약체결후에 보험수익자를 지정 또는 변경할 때에는 보험자에 대하여 그 통지를 하지 아니하면 이로써 보험자에게 대항하지 못한다.

② 제731조제1항의 규정은 제1항의 지정 또는 변경에 준용한다. 〈개정 1962. 12. 12., 1991. 12. 31.〉

제735조 삭제 〈2014. 3. 11.〉

제735조의2 삭제 〈2014. 3. 11.〉

제735조의3【단체보험】 ① 단체가 규약에 따라 구성원의 전부 또는 일부를 피보험자로 하는 생명보험계약을 체결하는 경우에는 제731조를 적용하지 아니한다.

② 제1항의 보험계약이 체결된 때에는 보험자는 보험계약자에 대하여서만 보험증권을 교부한다.

③ 제1항의 보험계약에서 보험계약자가 피보험자 또는 그 상속인이 아닌 자를 보험수익자로 지정할 때에는 단체의 규약에서 명시적으로 정하는 경우 외에는 그 피보험자의 제731조제1항에 따른 서면 동의를 받아야 한다. 〈신설 2014. 3. 11., 2017. 10. 31.〉

[본조신설 1991. 12. 31.]

제736조【보험적립금반환의무 등】 ① 제649조, 제650조, 제651조 및 제652조 내지 제655조의 규정에 의하여 보험계약이 해지된 때, 제659조와 제660조의 규정에 의하여 보험금액의 지급책임이 면제된 때에는 보험자는 보험수익자를 위하여 적립한 금액을 보험계약자에게 지급하여야 한다. 그러나 다른 약정이 없으면 제659조제1항의 보험사고가 보험계약자에 의하여 생긴 경우에는 그러하지 아니하다. 〈개정 1991. 12. 31.〉

② 삭제 〈1991. 12. 31.〉

제3절 상해보험

제737조【상해보험자의 책임】 상해보험계약의 보험자는 신체의 상해에 관한 보험사고가 생길 경우에 보험금액 기타의 급여를 할 책임이 있다.

제738조【상해보험증권】 상해보험의 경우에 피보험자와 보험계약자가 동일인이 아닐 때에는 그 보험증권기재사항중 제728조제2호에 게기한 사항에 갈음하여 피보험자의 직무 또는 직위만을 기재할 수 있다.

제739조【준용규정】 상해보험에 관하여는 제732조를 제외하고 생명보험에 관한 규정을 준용한다.

제4절 질병보험 〈신설 2014. 3. 11.〉

제739조의2【질병보험자의 책임】 질병보험계약의 보험자는 피보험자의 질병에 관한 보험사고가 발생할 경우 보험금이나 그 밖의 급여를 지급할 책임이 있다.

[본조신설 2014. 3. 11.]

제739조의3【질병보험에 대한 준용규정】 질병보험에 관하여는 그 성질에 반하지 아니하는 범위에서 생명보험 및 상해보험에 관한 규정을 준용한다.

[본조신설 2014. 3. 11.]

농어업재해보험법

[시행 2024. 5. 14.] [법률 제20275호, 2024. 2. 13., 타법개정]

제1장 총칙

제1조【목적】 이 법은 농어업재해로 인하여 발생하는 농작물, 임산물, 양식수산물, 가축과 농어업용 시설물의 피해에 따른 손해를 보상하기 위한 농어업재해보험에 관한 사항을 규정함으로써 농어업 경영의 안정과 생산성 향상에 이바지하고 국민경제의 균형 있는 발전에 기여함을 목적으로 한다. 〈개정 2011. 7. 25.〉

제2조【정의】 이 법에서 사용하는 용어의 뜻은 다음과 같다. 〈개정 2011. 7. 25., 2013. 3. 23.〉

1. "농어업재해"란 농작물·임산물·가축 및 농업용 시설물에 발생하는 자연재해·병충해·조수해(鳥獸害)·질병 또는 화재(이하 "농업재해"라 한다)와 양식수산물 및 어업용 시설물에 발생하는 자연재해·질병 또는 화재(이하 "어업재해"라 한다)를 말한다.

2. "농어업재해보험"이란 농어업재해로 발생하는 재산 피해에 따른 손해를 보상하기 위한 보험을 말한다.

3. "보험가입금액"이란 보험가입자의 재산 피해에 따른 손해가 발생한 경우 보험에서 최대로 보상할 수 있는 한도액으로서 보험가입자와 보험사업자 간에 약정한 금액을 말한다.

4. "보험료"란 보험가입자와 보험사업자 간의 약정에 따라 보험가입자가 보험사업자에게 내야 하는 금액을 말한다.

5. "보험금"이란 보험가입자에게 재해로 인한 재산 피해에 따른 손해가 발생한 경우 보험가입자와 보험사업자 간의 약정에 따라 보험사업자가 보험가입자에게 지급하는 금액을 말한다.

6. "시범사업"이란 농어업재해보험사업(이하 "재해보험사업"이라 한다)을 전국적으로 실시하기 전에 보험의 효용성 및 보험 실시 가능성 등을 검증하기 위하여 일정 기간 제한된 지역에서 실시하는 보험사업을 말한다.

제2조의2【기본계획 및 시행계획의 수립·시행】 ① 농림축산식품부장관과 해양수산부장관은 농어업재해보험(이하 "재해보험"이라 한다)의 활성화를 위하여 제3조에 따른 농업재해보험심의회 또는 「수산업·어촌 발전 기본법」 제8조제1항에 따른 중앙 수산업·어촌정책심의회의 심의를 거쳐 재해보험 발전 기본계획(이하 "기본계획"이라 한다)을 5년마다 수립·시행하여야 한다. 〈개정 2023. 10. 31.〉

② 기본계획에는 다음 각 호의 사항이 포함되어야 한다.

1. 재해보험사업의 발전 방향 및 목표
2. 재해보험의 종류별 가입률 제고 방안에 관한 사항

3. 재해보험의 대상 품목 및 대상 지역에 관한 사항

4. 재해보험사업에 대한 지원 및 평가에 관한 사항

5. 그 밖에 재해보험 활성화를 위하여 농림축산식품부장관 또는 해양수산부장관이 필요하다고 인정하는 사항

③ 농림축산식품부장관과 해양수산부장관은 기본계획에 따라 매년 재해보험 발전 시행계획(이하 "시행계획"이라 한다)을 수립·시행하여야 한다.

④ 농림축산식품부장관과 해양수산부장관은 기본계획 및 시행계획을 수립하고자 할 경우 제26조에 따른 통계자료를 반영하여야 한다.

⑤ 농림축산식품부장관 또는 해양수산부장관은 기본계획 및 시행계획의 수립·시행을 위하여 필요한 경우에는 관계 중앙행정기관의 장, 지방자치단체의 장, 관련 기관·단체의 장에게 관련 자료 및 정보의 제공을 요청할 수 있다. 이 경우 자료 및 정보의 제공을 요청받은 자는 특별한 사유가 없으면 그 요청에 따라야 한다.

⑥ 그 밖에 기본계획 및 시행계획의 수립·시행에 필요한 사항은 대통령령으로 정한다.

[본조신설 2021. 11. 30.]

제2조의3【재해보험 등의 심의】 재해보험 및 농어업재해재보험(이하 "재보험"이라 한다)에 관한 다음 각 호의 사항은 제3조에 따른 농업재해보험심의회 또는 「수산업·어촌 발전 기본법」 제8조제1항에 따른 중앙 수산업·어촌정책심의회의 심의를 거쳐야 한다.

1. 재해보험에서 보상하는 재해의 범위에 관한 사항

2. 재해보험사업에 대한 재정지원에 관한 사항

3. 손해평가의 방법과 절차에 관한 사항

4. 농어업재해재보험사업(이하 "재보험사업"이라 한다)에 대한 정부의 책임범위에 관한 사항

5. 재보험사업 관련 자금의 수입과 지출의 적정성에 관한 사항

6. 그 밖에 제3조에 따른 농업재해보험심의회의 위원장 또는 「수산업·어촌 발전 기본법」 제8조제1항에 따른 중앙 수산업·어촌정책심의회의 위원장이 재해보험 및 재보험에 관하여 회의에 부치는 사항

[본조신설 2023. 10. 31.]

제3조【농업재해보험심의회】 ① 농업재해보험 및 농업재해재보험에 관한 다음 각 호의 사항을 심의하기 위하여 농림축산식품부장관 소속으로 농업재해보험심의회(이하 이 조에서 "심의회"라 한다)를 둔다. 〈개정 2023. 10. 31.〉

1. 제2조의3 각 호의 사항

2. 재해보험 목적물의 선정에 관한 사항

3. 기본계획의 수립·시행에 관한 사항

4. 다른 법령에서 심의회의 심의사항으로 정하고 있는 사항

② 심의회는 위원장 및 부위원장 각 1명을 포함한 21명 이내의 위원으로 구성한다.

③ 심의회의 위원장은 농림축산식품부차관으로 하고, 부위원장은 위원 중에서 호선(互選)한다. 〈개정 2013. 3. 23., 2023. 10. 31.〉

④ 심의회의 위원은 다음 각 호의 어느 하나에 해당하는 사람 중에서 농림축산식품부장관이 임명하거나 위촉하는 사람으로 한다. 이 경우 다음 각 호에 해당하는 사람이 각각 1명 이상 포함되어야 한다. 〈개정 2011. 7. 25., 2013. 3. 23., 2014. 11. 19., 2017. 7. 26., 2020. 2. 11., 2023. 3. 28., 2023. 10. 31.〉

1. 농림축산식품부장관이 재해보험이나 농업에 관한 학식과 경험이 풍부하다고 인정하는 사람
2. 농림축산식품부의 재해보험을 담당하는 3급 공무원 또는 고위공무원단에 속하는 공무원
3. 자연재해 또는 보험 관련 업무를 담당하는 기획재정부·행정안전부·해양수산부·금융위원회·산림청의 3급 공무원 또는 고위공무원단에 속하는 공무원
4. 농림축산업인단체의 대표
5. 삭제 〈2023. 10. 31.〉

⑤ 제4항제1호의 위원의 임기는 3년으로 한다.

⑥ 심의회는 그 심의 사항을 검토·조정하고, 심의회의 심의를 보조하게 하기 위하여 심의회에 다음 각 호의 분과위원회를 둔다. 〈개정 2023. 3. 28.〉

1. 농작물재해보험분과위원회
2. 임산물재해보험분과위원회
3. 가축재해보험분과위원회
4. 삭제 〈2023. 10. 31.〉
5. 그 밖에 대통령령으로 정하는 바에 따라 두는 분과위원회

⑦ 심의회는 제1항 각 호의 사항을 심의하기 위하여 필요한 경우에는 농업재해보험에 관하여 전문지식이 있는 자, 농업인 또는 이해관계자의 의견을 들을 수 있다. 〈신설 2020. 12. 8., 2023. 10. 31.〉

⑧ 제1항부터 제7항까지에서 규정한 사항 외에 심의회 및 분과위원회의 구성과 운영 등에 필요한 사항은 대통령령으로 정한다. 〈개정 2020. 12. 8.〉

[제목개정 2023. 10. 31.]

제2장 재해보험사업

제4조【재해보험의 종류 등】 재해보험의 종류는 농작물재해보험, 임산물재해보험, 가축재해보험 및 양식수산물재해보험으로 한다. 이 중 농작물재해보험, 임산물재해보험 및 가축재해보험과 관련된 사항은 농림축산식품부장관이, 양식수산물재해보험과 관련된 사항은 해양수산부장관이 각각 관장한다. 〈개정 2011. 7. 25., 2013. 3. 23.〉

[제목개정 2013. 3. 23.]

제5조 【보험목적물】 ① 보험목적물은 다음 각 호의 구분에 따르되, 그 구체적인 범위는 보험의 효용성 및 보험 실시 가능성 등을 종합적으로 고려하여 제3조에 따른 농업재해보험심의회 또는 「수산업·어촌 발전 기본법」 제8조제1항에 따른 중앙 수산업·어촌정책심의회를 거쳐 농림축산식품부장관 또는 해양수산부장관이 고시한다. 〈개정 2011. 7. 25., 2015. 8. 11., 2023. 3. 28., 2023. 10. 31.〉

　1. 농작물재해보험: 농작물 및 농업용 시설물

　1의2. 임산물재해보험: 임산물 및 임업용 시설물

　2. 가축재해보험: 가축 및 축산시설물

　3. 양식수산물재해보험: 양식수산물 및 양식시설물

② 정부는 보험목적물의 범위를 확대하기 위하여 노력하여야 한다. 〈신설 2023. 3. 28.〉

제6조 【보상의 범위 등】 ①재해보험에서 보상하는 재해의 범위는 해당 재해의 발생 빈도, 피해 정도 및 객관적인 손해평가방법 등을 고려하여 재해보험의 종류별로 대통령령으로 정한다. 〈개정 2016. 12. 2.〉

② 정부는 재해보험에서 보상하는 재해의 범위를 확대하기 위하여 노력하여야 한다. 〈신설 2016. 12. 2.〉

　[제목개정 2016. 12. 2.]

제7조 【보험가입자】 재해보험에 가입할 수 있는 자는 농림업, 축산업, 양식수산업에 종사하는 개인 또는 법인으로 하고, 구체적인 보험가입자의 기준은 대통령령으로 정한다.

제8조 【보험사업자】 ① 재해보험사업을 할 수 있는 자는 다음 각 호와 같다. 〈개정 2011. 7. 25.〉

　1. 삭제 〈2011. 3. 31.〉

　2. 「수산업협동조합법」에 따른 수산업협동조합중앙회(이하 "수협중앙회"라 한다)

　2의2. 「산림조합법」에 따른 산림조합중앙회

　3. 「보험업법」에 따른 보험회사

② 제1항에 따라 재해보험사업을 하려는 자는 농림축산식품부장관 또는 해양수산부장관과 재해보험사업의 약정을 체결하여야 한다. 〈개정 2013. 3. 23.〉

③ 제2항에 따른 약정을 체결하려는 자는 다음 각 호의 서류를 농림축산식품부장관 또는 해양수산부장관에게 제출하여야 한다. 〈개정 2013. 3. 23.〉

　1. 사업방법서, 보험약관, 보험료 및 책임준비금산출방법서

　2. 그 밖에 대통령령으로 정하는 서류

④ 제2항에 따른 재해보험사업의 약정을 체결하는 데 필요한 사항은 대통령령으로 정한다.

제9조 【보험료율의 산정】 ① 제8조제2항에 따라 농림축산식품부장관 또는 해양수산부장관과 재해보험사업의 약정을 체결한 자(이하 "재해보험사업자"라 한다)는 재해보험의 보험료율을 객관적이고 합리적인 통계자료를 기초로 하여 보험목적물별 또는 보상방식별로 산정하되, 다음 각 호의 구분에 따른 단위로 산정하여야 한다. 〈개정 2013. 3. 23., 2017. 11. 28., 2021. 11. 30., 2023. 3. 28.〉

1. 행정구역 단위: 특별시·광역시·도·특별자치도 또는 시(특별자치시와 「제주특별자치도 설치 및 국제자유도시 조성을 위한 특별법」 제10조제2항에 따라 설치된 행정시를 포함한다)·군·자치구. 다만, 「보험업법」 제129조에 따른 보험료율 산출의 원칙에 부합하는 경우에는 자치구가 아닌 구·읍·면·동 단위로도 보험료율을 산정할 수 있다.

2. 권역 단위: 농림축산식품부장관 또는 해양수산부장관이 행정구역 단위와는 따로 구분하여 고시하는 지역 단위

② 재해보험사업자는 보험약관안과 보험료율안에 대통령령으로 정하는 변경이 예정된 경우 이를 공고하고 필요한 경우 이해관계자의 의견을 수렴하여야 한다. 〈신설 2023. 3. 28.〉

[제목개정 2017. 11. 28.]

제10조【보험모집】 ① 재해보험을 모집할 수 있는 자는 다음 각 호와 같다. 〈개정 2011. 3. 31., 2011. 7. 25., 2016. 5. 29.〉

1. 산림조합중앙회와 그 회원조합의 임직원, 수협중앙회와 그 회원조합 및 「수산업협동조합법」에 따라 설립된 수협은행의 임직원

2. 「수산업협동조합법」 제60조(제108조, 제113조 및 제168조에 따라 준용되는 경우를 포함한다)의 공제규약에 따른 공제모집인으로서 수협중앙회장 또는 그 회원조합장이 인정하는 자

2의2. 「산림조합법」 제48조(제122조에 따라 준용되는 경우를 포함한다)의 공제규정에 따른 공제모집인으로서 산림조합중앙회장이나 그 회원조합장이 인정하는 자

3. 「보험업법」 제83조제1항에 따라 보험을 모집할 수 있는 자

② 제1항에 따라 재해보험의 모집 업무에 종사하는 자가 사용하는 재해보험 안내자료 및 금지행위에 관하여는 「보험업법」 제95조·제97조, 제98조 및 「금융소비자 보호에 관한 법률」 제21조를 준용한다. 다만, 재해보험사업자가 수협중앙회, 산림조합중앙회인 경우에는 「보험업법」 제95조제1항제5호를 준용하지 아니하며, 「농업협동조합법」, 「수산업협동조합법」, 「산림조합법」에 따른 조합이 그 조합원에게 이 법에 따른 보험상품의 보험료 일부를 지원하는 경우에는 「보험업법」 제98조에도 불구하고 해당 보험계약의 체결 또는 모집과 관련한 특별이익의 제공으로 보지 아니한다. 〈개정 2011. 3. 31., 2011. 7. 25., 2012. 12. 18., 2020. 3. 24.〉

제10조의2【사고예방의무 등】 ① 보험가입자는 재해로 인한 사고의 예방을 위하여 노력하여야 한다.

② 재해보험사업자는 사고 예방을 위하여 보험가입자가 납입한 보험료의 일부를 되돌려줄 수 있다. 〈개정 2020. 2. 11.〉

[본조신설 2016. 12. 2.]

제11조【손해평가 등】 ① 재해보험사업자는 보험목적물에 관한 지식과 경험을 갖춘 사람 또는 그 밖의 관계 전문가를 손해평가인으로 위촉하여 손해평가를 담당하게 하거나 제11조의2에 따른 손해평가사(이하 "손해평가사"라 한다) 또는 「보험업법」 제186조에 따른 손해사정사에게 손해평가를 담당하게 할 수 있다. 〈개정 2014. 6. 3., 2020. 2. 11.〉

② 제1항에 따른 손해평가인과 손해평가사 및 「보험업법」 제186조에 따른 손해사정사는 농림축산식품부장관 또는 해양수산부장관이 정하여 고시하는 손해평가 요령에 따라 손해평가를 하여야 한다. 이 경우 공정하고 객관적으로 손해평가를 하여야 하며, 고의로 진실을 숨기거나 거짓으로 손해평가를 하여서는 아니 된다. 〈개정 2013. 3. 23., 2014. 6. 3., 2016. 12. 2.〉

③ 재해보험사업자는 공정하고 객관적인 손해평가를 위하여 동일 시·군·구(자치구를 말한다) 내에서 교차손해평가(손해평가인 상호간에 담당지역을 교차하여 평가하는 것을 말한다. 이하 같다)를 수행할 수 있다. 이 경우 교차손해평가의 절차·방법 등에 필요한 사항은 농림축산식품부장관 또는 해양수산부장관이 정한다. 〈신설 2016. 12. 2.〉

④ 농림축산식품부장관 또는 해양수산부장관은 제2항에 따른 손해평가 요령을 고시하려면 미리 금융위원회와 협의하여야 한다. 〈개정 2013. 3. 23., 2016. 12. 2.〉

⑤ 농림축산식품부장관 또는 해양수산부장관은 제1항에 따른 손해평가인이 공정하고 객관적인 손해평가를 수행할 수 있도록 연 1회 이상 정기교육을 실시하여야 한다. 〈신설 2016. 12. 2.〉

⑥ 농림축산식품부장관 또는 해양수산부장관은 손해평가인 간의 손해평가에 관한 기술·정보의 교환을 지원할 수 있다. 〈신설 2016. 12. 2.〉

⑦ 제1항에 따라 손해평가인으로 위촉될 수 있는 사람의 자격 요건, 제5항에 따른 정기교육, 제6항에 따른 기술·정보의 교환 지원 및 손해평가 실무교육 등에 필요한 사항은 대통령령으로 정한다. 〈개정 2016. 12. 2., 2020. 2. 11.〉

[제목개정 2016. 12. 2.]

제11조의2【손해평가사】 농림축산식품부장관은 공정하고 객관적인 손해평가를 촉진하기 위하여 손해평가사 제도를 운영한다.

[본조신설 2014. 6. 3.]

제11조의3【손해평가사의 업무】 손해평가사는 농작물재해보험 및 가축재해보험에 관하여 다음 각 호의 업무를 수행한다.

1. 피해사실의 확인

2. 보험가액 및 손해액의 평가

3. 그 밖의 손해평가에 필요한 사항

[본조신설 2014. 6. 3.]

제11조의4【손해평가사의 시험 등】 ① 손해평가사가 되려는 사람은 농림축산식품부장관이 실시하는 손해평가사 자격시험에 합격하여야 한다.

② 보험목적물 또는 관련 분야에 관한 전문 지식과 경험을 갖추었다고 인정되는 대통령령으로 정하는 기준에 해당하는 사람에게는 손해평가사 자격시험 과목의 일부를 면제할 수 있다.

③ 농림축산식품부장관은 다음 각 호의 어느 하나에 해당하는 사람에 대하여는 그 시험을 정지시키거나 무효로 하고 그 처분 사실을 지체 없이 알려야 한다. 〈신설 2015. 8. 11.〉

1. 부정한 방법으로 시험에 응시한 사람

2. 시험에서 부정한 행위를 한 사람

④ 다음 각 호에 해당하는 사람은 그 처분이 있은 날부터 2년이 지나지 아니한 경우 제1항에 따른 손해평가사 자격시험에 응시하지 못한다. 〈개정 2015. 8. 11.〉

1. 제3항에 따라 정지·무효 처분을 받은 사람

2. 제11조의5에 따라 손해평가사 자격이 취소된 사람

⑤ 제1항 및 제2항에 따른 손해평가사 자격시험의 실시, 응시수수료, 시험과목, 시험과목의 면제, 시험방법, 합격기준 및 자격증 발급 등에 필요한 사항은 대통령령으로 정한다. 〈개정 2015. 8. 11.〉

⑥ 손해평가사는 다른 사람에게 그 명의를 사용하게 하거나 다른 사람에게 그 자격증을 대여해서는 아니 된다. 〈신설 2020. 2. 11.〉

⑦ 누구든지 손해평가사의 자격을 취득하지 아니하고 그 명의를 사용하거나 자격증을 대여받아서는 아니 되며, 명의의 사용이나 자격증의 대여를 알선해서도 아니 된다. 〈신설 2020. 2. 11.〉

[본조신설 2014. 6. 3.]

제11조의5 【손해평가사의 자격 취소】 ① 농림축산식품부장관은 다음 각 호의 어느 하나에 해당하는 사람에 대하여 손해평가사 자격을 취소할 수 있다. 다만, 제1호 및 제5호에 해당하는 경우에는 자격을 취소하여야 한다. 〈개정 2020. 2. 11.〉

1. 손해평가사의 자격을 거짓 또는 부정한 방법으로 취득한 사람

2. 거짓으로 손해평가를 한 사람

3. 제11조의4제6항을 위반하여 다른 사람에게 손해평가사의 명의를 사용하게 하거나 그 자격증을 대여한 사람

4. 제11조의4제7항을 위반하여 손해평가사 명의의 사용이나 자격증의 대여를 알선한 사람

5. 업무정지 기간 중에 손해평가 업무를 수행한 사람

② 제1항에 따른 자격 취소 처분의 세부기준은 대통령령으로 정한다. 〈신설 2020. 2. 11.〉

[본조신설 2014. 6. 3.]

제11조의6 【손해평가사의 감독】 ① 농림축산식품부장관은 손해평가사가 그 직무를 게을리하거나 직무를 수행하면서 부적절한 행위를 하였다고 인정하면 1년 이내의 기간을 정하여 업무의 정지를 명할 수 있다. 〈개정 2020. 2. 11.〉

② 제1항에 따른 업무 정지 처분의 세부기준은 대통령령으로 정한다. 〈신설 2020. 2. 11.〉

[본조신설 2014. 6. 3.]

제11조의7 【보험금수급전용계좌】 ① 재해보험사업자는 수급권자의 신청이 있는 경우에는 보험금을 수급권자 명의의 지정된 계좌(이하 "보험금수급전용계좌"라 한다)로 입금하여야 한다. 다만, 정보통신장애나 그 밖에 대통령령으로 정하는 불가피한 사유로 보험금을 보험금수급계좌로 이체할 수 없을 때에는 현금 지급 등 대통령령으로 정하는 바에 따라 보험금을 지급할 수 있다.

② 보험금수급전용계좌의 해당 금융기관은 이 법에 따른 보험금만이 보험금수급전용계좌에 입금되도록 관리하여야 한다.

③ 제1항에 따른 신청의 방법·절차와 제2항에 따른 보험금수급전용계좌의 관리에 필요한 사항은 대통령령으로 정한다.

[본조신설 2020. 2. 11.]

제11조의8 【손해평가에 대한 이의신청】 ① 제11조제2항에 따른 손해평가 결과에 이의가 있는 보험가입자는 재해보험사업자에게 재평가를 요청할 수 있으며, 재해보험사업자는 특별한 사정이 없으면 재평가 요청에 따라야 한다.

② 제1항의 재평가를 수행하였음에도 이의가 해결되지 아니하는 경우 보험가입자는 농림축산식품부장관 또는 해양수산부장관이 정하는 기관에 이의신청을 할 수 있다.

③ 신청요건, 절차, 방법 등 이의신청 처리에 관한 구체적인 사항은 농림축산식품부장관 또는 해양수산부장관이 정하여 고시한다.

[본조신설 2023. 3. 28.]

제12조 【수급권의 보호】 ① 재해보험의 보험금을 지급받을 권리는 압류할 수 없다. 다만, 보험목적물이 담보로 제공된 경우에는 그러하지 아니하다. 〈개정 2020. 2. 11.〉

② 제11조의7제1항에 따라 지정된 보험금수급전용계좌의 예금 중 대통령령으로 정하는 액수 이하의 금액에 관한 채권은 압류할 수 없다. 〈신설 2020. 2. 11.〉

제13조 【보험목적물의 양도에 따른 권리 및 의무의 승계】 재해보험가입자가 재해보험에 가입된 보험목적물을 양도하는 경우 그 양수인은 재해보험계약에 관한 양도인의 권리 및 의무를 승계한 것으로 추정한다.

제14조 【업무 위탁】 재해보험사업자는 재해보험사업을 원활히 수행하기 위하여 필요한 경우에는 보험모집 및 손해평가 등 재해보험 업무의 일부를 대통령령으로 정하는 자에게 위탁할 수 있다.

제15조 【회계 구분】 재해보험사업자는 재해보험사업의 회계를 다른 회계와 구분하여 회계처리함으로써 손익관계를 명확히 하여야 한다.

제16조 삭제 〈2015. 8. 11.〉

제17조 【분쟁조정】 재해보험과 관련된 분쟁의 조정(調停)은 「금융소비자 보호에 관한 법률」 제33조부터 제43조까지의 규정에 따른다. 〈개정 2020. 3. 24.〉

제18조 【「보험업법」 등의 적용】 ① 이 법에 따른 재해보험사업에 대하여는 「보험업법」 제104조부터 제107조까지, 제118조제1항, 제119조, 제120조, 제124조, 제127조, 제128조, 제131조부터 제133조까지, 제134조제1항, 제136조, 제162조, 제176조 및 제181조제1항을 적용한다. 이 경우 "보험회사"는 "보험사업자"로 본다. 〈개정 2015. 8. 11., 2020. 3. 24.〉

② 이 법에 따른 재해보험사업에 대해서는 「금융소비자 보호에 관한 법률」 제45조를 적용한다. 이 경우 "금융상품직접판매업자"는 "보험사업자"로 본다. 〈신설 2020. 3. 24.〉

[제목개정 2020. 3. 24.]

제19조【재정지원】 ① 정부는 예산의 범위에서 재해보험가입자가 부담하는 보험료의 일부와 재해보험사업자의 재해보험의 운영 및 관리에 필요한 비용(이하 "운영비"라 한다)의 전부 또는 일부를 지원할 수 있다. 이 경우 지방자치단체는 예산의 범위에서 재해보험가입자가 부담하는 보험료의 일부를 추가로 지원할 수 있다. 〈개정 2011. 7. 25.〉

② 농림축산식품부장관·해양수산부장관 및 지방자치단체의 장은 제1항에 따른 지원 금액을 재해보험사업자에게 지급하여야 한다. 〈개정 2011. 7. 25., 2013. 3. 23.〉

③ 「풍수해·지진재해보험법」에 따른 풍수해·지진재해보험에 가입한 자가 동일한 보험목적물을 대상으로 재해보험에 가입할 경우에는 제1항에도 불구하고 정부가 재정지원을 하지 아니한다. 〈개정 2024. 2. 13.〉

④ 제1항에 따른 보험료와 운영비의 지원 방법 및 지원 절차 등에 필요한 사항은 대통령령으로 정한다.

제3장 재보험사업 및 농어업재해재보험기금

제20조【재보험사업】 ① 정부는 재해보험에 관한 재보험사업을 할 수 있다.

② 농림축산식품부장관 또는 해양수산부장관은 재보험에 가입하려는 재해보험사업자와 다음 각 호의 사항이 포함된 재보험 약정을 체결하여야 한다. 〈개정 2013. 3. 23.〉

1. 재해보험사업자가 정부에 내야 할 보험료(이하 "재보험료"라 한다)에 관한 사항

2. 정부가 지급하여야 할 보험금(이하 "재보험금"이라 한다)에 관한 사항

3. 그 밖에 재보험수수료 등 재보험 약정에 관한 것으로서 대통령령으로 정하는 사항

③ 농림축산식품부장관은 해양수산부장관과 협의를 거쳐 재보험사업에 관한 업무의 일부를 「농업·농촌 및 식품산업 기본법」 제63조의2제1항에 따라 설립된 농업정책보험금융원(이하 "농업정책보험금융원"이라 한다)에 위탁할 수 있다. 〈신설 2014. 6. 3., 2017. 3. 14.〉

제21조【기금의 설치】 농림축산식품부장관은 해양수산부장관과 협의하여 공동으로 재보험사업에 필요한 재원에 충당하기 위하여 농어업재해재보험기금(이하 "기금"이라 한다)을 설치한다. 〈개정 2013. 3. 23.〉

제22조【기금의 조성】 ① 기금은 다음 각 호의 재원으로 조성한다. 〈개정 2016. 12. 2.〉

1. 제20조제2항제1호에 따라 받은 재보험료

2. 정부, 정부 외의 자 및 다른 기금으로부터 받은 출연금

3. 재보험금의 회수 자금

4. 기금의 운용수익금과 그 밖의 수입금

5. 제2항에 따른 차입금

6. 「농어촌구조개선 특별회계법」 제5조제2항제7호에 따라 농어촌구조개선 특별회계의 농어촌특별세사업계정으로부터 받은 전입금

② 농림축산식품부장관은 기금의 운용에 필요하다고 인정되는 경우에는 해양수산부장관과 협의하여 기금의 부담으로 금융기관, 다른 기금 또는 다른 회계로부터 자금을 차입할 수 있다. 〈개정 2013. 3. 23.〉

제23조【기금의 용도】 기금은 다음 각 호에 해당하는 용도에 사용한다. 〈개정 2013. 3. 23.〉

1. 제20조제2항제2호에 따른 재보험금의 지급
2. 제22조제2항에 따른 차입금의 원리금 상환
3. 기금의 관리·운용에 필요한 경비(위탁경비를 포함한다)의 지출
4. 그 밖에 농림축산식품부장관이 해양수산부장관과 협의하여 재보험사업을 유지·개선하는 데에 필요하다고 인정하는 경비의 지출

제24조【기금의 관리·운용】 ① 기금은 농림축산식품부장관이 해양수산부장관과 협의하여 관리·운용한다. 〈개정 2013. 3. 23.〉

② 농림축산식품부장관은 해양수산부장관과 협의를 거쳐 기금의 관리·운용에 관한 사무의 일부를 농업정책보험금융원에 위탁할 수 있다. 〈개정 2013. 3. 23., 2017. 3. 14.〉

③ 제1항 및 제2항에서 규정한 사항 외에 기금의 관리·운용에 필요한 사항은 대통령령으로 정한다.

제25조【기금의 회계기관】 ① 농림축산식품부장관은 해양수산부장관과 협의하여 기금의 수입과 지출에 관한 사무를 수행하게 하기 위하여 소속 공무원 중에서 기금수입징수관, 기금재무관, 기금지출관 및 기금출납공무원을 임명한다. 〈개정 2013. 3. 23.〉

② 농림축산식품부장관은 제24조제2항에 따라 기금의 관리·운용에 관한 사무를 위탁한 경우에는 해양수산부장관과 협의하여 농업정책보험금융원의 임원 중에서 기금수입담당임원과 기금지출원인행위담당임원을, 그 직원 중에서 기금지출원과 기금출납원을 각각 임명하여야 한다. 이 경우 기금수입담당임원은 기금수입징수관의 업무를, 기금지출원인행위담당임원은 기금재무관의 업무를, 기금지출원은 기금지출관의 업무를, 기금출납원은 기금출납공무원의 업무를 수행한다. 〈개정 2013. 3. 23., 2017. 3. 14.〉

제4장 보험사업의 관리

제25조의2【농어업재해보험사업의 관리】 ① 농림축산식품부장관 또는 해양수산부장관은 재해보험사업을 효율적으로 추진하기 위하여 다음 각 호의 업무를 수행한다. 〈개정 2020. 2. 11., 2020. 5. 26.〉

1. 재해보험사업의 관리·감독
2. 재해보험 상품의 연구 및 보급
3. 재해 관련 통계 생산 및 데이터베이스 구축·분석
4. 손해평가인력의 육성
5. 손해평가기법의 연구·개발 및 보급

② 농림축산식품부장관 또는 해양수산부장관은 다음 각 호의 업무를 농업정책보험금융원에 위탁할 수 있다. 〈개정 2017. 3. 14., 2020. 5. 26.〉

1. 제1항제1호부터 제5호까지의 업무

2. 제8조제2항에 따른 재해보험사업의 약정 체결 관련 업무

3. 제11조의2에 따른 손해평가사 제도 운용 관련 업무

4. 그 밖에 재해보험사업과 관련하여 농림축산식품부장관 또는 해양수산부장관이 위탁하는 업무

③ 농림축산식품부장관은 제11조의4에 따른 손해평가사 자격시험의 실시 및 관리에 관한 업무를 「한국산업인력공단법」에 따른 한국산업인력공단에 위탁할 수 있다. 〈신설 2017. 3. 14.〉

[본조신설 2014. 6. 3.]

[제목개정 2020. 5. 26.]

제26조 【통계의 수집·관리 등】 ① 농림축산식품부장관 또는 해양수산부장관은 보험상품의 운영 및 개발에 필요한 다음 각 호의 지역별, 재해별 통계자료를 수집·관리하여야 하며, 이를 위하여 관계 중앙행정기관 및 지방자치단체의 장에게 필요한 자료를 요청할 수 있다. 〈개정 2013. 3. 23., 2016. 12. 2., 2023. 3. 28., 2023. 10. 31.〉

1. 보험대상의 현황

2. 보험확대 예비품목(제3조제1항제2호에 따라 선정한 보험목적물 도입예정 품목을 말한다)의 현황

3. 피해 원인 및 규모

4. 품목별 재배 또는 양식 면적과 생산량 및 가격

5. 그 밖에 농림축산식품부장관 또는 해양수산부장관이 필요하다고 인정하는 통계자료

② 제1항에 따라 자료를 요청받은 경우 관계 중앙행정기관 및 지방자치단체의 장은 특별한 사유가 없으면 요청에 따라야 한다.

③ 농림축산식품부장관 또는 해양수산부장관은 재해보험사업의 건전한 운영을 위하여 재해보험 제도 및 상품 개발 등을 위한 조사·연구, 관련 기술의 개발 및 전문인력 양성 등의 진흥 시책을 마련하여야 한다. 〈개정 2013. 3. 23.〉

④ 농림축산식품부장관 및 해양수산부장관은 제1항 및 제3항에 따른 통계의 수집·관리, 조사·연구 등에 관한 업무를 대통령령으로 정하는 자에게 위탁할 수 있다. 〈개정 2013. 3. 23.〉

제27조 【시범사업】 ① 재해보험사업자는 신규 보험상품을 도입하려는 경우 등 필요한 경우에는 농림축산식품부장관 또는 해양수산부장관과 협의하여 시범사업을 할 수 있다. 〈개정 2013. 3. 23.〉

② 정부는 시범사업의 원활한 운영을 위하여 필요한 지원을 할 수 있다.

③ 제1항 및 제2항에 따른 시범사업 실시에 관한 구체적인 사항은 대통령령으로 정한다.

제28조【보험가입의 촉진 등】 정부는 농어업인의 재해대비의식을 고양하고 재해보험의 가입을 촉진하기 위하여 교육·홍보 및 보험가입자에 대한 정책자금 지원, 신용보증 지원 등을 할 수 있다. 〈개정 2016. 12. 2.〉

제28조의2【보험가입촉진계획의 수립】 ① 재해보험사업자는 농어업재해보험 가입 촉진을 위하여 보험가입촉진계획을 매년 수립하여 농림축산식품부장관 또는 해양수산부장관에게 제출하여야 한다.
② 보험가입촉진계획의 내용 및 그 밖에 필요한 사항은 대통령령으로 정한다.
 [본조신설 2016. 12. 2.]

제29조【보고 등】 농림축산식품부장관 또는 해양수산부장관은 재해보험의 건전한 운영과 재해보험가입자의 보호를 위하여 필요하다고 인정되는 경우에는 재해보험사업자에게 재해보험사업에 관한 업무 처리 상황을 보고하게 하거나 관계 서류의 제출을 요구할 수 있다. 〈개정 2013. 3. 23.〉

제29조의2【청문】 농림축산식품부장관은 다음 각 호의 어느 하나에 해당하는 처분을 하려면 청문을 하여야 한다.
1. 제11조의5에 따른 손해평가사의 자격 취소
2. 제11조의6에 따른 손해평가사의 업무 정지
 [본조신설 2014. 6. 3.]

제5장 벌칙

제30조【벌칙】 ① 제10조제2항에서 준용하는 「보험업법」 제98조에 따른 금품 등을 제공(같은 조 제3호의 경우에는 보험금 지급의 약속을 말한다)한 자 또는 이를 요구하여 받은 보험가입자는 3년 이하의 징역 또는 3천만원 이하의 벌금에 처한다. 〈개정 2017. 11. 28.〉
② 다음 각 호의 어느 하나에 해당하는 자는 1년 이하의 징역 또는 1천만원 이하의 벌금에 처한다. 〈개정 2020. 2. 11.〉
1. 제10조제1항을 위반하여 모집을 한 자
2. 제11조제2항 후단을 위반하여 고의로 진실을 숨기거나 거짓으로 손해평가를 한 자
3. 제11조의4제6항을 위반하여 다른 사람에게 손해평가사의 명의를 사용하게 하거나 그 자격증을 대여한 자
4. 제11조의4제7항을 위반하여 손해평가사의 명의를 사용하거나 그 자격증을 대여받은 자 또는 명의의 사용이나 자격증의 대여를 알선한 자
③ 제15조를 위반하여 회계를 처리한 자는 500만원 이하의 벌금에 처한다.

제31조【양벌규정】 법인의 대표자나 법인 또는 개인의 대리인, 사용인, 그 밖의 종업원이 그 법인 또는 개인의 업무에 관하여 제30조의 위반행위를 하면 그 행위자를 벌하는 외에 그 법인 또는 개인에게도 해당 조문의 벌금형을 과(科)한다. 다만, 법인 또는 개인이 그 위반행위를 방지하기 위하여 해당 업무에 관하여 상당한 주의와 감독을 게을리하지 아니한 경우에는 그러하지 아니하다.

제32조 【과태료】 ① 재해보험사업자가 제10조제2항에서 준용하는 「보험업법」 제95조를 위반하여 보험안내를 한 경우에는 1천만원 이하의 과태료를 부과한다.

② 재해보험사업자의 발기인, 설립위원, 임원, 집행간부, 일반간부직원, 파산관재인 및 청산인이 다음 각 호의 어느 하나에 해당하면 500만원 이하의 과태료를 부과한다. 〈개정 2015. 8. 11., 2020. 3. 24.〉

1. 제18조제1항에서 적용하는 「보험업법」 제120조에 따른 책임준비금과 비상위험준비금을 계상하지 아니하거나 이를 따로 작성한 장부에 각각 기재하지 아니한 경우
2. 제18조제1항에서 적용하는 「보험업법」 제131조제1항·제2항 및 제4항에 따른 명령을 위반한 경우
3. 제18조제1항에서 적용하는 「보험업법」 제133조에 따른 검사를 거부·방해 또는 기피한 경우

③ 다음 각 호의 어느 하나에 해당하는 자에게는 500만원 이하의 과태료를 부과한다. 〈개정 2020. 3. 24.〉

1. 제10조제2항에서 준용하는 「보험업법」 제95조를 위반하여 보험안내를 한 자로서 재해보험사업자가 아닌 자
2. 제10조제2항에서 준용하는 「보험업법」 제97조제1항 또는 「금융소비자 보호에 관한 법률」 제21조를 위반하여 보험계약의 체결 또는 모집에 관한 금지행위를 한 자
3. 제29조에 따른 보고 또는 관계 서류 제출을 하지 아니하거나 보고 또는 관계 서류 제출을 거짓으로 한 자

④ 제1항, 제2항제1호 및 제3항에 따른 과태료는 농림축산식품부장관 또는 해양수산부장관이, 제2항제2호 및 제3호에 따른 과태료는 금융위원회가 대통령령으로 정하는 바에 따라 각각 부과·징수한다. 〈개정 2013. 3. 23.〉

MEMO ...